U0516917

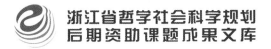

浙江省哲学社会科学规划
后期资助课题成果文库

仪式与传说：宁波它山庙会的文化传播研究

Yishi Yu Chuanshuo: Ningbo Tuoshan
Miaohui De Wenhua Chuanbo Yanjiu

肖荣春　著

中国社会科学出版社

图书在版编目（CIP）数据

仪式与传说：宁波它山庙会的文化传播研究 / 肖荣春著 . —北京：
中国社会科学出版社，2016.10
ISBN 978 – 7 – 5161 – 9073 – 9

Ⅰ.①仪…　Ⅱ.①肖…　Ⅲ.①庙会 – 文化传播 – 研究 – 宁波
Ⅳ.①K892

中国版本图书馆 CIP 数据核字（2016）第 241734 号

出 版 人　赵剑英
责任编辑　宫京蕾
特约编辑　大　乔
责任校对　秦　婵
责任印制　何　艳

出　　版　中国社会科学出版社
社　　址　北京鼓楼西大街甲 158 号
邮　　编　100720
网　　址　http：//www. csspw. cn
发 行 部　010 – 84083685
门 市 部　010 – 84029450
经　　销　新华书店及其他书店

印刷装订　北京市兴怀印刷厂
版　　次　2016 年 10 月第 1 版
印　　次　2016 年 10 月第 1 次印刷

开　　本　710×1000　1/16
印　　张　14.5
插　　页　2
字　　数　231 千字
定　　价　56.00 元

目　　录

绪　　论

第一节　问题的提出

中国有 5000 年的文明史，蕴藏着丰富的文化资源。然而时至今日，中国虽是文化大国，但还远不是文化强国，中国文化的世界影响力仍有待于发扬光大。学者甘阳一针见血地指出："真正的大国崛起，必然是一个文化大国的崛起，只有具备深厚文明潜力的国家才有作为大国崛起的资格和条件。"① 在全球化的语境下，有关文明、文化、民族与国家的讨论日益成为全球最突出的问题。

庙会作为中国一种传统文化活动，有着悠久的历史、广泛而深厚的基础和重要的意义。时至今日，庙会在中国农村和部分城市，对许许多多的中国人仍然或明或暗发挥着影响和作用，俨然构成了学者黄宗智所言的"介于国家与社会之间的第三领域"②。在笔者关注的它山庙会的运作中，国家与社会在第三领域既合作，又警惕；既渗透，又剥离；既制度化，又非制度化。

一般认为，庙会起源于古老的祭祀活动，后演变为祭神、娱乐和购物的活动③。它蕴含了中国人的观念、思想与心态，早已融入中国人的经验与生活世界，是理解中国文化脉络的一个重要窗口。在文化强国崛起的背景下，如何复兴和重新理解中国文化，成为当前非常重要的课题。透过庙会文化的传播过程，我们将会发现一个更加真实的中国。正如社会学家曹

① 甘阳：《"文化：中国与世界"新论》（缘起），载岳永逸《灵验·磕头·传说：民众信仰的阴面与阳面》，生活·读书·新知三联书店 2010 年版，第 2 页。

② 黄宗智：《中国研究的范式问题讨论》，社会科学文献出版社 2003 年版，第 268—270 页。

③ 王兆祥、刘文智：《中国古代的庙会》，商务印书馆 1997 年版，第 1—2 页。

锦清先生所言，"研究中国需要尊重中国自身的经验，尊重中国的历史，要把现实经验放到历史的流程里面去加以理解"。①

确实如此，要想更好地研究中国，需要把中国的历史与实践纳入考察范围。西方的理论可以参考，但要避免生硬地嫁接。结合文化与传播的相关研究，正如学者赵月枝所述，"需要把日益活跃的'东—南'和'南—南'间的传播与文化流动当作重要的研究议题。需要把研究的视线从沿海与都市转向内地与乡村，并从'结构的历史'和'技术的历史'回到'人的历史'中，在动态的历史逻辑中将民众的主体、他们的生活经验、传播实践、社会想象和他们对霸权的反抗一同纳入分析的视野，以超越以西方、尤其是以美国为原点的'中心辐射式'全球传播研究框架和议题设置思维定式"。② 对此，笔者深表赞同。据此，在重新审视"全球性知识"的基础上，研究"地方性知识"③、在地表达与在地文化传播实践是未来研究的一个重要方向。

历史学者陈春声针对当前人文学者的学术环境和取向曾提出这样一种呼吁，"小题大做"是一种好的学术态度体现，但"小题"背后要有大的问题意识。年青一代学人如何拥有超越学科、地域和个人生活经验的共同的问题意识，如何通过这种解构的、碎片化的研究，辩证地培养起把握整体的"中国文明"的意识与雄心，是年青一代学人终究要直接面对的沉重问题。④ 为此，笔者想通过对庙会文化传播的研究作出自己的一种努力与尝试。笔者认为，通过对中国社区的一项重要文化传播活动的细致关注，有利于我们把握全球化语境中区域文化传播的演变与运作机制，甚至能为我们观察和研究更为复杂而宏大的中国文化传播系统提供一定的参考。

---

① 曹锦清：《如何研究中国》，上海人民出版社 2010 年版，第 9—13 页。

② 赵月枝：《"向东看，往南走"：开拓后危机时代传播研究新视野》，"2010 年中华传播学年会暨第四届数位传播国际学术研讨会"论文集，2010 年 12 月。

③ 格尔茨（C. Geertz，有的地方翻译为吉尔兹，本书一律译为格尔茨）倡导的"地方性知识"（Localize），强调文化关联性与背景性，重视文化的多样性，主张从笼统的宏观（Global）回归到"地方性"（Local）的立场，可以说是后现代文化人类学的一种方法论。引自［美］克利福德·吉尔兹《地方性知识——阐释人类学论文集》，王海龙、张家瑄译，中央编译出版社 2000 年版，第 19—45 页。

④ 陈春声：《学术评价与人文学者的职业生涯》，《开放时代》2009 年第 5 期，第 52 页。

正是基于以上学术旨趣，本书期望从历史和现实的维度对庙会文化脉络及其传播网络进行分析与研究，就是说把历时研究和共时研究结合起来，在还原一个"整体性"庙会文化网络的基础上，深入民众的生活世界，关注传播过程中民众对庙会文化的理解与创造，避免高度抽象的宏大叙事，超越惯常的"国家与地方""精英与大众""传统与现代"等简单的二元逻辑，集中关注全球化背景下作为文化主体的特定个体和群体的传播实践，及其作为中国社会不同构成要素的生活方式和社会关系，在具体的人文关怀中寻求理论的归宿。

当前，本书所讨论的庙会的所在地鄞江镇，正处于文化新旧交替的十字路口，当地的本土文化、集体记忆、历史传统等，在非物质文化遗产的语境中越来越多地被谈及。庙会、古镇、老桥以及传统的手工艺等，正在日益成为当地社会关注的文化焦点。走进鄞江镇，很容易观察到这一地区浓重的庙会文化气息：庙会文化作为一种民间文化在当地社会空间流行甚广，并被民众视为本地重要的传统。在当前的社会情境中，庙会文化被当地普遍认为是一种重要的文化资本，多种力量竞相参与到这一舞台之中。值得关注的是，就在这样一个舞台中，传统与现代、国家与社会、家与国、人与人、人与神等复杂多元的关系在隐秘地上演，渗透于社会生活的方方面面，由此而滋生的文化传播实践成了一种独特的景观。本书关注的它山庙会，历经 1000 多年仍经久不衰。在当地社会空间中，一方面全球化工业生产火热地进行，当地企业生产的产品源源不断地销往全国乃至全世界；另一方面，规模惊人的庙会活动仍然在当地民众的顶礼膜拜中进行，仪式、传说、进香、走书等活跃在他们的日常生活中。

笔者想追问的是，庙会作为一项在地重要的文化传播活动，是如何通过文化传播机制实现其社会功能，从而成为社会生活存在和发展的重要基础？

第二节　文献综述

一　庙会研究

关于庙会的定义，1980 年版的《辞海》是这样说的："庙会，也称庙市，是中国的市集形式之一，唐代已经存在，在寺庙节日或规定日期举行，一般设在寺庙内或寺庙附近，故称庙会。"① 这种说法得到庙会研究者的质疑，认为这是一种以偏概全的说法。20 世纪 90 年代以来，相关研究者开始突破陈说，从不同角度对庙会的内涵进行阐释，如段宝林、朱越利与小田等人对庙会的本质进行了阐述，然而表述取向不尽相同。笔者认为小田的阐述具有一定的代表性，比较适合当下庙会内涵的解释。不妨来看看小田所言："庙会是以祠庙为依托，在特定时间举行的祭祀神灵、交易货物、娱乐身心的集会，具有空间的结节性、主体的广泛性与内容的复合性等表现特点。"②

（一）庙会研究学术史回顾

中国的庙会研究历史悠久，最早可以追溯到唐宋甚至魏晋南北朝时期。如晋周处《风土记》、北魏杨衒之《洛阳伽蓝记》、宋钱易《南部新书》、明清以来冯应京《月令广义》等。以上描述只是众多研究的冰山一角，类似文献，不胜枚举。但此类文献主要是简短、片断地记载庙会的相关场景，对庙会的整体过程缺乏陈述。庙会是中国古代民间社会生活的一项重要内容，与传统社会中人民的经济社会文化活动密不可分，至今长盛不衰，但长期未得到广泛而深入的研究③。持类似观点的，主要有全汉升、丛冶湘和赵世瑜等人。从文献信息中可以得知，中国古代虽对庙会有一些记载，对庙会现象有一些描述，但对某一特定时期庙会的确切数量和具体过程仍缺乏系统研究。

顾颉刚等人于 1925 年对妙峰山香会做了实地调查，后形成《妙峰山》一书。该著作开启了近代庙会研究的先河，研究者通过实地调查，对妙峰山香客的进香过程及心理、碧霞元君信仰和妙峰山香会组织等方面作了细致的考察。④ 同一时期，奉宽所著的《妙峰山琐记》也不容忽视。自顾颉刚之后，有很多关于北京妙峰山的专著问世⑤，刘锡诚主编的论文集《妙峰山·世纪之交的中国民俗流变》，吴效群的《妙峰山：北京民间社会的历史变迁》，以及王晓丽的博士学位论文《碧霞元君信仰与妙峰山香客村

---

① 辞海编辑委员会编：《辞海》，上海辞书出版社 1980 年版，第 852 页。

② 小田：《"庙会"界说》，《史学月刊》2000 年第 3 期，第 103 页。

③ 赵世瑜：《狂欢与日常——明清以来的庙会与民间社会》，生活·读书·新知三联书店 2002 年版，第 187 页。

④ 顾颉刚编著：《妙峰山》，国立中山大学语言历史学研究所，1928 年，第 1020—1066 页。

⑤ 高雅楠：《庙会研究文献述评》，《理论界》2012 年第 2 期，第 146 页。

落活动的研究》都是比较有代表性的后续研究。可以说，妙峰山的相关研究还是比较集中的。

关于庙会的研究也零星分布在不同学术著作中，如费孝通先生在《江村经济》一书中就有过精彩的阐述，"较大的地方群体的定期集会有每年一次的'段'的'刘皇会'和每 10 年一次的'双阳会'，当我坐在人们中间，听着他们叙述村际'出会'那些令人兴奋的往事时，我明白地觉察到他们对于目前处境的沮丧和失望心情，然而对往事的回忆是形成人们目前对现状的态度的一个重要因素，在人们心目中，停止这些活动意味着社会生活的下降。"① 可见，庙会文化对民众心理的抚慰，在一定程度上促进了基层社会的"稳定性"，而中止庙会活动带来的民众心态变化则形塑了社会变革重要的环境因素。庙会的相关研究也受到国外学者关注，如美国学者杜赞奇在其代表作《文化、权力与国家——1900—1942 年的华北农村》中曾对庙会做过相关阐述，"栾城县地区有'朝山会'，是该地区最大的庙会（集市），于每年三月十五日在苍岩山下举行，这类集会往往跨越宗族和村界，对乡村政权内部结构产生影响。"② 杜赞奇的观察是敏锐的，庙会的具体运作所产生的权力关系，组成了当时中国基层社会重要的文化网络。

在历史上，庙会在寻求"合法性"地位过程中，长期与国家权力形成多种形式的互动与博弈。特别是 20 世纪 50 年代以后，传统庙会曾一度被认为是"封建迷信"加以禁止，庙会也被认为是封建迷信传播的场所。改革开放以来，由于庙会具有经济再生能力和被认为是民间文化遗产，部分"复兴"的乡村庙会为获得其公开生存的合法性、合理性，修正了生存策略，"在解释上尽可能与官方话语一致，在仪式实践上仍我行我素"。③ 随着庙会文化的复兴，关于庙会的相关研究也逐渐得到一定程度的发展。

（二）具体问题的研究与展开

1. 庙会与社会变迁的研究

有关这方面的研究，代表性的研究者主要有赵世瑜、朱小田（又名小

---

① 费孝通：《江村经济》，上海人民出版社 2007 年版，第 103—104 页。

② ［美］杜赞奇：《文化、权力与国家——1900—1942 年的华北农村》，王福明译，江苏人民出版社 2010 年版，第 95—97 页。

③ 岳永逸：《灵验、磕头、传说：民众信仰的阴面与阳面》，生活·读书·新知三联书店 2010 年版，第 157 页。

田）、刘铁梁、岳永逸等人。这些研究者对庙会有过长期的关注与跟踪研究。赵世瑜教授认为，"庙会及娱神活动具有明显的狂欢精神，这种精神具有原始性、全民性，反规范性的特征，庙会狂欢具有心理调节器、社会控制安全阀及维系社会组织、增进群体凝聚力的良性功能"。① 对此说法，也有研究者提出了不同看法，认为"中国当下的民间庙会已丧失狂欢精神，首先表现在权力政治或明显或潜在地作用于民间记忆"。② 对庙会是否有狂欢精神，学界有不同的理解。应该说，且不论庙会是否具有狂欢精神，但庙会活动是社会变迁的缩影已得到许多学者的认同。有研究者对庙会与明清以来的城乡关系进行了研究，认为"明清时期的城市与乡村对各自界限有所区分，因为它们各自都拥有自己的祭祀对象，也通过各自的庙会整合和凝聚自己的社区，但城乡之间又绝不是截然对立的，在本质上有一致的文化，敬神和庙会就是共同存在的现象"。③ 刘铁梁的相关研究则强调庙会的"公共性"，对庙会与公共秩序、庙会与村落公共生活等方面进行了研究。岳永逸则通过民俗志的研究，认为"庙会与地方社会形成了互构"。④ 总的来说，庙会与社会变迁研究引起了众多研究者的关注，研究者从历史的维度，或从现实维度进行了考察，呈现出一批成果，但中观研究仍相对缺乏。

2. 庙会与社会经济的研究

相关问题也引起了许多研究者的关注，如小田对近代江南庙会的经费来源，以及庙会对当地经济的影响等方面进行了研究，他认为"庙会已成为江南人民社会经济生活中不可或缺的组成部分"。⑤ 小田在其后续的研究中还进一步指出，近代江南的基层社会对庙会有"消费偏好"，庙会的交易与消费行为贯穿于农家的经济生活，并与世界资本主义市场相关联。⑥ 庙会的商贸经济功能研究也引起其他研究者的关注，如梁方对武汉

---

① 赵世瑜：《中国传统庙会中的狂欢精神》，《中国社会科学》1996 年第 1 期，第 183 页。

② 刘晓春：《非狂欢的庙会》，《民俗研究》2003 年第 1 期，第 19 页。

③ 赵世瑜：《狂欢与日常——明清以来的庙会与民间社会》，生活·读书·新知三联书店 2002 年版，第 184 页。

④ 岳永逸：《传说、庙会与地方社会的互构——对河北 C 村娘娘庙会的民俗志研究》，《思想战线》2005 年第 3 期，第 95 页。

⑤ 小田：《近代江南庙会经济管窥》，《中国经济史研究》1997 年第 2 期，第 58 页。

⑥ 小田：《近代江南庙会与农家经济生活》，《中国农史》2002 年第 2 期。

庙会进行了考察，认为"庙会的兴盛在一定程度上刺激了武汉近代商品经济的发展"。① 也有研究者采用田野调查和文献分析的方法，对新时期的庙会与社会经济进行了研究，如赵新平对晋北的庙会进行了实地考察，认为"庙会的祭祀活动和商品贸易活动，促进和推动了乡村经济发展，而休闲娱乐活动了又拉动经济发展"。② 应该说，相关的研究还是比较多的，但主要是以论文为主、以个案和断代史研究为主，目前仍缺乏相对系统的庙会与社会经济的研究。

3. 庙会与民间信仰关系的研究

由于庙会依托寺庙而设，蕴含了宗教的烙印，因此，庙会与民间信仰的关系一直是诸多研究者关注的重要方面。代表性研究有妙峰山碧霞元君信仰的研究，前文曾提及，这里不再赘述。比较集中的研究还有，华北地区的范庄龙牌信仰研究，如赵旭东对龙牌信仰与族群认同之间的关系进行了研究，强调"作为国家与地方中介者的民俗发现者把自己对于龙的历史知识发现与地方性的龙牌的发现之间勾连在一起"。③ 岳永逸则对华北梨区的"家中过会"进行了民族志研究，从一定程度上回应了中国民众信仰认知的神、鬼、人等经典范式以及在西方话语体系下的中国民众信仰研究，并指出了庙会不仅是非常态的狂欢，更是日常生活的延续。④ 王新民的博士学位论文则较为系统地研究了民间信仰与民众生活。他以陕西岐山的田野调查为例，对寺庙与庙会的仪式行为与民间信仰进行了考察，指出"鬼神信仰是民众心理承受能力的'减震器'，人神鬼之间的互动所投射的其实是当地人对现实秩序在主观世界里的重新安排，正是借助鬼神信仰以及相应的仪式行为之独特实践，当地民众营造了其独特的生活世界"。⑤

庙会与民间信仰的研究，也引起了国外学者的关注，如美国学者沃森以两座天后庙为例，考察了中国南方地区崇拜天后的现象，认为"国家不

---

① 梁方：《城镇庙会及其嬗变——以武汉地区庙会为个案分析》，《湖北大学学报》2003 年第 3 期，第 93 页。

② 赵新平：《庙会与乡村经济发展——以晋北大白水村为例》，《晋阳学刊》2009 年第 3 期。

③ 赵旭东：《龙牌与中华民族认同的乡村建构——以华北一村落庙会为例》，《广西民族大学学报》2009 年第 2 期。

④ 岳永逸：《家中过会：中国民众信仰的生活化特质》，《开放时代》2008 年第 1 期。

⑤ 王新民：《民间信仰与民众生活研究——以陕山岐山的田野调查为例》，博士学位论文，中央民族大学 2011 年，第 1—3 页。

是依靠强制手段，而是采用更为巧妙的方式来控制百姓的宗教生活，国家强加的是一个结构而不是内容"。① 华裔美国学者杨庆堃先生则认为，"中国的庙会具有浓厚的宗教色彩，它把宗教信仰、经济事务和娱乐活动交织在一起，把个人带出以家庭为中心的日常活动范围，扩大了社会交往场合"。② 应该说，庙会与民间信仰的相关研究还是受到了比较多的关注，但真正把这种民间信仰当作宗教来考察的研究并不多见，特别是国内的相关研究。西方的学术话语体系对相关研究产生了明显或潜在的影响，有的相关研究自觉或不自觉地按照西方的范式来考量中国的经验，正如学者萨义德所言，"东方人往往透过西方眼里来看东方，东方是西方建构的东方，东方很容易受到西方时髦的、风行一时的理论思潮的影响"。③ 有趣的是，在庙会相关研究上，中国本土的研究者更容易受西方的学术话语体系的影响，而国外研究者却更能从中国具体的语境中修正西方范式。事实上，构建东方研究范式一直是许多学者呼吁的问题。

二　文化传播视域下的仪式与传说研究

（一）文化传播研究

要把文化与传播结合起来研究，有必要先对文化研究的脉络与基本路径先作一番梳理。早在 19 世纪末，泰勒就对文化进行了定义："文化或文明，就其广泛的民族意义来说，乃是包括知识、信仰、艺术、道德、法律、习俗和任何人作为一名社会成员而获得的能力和习惯在内的复杂整体。"④ 泰勒在一定程度上描述了文化存在的方式与意义。但是，文化本身是一个非常复杂的命题，一直受到国际学术界的关注。威廉斯也曾对文化进行过精彩的阐述，他认为"文化就是某一种生活方式的描写，是所有意义的形式，它不仅表达了艺术与学术，同样也表达了体制和普通行为上

---

① ［美］詹姆斯·沃森：《神的标准化：在中国南方沿海地区对崇拜天后的鼓励（960—1960 年）》，载韦思谛编《中国大众宗教》，陈仲丹译，江苏人民出版社 2006 年版，第 83 页。

② ［美］杨庆堃：《中国社会中的宗教》，范丽珠等译，上海人民出版社 2006 年版，第 87—91 页。

③ ［美］爱德华·W. 萨义德：《东方学》，王宇根译，生活·读书·新知三联书店 2009 年版，第 53 页。

④ ［英］爱德华·伯内特·泰勒：《原始文化》，蔡江浓译，浙江人民出版社 1988 年版，第 1 页。

特定的意义与价值"。① 威廉斯对于文化的描述带有明显的"社会性"，强调了社会关系和社会交往等因素对意义生产的影响。

　　霍尔则是这样对文化进行描述，"文化与其说是一套东西，不如说是一个过程和一套行为，首要关注的是社会与团体成员之间意义的生产与交换"。② 可见霍尔对文化的理解非常注重"意义的生产与构造"。鲍曼则把文化的意义分成三大类：作为概念的文化，作为结构的文化，以及作为实践的文化，并认为"文化既是失序的动力，也是秩序的工具；既是老化的因素，也是不朽的条件；它是创造性的温床，同时也是规范法则的框架"。③ 鲍曼进一步强调了文化的社会功能。美国文化人类学家格尔茨则认为，"文化是一种总管行为的控制机制，犹如计划、处方、规则等，人明显地依赖于这种超出遗传的、在其皮肤之外的控制机制和文化程序来控制自己的行为"。④ 可见，格尔茨把文化看成人对行为控制的一种机制或系统。

　　对文化研究稍作梳理，不难发现，国际学术界对这一领域有着长期的研究传统与争论。如法兰克福学派对"文化工业"的批评，英国文化研究对文化的"社会性"阐释，两大阵营有着长期的交锋。前者将精力集中于技术与文化，后者则聚焦于媒体文化与流行文化。虽然两者都提倡跨学科的研究，坚持将文化放入生产与被消费的社会关系网络中去研究，但是晚近几十年出现了"失去的联合"。为此，道格拉斯·凯尔纳呼吁"发展多元视角，为理解文化提供广泛的方法，使法兰克福学派与英国的文化研究的方法相互补充，从而在新的结构中将它们结合起来"。⑤ 通过追溯文化研究的传统和对其学术史的梳理，可以看出，文化研究所指的文化，是指宽泛意义上的文化，它应当被看作一个表意的系统，是意义的生产、传播和消费。

　　文化研究的兴趣，并不在于探寻"文本"的那个"单一性""本质

---

　　① Williams Ramond. *Culture*. Fontana，1981，13.

　　② 转引自约翰·斯道雷《文化研究中的文化与权力》，周敏译，载《学术月刊》2005年第9期，第58页。

　　③ ［英］齐格蒙特·鲍曼：《作为实践的文化》，郑莉译，北京大学出版社2009年版，第75—206页。

　　④ ［美］克利福德·格尔茨：《文化的解释》，韩莉译，译林出版社2008年版，第49页。

　　⑤ ［美］道格拉斯·凯尔纳：《失去的联合：法兰克福学派与英国文化研究》，吴志峰等编译，载《天涯》2003年第1期，第22—27页。

的"、被承诺的意义，而在于"文本"的社会意义，以及它如何被挪用，又如何被应用在日常生活的消费实践之中。① 从文化研究的学术史中可以看出，"权力"这个概念在文化研究中的地位十分突出。这个概念可以说得到了威廉斯、霍尔、宾内特（Tony Bennett）等文化研究巨匠无休止的系统阐述。威廉斯在他的权力概念史中曾指出，要回到文化上来，就必须与文化的现行思维进行部分脱离。当文化研究者迷惑于是否还能用"权力关系的观点"再定义文化研究领域时，有的人投向了更加"经验主义"式的研究，或从理论的角度诠释权力。然而，人们在后续的研究中慢慢地意识到，文化研究的核心是"对权力问题的批判性分析"②。总体而言，西方文化研究的想象根植于全球资本主义生产与消费的语境中。因此，在借鉴西方文化研究理论与路径时，要特别警惕文化相对主义与文化本质主义的偏向。

　　传播研究与文化研究结合起来，同样是很复杂和宽泛的。正如有研究者指出，"只要是社会成员分享并互相传递的知识、态度、习惯、行为模式及效果等都可以作为文化传播的研究"。③ 因此，要将传播与文化结合起来进行研究，很有必要梳理它们的交叉地域，同时又不能局限于单一学科视野，要避免对两者进行简单的区分。美国语言学家萨丕尔曾指出，文化是传播的同义词，实际上二者在很大程度上同构、同质。传播对文化的影响不仅是持续而深远的，而且是广泛而普遍的，传播是文化的工具，传播是人类文化延续发展的基本形式，同时文化又为传播形塑"环境"④。也有国内研究者把文化传播研究分为进化论与传播学派，认为"进化论强调独立发明在人类文化的进化上的作用，却有忽视文化接触和文化传播的不足，而传播学派则认为传播是人类文化发展的基础，却低估了民族自身具有独创能力的一面"。⑤ 传播学者王怡红认为，传播与文化具有同一关

① ［英］约翰·斯道雷：《文化研究中的文化与权力》，周敏译，《学术月刊》2005 年第 9 期，第 57 页。

② ［澳］马克·吉布森：《文化与权力：文化研究史》，王加为译，北京大学出版社 2012 年版，第 3—14 页。

③ 戴元光、金冠军：《传播学通论》，上海交通大学出版社 2007 年版，第 99 页。

④ 吴飞：《火塘·教堂·电视——一个少数民族社区的社会传播网络研究》，光明日报出版社 2008 年版，第 65—66 页。

⑤ 吴飞、王学成：《传媒·文化·社会》，山东人民出版社 2006 年版，第 356 页。

系，表现于文化需要一个传承和创造的传播过程，更为根本的是，传播也是文化形态的唯一表现。[①] 纵观已有的研究，认为文化与传播具有合一性关系的观点还有很多。从这些研究可以看出，他们都主张传播过程就是文化建构过程，文化即传播。正如凯尔纳所言，"不存在无文化的传播，也不存在无传播的文化"。[②] 事实上，文化与传播有着天然的同一关系，文化不可避免地需要借助符号互动等传播过程来渗入特定的人群，传播过程中人的能动与创造等又无可避免地影响了人们对文化的传承与理解。

（二）仪式研究

要从文化传播角度研究仪式，首先有必要对仪式的代表性研究作一个简单的梳理。特纳将仪式定义为"适合于与神秘物质或力量相关的信仰的特殊场合的、不运用技术程序的规定性正式行为"。[③] 特纳在研究恩登布人的仪式中，强调了仪式是一种"象征符号"，与社会形态与交流勾连在一起。范热内普的"过渡礼仪模式"则成为研究仪式行为的一个经典概念，他把仪式看成地位变化的社会机制。[④] 可以说，道格拉斯和特纳等人的研究都在一定程度受了范热内普的"过渡礼仪模式"的影响。涂尔干则认为，"仪式中既有供奉，也有模仿仪轨，不仅追忆了过去，而且还借助名副其实的戏剧表现方式将过去呈现出来，这就是仪式的全部内容"。[⑤] 除以上所述外，还有许多不同学科的学者曾对仪式进行过研究。应该说，仪式向来被众多研究者视为观察人类情绪、情感以及经验意义的重要工具。当然，本书着力要梳理的是文化传播视域中的仪式研究。

其实，从传播的角度研究文化，早在 20 世纪 40 年代就已经开始，那时的社会研究者开始关注文化对社会影响过程、内容、机制、效果以及传播对文化发展的作用。美国学者凯瑞就是其中的代表。他毕生关注传播如

---

①　王怡红：《人与人的相遇——人际传播论》，人民出版社 2003 年版，第 71 页。

②　Douglas Kellner, *Communications vs. Cultural Studies：Overcoming the Divide.* Available http：//www. uta. edu/huma/illuminations//kell14. htm.

③　[英] 维克多·特纳：《象征之林——恩登布人仪式散论》，赵玉燕等译，商务印书馆 2006 年版，第 3—7 页。

④　[法] 阿诺尔德·范热内普：《过渡礼仪》，张举文译，商务印书馆 2010 年版，第 13—15 页。

⑤　[法] 爱弥尔·涂尔干：《宗教生活的基本形式》，渠东等译，上海人民出版社 2010 年版，第 355 页。

何使社会成为可能，坚持跨学科交叉研究。他最有影响力的观点是关于传播的"仪式观"，把传播从传统中的"传递观"中抽离出来，把传播定义为思想观念从一个地方传递到另一个地方。其最重要的贡献就是推动了传播学研究路径的文化转向。① 凯瑞的传播的文化研究思想在其《传播的文化研究路径》一文中得到了集中体现。他对传播研究的两种传播观进行了划分，认为"传播的传递观强调信息的传输过程，诸如发送、传递等，从一端传送到另一端，是以控制为目的；而传播的仪式观则强调参与、分享、联合以及拥有共同的信仰，并不是信息在时空意义的扩张，而是在时间意义上对社会的维系，不是分享信息的行为，而是共享信仰的表征"。② 在对两种传播观进行了比较之后，凯瑞充满信心地说："根据仪式模式重新打造传播研究的目的，不只是为了进一步把握传播这一'奇妙'过程的本质，而是为重构一种关于传播的模式并为传播再造一种模式提供一条途径，为重塑我们共同的文化提供有价值的东西。"③ 显然，凯瑞更加推崇其传播的仪式观。为此，他还进一步提出了"文化即传播"的观点。④ 实际上，凯瑞是通过对不同传播观念的阐释，选择不同的研究路径和策略，进而阐明传播研究的文化取向的重要性，强调传播对意义的诠释。

在长期受功能经验主义影响的美国，凯瑞的传播的文化研究为传播研究开辟了一条新路径，引起学界不少反思与回应。美国传播学者罗斯布勒按照凯瑞的思路，指出"任何形式的仪式都是一种传播，仪式通常以符号行为的方式呈现于社会情境之中，仪式以最基本的信念与价值为基础，编码了符号和意义系统的逻辑，仪式的这些特点使其成为最有效的传播形式"。⑤ 罗斯布勒的著作《仪式传播：从日常会话到媒介庆典》，比较系统

① 周鸿雁：《仪式华盖下的传播：詹姆斯·W. 凯瑞的传播思想研究》，博士学位论文，上海大学 2010 年，第 4—10 页。

② James，Carey W.，*Communication as Culture：Essays on Media and Society.* Unwin Hyman，Inc，1989：15 – 18.

③ ［美］詹姆斯·W. 凯瑞：《作为文化的传播》，丁未译，华夏出版社 2005 年版，第 21 页。

④ 周鸿雁：《仪式华盖下的传播：詹姆斯·W. 凯瑞的传播思想研究》，博士学位论文，上海大学 2010 年，第 8 页。

⑤ Rothenbuhler，Eric，W.，*Ritual Communication：From everyday conversation to mediated ceremony*，Thousands Oaks，CA：sage 1998：53 – 59.

地研究了仪式传播，阐述了文化与传播的仪式观，并提出了"仪式即传播，传播即仪式"的观点。埃里克则认为"学者常用仪式传播来解释文化的结构，应把这一概念发展为启发性的、多元化的概念，重视其理论价值和方法论价值"。[①] 应该说，有关文化与传播的研究还有很多，仪式传播研究受到了一定的重视，塞拉就曾回顾 30 多年来美国的仪式传播研究，认为"经过长期的研究，仪式传播已被视为一个在当前我们的媒介经验中独立的、动态的、现实的观点。传播的文化研究不应该回避传播的传递观，而是应该把仪式传播作为通向媒介的方式、审美和经验的一种具体方法"。[②] 从已有文献可以看出的是，以美国为中心的传播研究长期注重传播效果的研究，而忽视传播意义的研究，对传播的本质理解仍是非常缺乏的。凯瑞开辟的传播的文化研究和他提出的传播仪式观，以及其他研究者后续的仪式传播研究，为进一步理解传播的本质提供了新的路径和可能。

在国内，传播的仪式问题同样受到一定程度的关注。关注的角度主要有两类，第一类是介绍和研究凯瑞的仪式传播思想，代表性论著有：丁未的译著《作为文化的传播》，比较全面系统地译介了凯瑞的传播"仪式观"以及传播的文化转向；周鸿雁的博士学位论文《仪式华盖下的传播：詹姆斯·W. 凯瑞的传播思想研究》，比较系统地追溯了凯瑞的传播思想的源泉及其理论的核心；郭建斌 2006 年为中国传播学论坛提交的论文《理解与表达：对凯利传播仪式观的解读》，从凯瑞的两类传播观入手，重点围绕"仪式观"的社会思想基础，其在文化研究中的归属，以及为什么要用仪式的视角来考察等问题进行了讨论。

第二类是结合中国本土情境的仪式传播研究。如邵培仁等人借鉴传播仪式观的研究思路，探讨了仪式传播与中国文化认同的重塑问题，认为"民俗展现和节日仪式传播实际就是在仪式中借助各种符号表征方式，使人们对于民族文化的种种想象落到实处，以重建文化的想象的共同体，使中国传统文化在这种建构中焕发现代意义，从而获得外部世界更多的接纳

---

① Matthew C. Ehrlich. Using, "Ritual" to Study Journalism, *Journal of Communication Inquiry*, October 1996（20），3 – 17.

② Zohar Kadmon Sella. The Journey of Ritual Communication, *Studies in Communication Sciences*, 2007（7/1），103 – 124.

和认同"。① 还有研究者研究了传统节日仪式传播与信仰重塑的问题，认为传统节日的各类仪式是信仰传播的重要载体之一。② 2008 年，陈力丹在中国人民大学组织部分研究生进行了一次关于传播"传递观"与"仪式观"的讨论，他们认为"仪式观具有理论的启发性和开拓性，仪式观因强调公众之间交流与沟通过程中经验与意义的共享，能够巩固共同体"。③ 陈力丹和王晶曾对广西仫佬族依饭节进行个案研究，试图阐释仪式传播中的文化共享与信仰塑造过程。他们呼吁："要从文化传播和人类学研究的角度，重新思考传播的'共享'问题，我们的研究应该沿着这个方向继续走下去，而绝不是仅仅止步于共享的表层，放弃深层问题的探究。"④ 他们的这种呼吁针对目前国内文化传播视野下的仪式研究，具有启发性的意义，跨学科的方法与视野应该是这一领域往深层问题探究的路径。

为此，王晶还从我国传播仪式观研究的现状出发，探讨了传播仪式观研究的支点与路径。她认为，"以传播仪式观为取向的文化研究建构了一种新的载体，它能使我们的研究重新审视大众媒介有关的文化概念，并重新处理效果与功能的概念问题，但是传播仪式观研究这个新的理论领域，真正的探索尚未开始"。⑤ 王晶的观点，在一定程度上反映了传播仪式观研究在国内的现状。纵观已有的研究，我们不难发现，目前的研究无论是在理论还是方法论层面都还有待深入。比较多的研究还停留在引进和解读凯瑞的传播仪式思想上，虽有部分研究开始尝试用民族志等方法对中国本土的仪式传播进行研究，但民族志方法的把握与具体问题的展开还存在明显不足。

（三）传说研究

传说是一种口头传播文学，世代流传于民间社会，影响着民众的观

---

① 邵培仁、范红霞：《传播仪式与中国文化认同的重塑》，《当代传播》2010 年第 3 期，第15—18 页。

② 郭讲用：《传统节日仪式传播与信仰重塑》，《当代传播》2012 年第 4 期，第 29—32 页。

③ 陈力丹：《传播是信息的传递，还是一种仪式？——关于"传播'传递观'与'仪式观'"的讨论》，《国际新闻界》2008 年第 8 期，第 44—49 页。

④ 陈力丹、王晶：《节日仪式传播：并非一个共享神话——基于广西仫佬族依饭节的民族志研究》，《中国地质大学学报》2010 年第 4 期，第 73—76 页。

⑤ 王晶：《传播仪式观研究的支点与路径——基于我国传播仪式研究现状的探讨》，《当代传播》2010 年第 3 期，第 32—34 页。

念、思想、情感以及道德等。关于传说是否为真实的历史，在历史学界一直颇有争论。何顺果等人的研究提出，要对我们以信史为核心的历史观做些修正或扩展，并如实地把神话、传说视作某种原始文化。① 其实此类观点的提出，可以追溯到 20 世纪 20—30 年代兴起的我国古史辨派的观点，他们曾对历史记载与神话传说进行过识辨，如古史辨派历史学家顾颉刚提倡用故事的眼光来看古史。② 从已有的文献来看，大部分学者都承认传说与历史有一定的关系，包含着历史事实。中国是民间传说的大国，四大民间传说的源流、演变和传播，历来为学者们所重视，20 世纪 30 年代就有学者对四大民间传说进行过研究，如顾颉刚先生的《孟姜女故事研究》、钱南扬先生的《梁祝故事叙论》等开辟了中国四大民间传说研究的先河。③ 日本学者柳田国男在 1940 年出版的《传说论》，可以说是传说研究中的一本经典著作，阐述了许多传说研究的原创性理论，并被相关传说研究广泛引用。国内甚至有学者把柳田国男的《传说论》奉为"东方智慧"，认为柳田国男开创的传说学方法论是在对立范畴内的两极之间的空间里展示传说属性和复杂性及历时变迁。④ 由此，柳田国男《传说论》的学术影响与地位可见一斑。柳田国男在其另一本重要著作《民间传承论与乡土生活研究法》中还特别强调了传说与历史故事的不同，指出历史故事说的人和听的人都不把说的内容当真，而传说则不同，与传说有利害关系的人都相信它是真的。⑤ 可见，柳田国男特别看重传说所产生的话语权力。

日本学者河合隼雄的代表作《日本人的传说与心灵》则从比较日本与世界各国神话传说的异同入手，探讨了日本特有的文化和日本人的心理结构。⑥ 美国学者鲍曼则将神话传说等口头艺术归结为一种"表演"，为一个社区的个体成员提供了特定的机会，承担不同于日常生活的特殊表演

---

① 何顺果、陈继静：《神话、传说与历史》，《史学理论研究》2007 年第 4 期，第 51 页。

② 顾颉刚：《古史辨》（自序），河北教育出版社 2000 年版，第 3—4 页。

③ 钟敬文等：《名家谈牛郎织女》，文化艺术出版社 2006 年版，第 1—3 页。

④ 邹明华：《传说学的知识谱系：解读柳田国男的〈传说论〉》，《民族文学研究》2003 年第 4 期，第 93 页。

⑤ ［日］柳田国男：《民间传承论与乡土生活研究法》，王晓葵等译，学苑出版社 2010 年版，第 135 页。

⑥ ［日］河合隼雄：《日本人的传说与心灵》，范作申译，生活·读书·新知三联书店 2007 年版。

角色，为个体提高自我意识，强化社会认同创造机会。① 鲍曼的另外一部重要著作《故事、表演和事件——从语境研究口头叙事》（*Story, Performance, and Event: Contextual Studies of Oral Narrative*, 1986）以得克萨斯流传的口头叙事为具体个案，进一步阐释其以"表演"为中心的研究范式，引起了学界的广泛关注和引用。

　　令人欣喜的是，国内已有学者进行了传说相关的传播研究。如孙旭培等人认为中国社会情境中的各种故事、传说、谚语、神话、童谣等是一种民间传播，广泛的民间传播是形成民族认同感的重要基础。② 可以说，孙旭培组织众多学者主编的《华夏传播论——中国传统文化中的传播》一书是中国传播学研究本土化的一个重要尝试，该书对中国传统文化中的传播活动进行了一定程度的挖掘，这对传播学研究的本土化具有重要的启发意义。又如仲富兰的《民俗传播学》一书，从传播学的角度研究仪式、传说、神话、原型等，把这些民俗符号归类为民俗传播，认为民俗与传播互为一体，民俗即传播，认为传播学的本土化需要将中国情境中的民俗文化与传播学结合起来，并认为这是中国学者拓展传播研究空间的有益尝试。③ 实际上，仲富兰进行了一次中国本土传播研究文化指向的尝试，具有很高的学术价值。然而，相关研究仍是非常缺乏，已有的研究主要还停留于总体式的"概论"，体系相对零散，问题的深入性还不强，深度的个案研究鲜有研究者尝试，研究过程中的学术自觉还有待进一步提升。

　　遗憾的是，此类研究并没有得到很好的传承，后续的相关研究主要是基于研究者个人的兴趣，相关研究零散地分布在不同研究者或研究机构之中，学术共同体远未形成。值得关注的是，国内已有少数传播研究者开始把传说作为一项重要的传播活动来考察，如李岗等人以罗江县李调元传说为个案探讨了民间传说的传播模式，认为传说的历时传播模式是"真实事件—民间记忆—文字印刷文件—电子文本—互动文本"。④ 可以说，李岗等人的研究

---

　　① ［美］理查德·鲍曼：《作为表演的口头艺术》，杨利慧等译，广西师范大学出版社 2008 年版，第 90 页。

　　② 孙旭培主编：《华夏传播论——中国传统文化中的传播》，人民出版社 1997 年版，第 369—376 页。

　　③ 仲富兰：《民俗传播论》，上海文化出版社 2007 年版，第 21—38 页。

　　④ 李岗、郑馥璇：《四川民间传说传播模式初探——以罗江县李调元传说为个案》，《西南交通大学学报》2009 年第 1 期。

提供了一个新的视角。需要指出的是，他们过度关注传说的文本主体和传播渠道，对于传说的具体传播环境和传播权力等因素缺乏深入的考虑。

从目前传说研究文献的解读来看，传说因其丰富的历史性、真实性与文化性等特质引发许多学者的关注，特别是在人类学与民俗学领域，传说成为一个重要的研究对象。聚焦于庙会的传说研究，已引起了部分学者们的关注，但深入的研究并不多见。代表性研究如岳永逸把庙会传说放置于村落中考察，探讨了村落庙会传说与相关联的庙会、村落生活和民众思想之间的关系，并指出庙会传说隐喻了民众对其生活空间的想象与建构和对其生活空间所有资源分配的机制。① 岳永逸还从河北 C 村娘娘庙会相关起源传说发生的细微变化入手，认为庙会传说参与了庙会仪式生产，并在外在世界，尤其是现代国家的框束下，与庙会仪式一道参与了地方社会的结构过程。② 岳永逸的研究把庙会传说放置在一个具体的社会环境去阐释，指出传说与社会建构的关联，具有一定的启发意义，但也有一定的局限，如庙会传说在具体社会环境中散布所涉及的结构性关系和动力，并没有具体阐明。

综上所述，庙会的相关研究得到了学界的长期关注，主要从人类学、民俗学以及社会学等学科视野进行的，主要研究分布在庙会与社会变迁、庙会与社会经济、庙会与民间信仰等方面。总体而言，庙会的研究引起了研究者的关注，形成了以个案研究为主的态势，如形成了以妙峰山和范庄龙牌会等为代表的成果，但跨学科的系列成果仍然非常缺乏。

庙会作为中国社会一种重要的文化传播活动，并没有很好地引起相关传播研究者的关注，以传播学的视角，结合人类学、民俗学、社会学等多学科进行交叉研究尤其缺乏。传播研究的仪式观为我们进行庙会文化传播研究提供了有益的启发。事实上，凯瑞开辟的以仪式传播为代表的文化研究取向，得到了国内外学者的呼应，使国内外学界逐步认识到传播研究的文化取向的重要性，强调传播对意义的诠释。在国内，凯瑞的传播仪式观已引起相关研究者从中国本土的传播情境去理解，但研究方法的把握、跨学科的关怀以及研究问题的深入等方面仍明显不足。

从对传说研究的文献来看，极少有人把传说的传播规律，传播机制与

---

① 岳永逸：《村落生活中的庙会传说》，《文化研究》2003 年第 2 期，第 43 页。

② 岳永逸：《传说、庙会与地方社会的互构——对河北 C 村娘娘庙会的民俗志研究》，《思想战线》2005 年第 3 期，第 95 页。

动力等作深入分析。但实际上，庙会传说作为一种重要的口头传播艺术已深深烙入民众的思想、观念、伦理等方面，成为社会生活中一项重要的象征性资源。从庙会传说的具体传播环境出发来考察庙会传说的传播过程，进而探讨其传播机制与动力将是一个非常有价值的探索。简言之，庙会作为中国古老的文化样态，蕴含了中国人的观念、思想、信仰与心态，正如葛兆光先生所言"一般知识、思想与信仰的传播并不在精英之间的互相阅读和共同讨论，而是通过各种最普遍的途径，如娱乐性演出、一般性教育和大众阅读等方式进行传播，而这种传播却又成为精英和经典思想发生的真正的直接的土壤与背景"。① 葛兆光先生一语中的地道出了一般知识、思想与信仰的传播方式与价值。庙会正是中国基层社会日常生活空间中的"一般知识、思想与信仰"，也是社会生活中一种普遍认可的知识与思想，正以它独特的传播方式来影响普通民众的生活世界，建构社会事实。

然而，从已有的文献来看，相关研究主要在时间系列上展开，对庙会文化的传播环境、传播过程与传播动力之间的关系、传播与庙会文化的相互构建等问题并没有引起应有的关注，研究者往往忽视传播对于文化形成与扩散的作用。因此，从庙会文化传播的空间维度出发，以跨学科的研究取向去系统研究庙会文化的传播过程，以及传播过程背后的动力机制，是一项既富于挑战性而又非常有价值的学术探索。

本书的庙会文化传播研究，拟把庙会看作一种文化传播活动来考察，把文化与传播融入一个共生的整体，对个体的文化传播实践加以平等的审视与考量，结合文化传播的过程与事件，探寻庙会文化传播的机制及观念，从而揭示庙会如何通过文化传播机制实现其社会功能，并成为社会生活存在与发展的重要基础。

第三节 研究意义、思路及创新点

一 研究意义

（一）理论意义

第一，庙会作为一种中国传统的文化传播活动，对其进行深入研究有

---

① 葛兆光：《中国思想史——七世纪前中国的知识、思想与信仰世界》，复旦大学出版社1998年版，第13—15页。

助于进一步认识和理解中国本土的人际传播和群体传播。一直以来，传播研究的成果主要集中于大众传播，而人际传播、群体传播等方面成果较少，个体或群体传播活动长期受到忽视。庙会活动则主要通过人际传播与群体传播来进行，是一个丰富多彩的传播场域。然而，时至今日，庙会的相关研究已在人类学、社会学、民俗学等多学科领域展开，有学者着重把庙会看作一种节庆活动，作为"早期会展活动的起源，是一种以现场聚集为形式，以表达展示为手段，以主题化时空为核心的规模化营销沟通服务"。① 这些研究都具有启发性意义。但庙会作为一种蕴含丰富传播网络的场域，并没有在新闻传播学科领域中引起关注。因此，本研究拟把庙会活动看作一种文化的传播，把庙会的仪式与传说作为主要对象加以考察，具有一定的开拓意义，有利于其他研究者开展后续的研究。

　　第二，庙会作为一种具有浓厚中华文明印记的活动，对其做文化传播研究，有助于进一步探索传播学本土化的研究路径。自传播学引进中国以来，"本土化"口号一直在提，但把西方理论简单套用于中国案例的"伪本土化"做法一直弥漫于学界，真正意义上的"本土化"仍进展缓慢。西方的理论可以参考，但不能照搬。它可以启发我们去思考，启发我们如何去发现问题，并构建一种理论或方法来解决问题。然而，中国问题的研究，需要根据中国具体的历史与经验来考察。西方文化土壤上发展起来的理论，很难阐释清楚其他社会的文化与行为。值得关注的是，已有一批传播学者在传播学的本土化方面作出了积极的探索，其中的代表有孙旭培、吴予敏、王怡红、仲富兰等。但是，传播学本土化理论探索的系统研究成果仍然非常缺乏。就目前的研究现状而言，相关研究多出于个体的研究兴趣，传播学本土化研究的深度和广度还有待进一步开拓，相关研究种群、团队和学术共同体远未形成。当然，笔者并不是说要先把自己的研究标榜为"本土化"研究，但笔者诚挚地希望通过历史与现实的观照，以及田野调查的身体力行来证明自己对"本土化"追求的努力。因此，庙会的文化传播研究，在考察中国社会原始、反复、日常的传播活动的基础上，有利于从中国文化语境出发探究人际传播与群体传播的观念与规律。

　　第三，庙会研究的方法探索，有助于开展传播学与其他学科交叉研究的实践，促进国内传播研究方法论的多元化。本书将采用文献分析、参与

---

① 张敏主编：《中国会展研究30年文选》，上海交通大学出版社2009年版，第1—2页。

观察、深度访谈、过程与事件分析等研究方法，借用人类学、民俗学、社会学等多学科视角开展研究，从具体情境出发，力求还原一个"真实"与"完整"的庙会文化传播网络，进入日常生活世界去理解传播，这将为相关研究提供方法论借鉴。

（二）现实意义

对它山庙会作深入系统的研究，有利于传承与保护非物质文化遗产。浙江宁波它（古音读"拖"，tuō）山庙会，又称鄞江庙会，发端于唐太和年间，为纪念鄞县县令王元暐修建它山堰之功德而设。它山堰是当地一项重要的水利工程，作为鄞西水利枢纽，已历经1170多年，至今仍发挥着引流、阻咸、泄洪的重要作用，在历史上地位显赫，与郑国渠、灵渠、都江堰合称中国古代四大水利工程，是全国重点文物保护单位。① 唐太和五年十月初十日为王元暐生辰，鄞县各地方官员，仕宦乡绅，按惯例向县令王元暐敬献寿礼，以示祝贺。王元暐趁此宴宾之机，向各地方官员及仕宦乡绅亲朋挚友宣告"它山堰工程"开工，并隆重举行典礼，为以后"十月十"庙会的形式奠定了基础。

它山庙会有着悠久的历史，是集庙宇、宗教（民间信仰）、娱乐和商贸为一体的典型性庙会，是历史上宁波府下第一大庙会盛市。庙会所在地鄞江镇曾为古代鄞县县城，地处四明咽喉，坐落于鄞西平原和四明山区的交接处，千余年来一直是鄞西地区的政治、经济、文化中心。鄞江镇地处要隘，水陆交通两便，是鄞西入山出山必经之地，有着独特的自然和人文要素，文化与社会的变迁具有稳定性和延续性。因此，透过它山庙会的研究，可以透视社会变迁下的文化传播机制和脉络，理解中国社会的"大传统"与"小传统"②。文化传播与社会变迁是一个综合体，通过发现传播过程与社会互动的空间结构，找出其动力机制和关系网络，对于我们重新理解和复兴中国文化，具有较强的现实意义。当前，它山庙会的系统研究

---

① 宁波市鄞州区水利志编纂委员会：《鄞州水利志》，中华书局2009年版，第494、501页。

② "大传统与小传统"概念，是美国人类学家罗伯特·雷德菲尔德（Robert Redfield）在1956年出版的《农民社会与文化》中提出的一种分析框架，用来说明在复杂社会中存在的两个不同文化层次的传统。大传统是指以城市为中心，社会中少数上层人士、知识分子所代表的文化；小传统是指在农村中多数农民所代表的文化。台湾学者李亦园又将大小传统的概念运用于中国文化的研究，并对应于中国的雅文化和俗文化。大陆学者赵世瑜则称之为"大历史"与"小历史"，用于区域社会史的理念、方法与实践。

并没有出现，因此，本书拟开展系统深入的研究，这对它山庙会的非物质文化遗产的传承与保护具有重要现实意义。同时，在各地庙会复兴的背景下，本书通过对庙会文化传播网络的揭示，将为庙会的具体运作提供一定的现实参考。

时至今日，对于个案研究是否具有"典型性"与"代表性"已不再成为社会科学研究者的顾虑了，马林诺夫斯基的《西太平洋的航海者》、拉德克利夫—布朗的《安达曼岛人》、费孝通的《江村经济》等一系列名著早已证明了这一点。它山庙会虽是个案，但它同样具有一个相对完整的文化生成系统，通过历时性与共时性的研究，从文化、权力、传播、身份与关系等多重方面去审视具体地域的"地方性知识"与"文化"的创造与传播机制，对于我们理解当前全球化语境中地域经济、政治与社会文化关系都具有很重要的现实意义。晚近各地庙会的复兴，"国家"过多地"在场"，权力与资本等过度地参与，偏离了庙会的本性。文化的展示与传播在某种程度上受到了较大的负面影响。本书通过挖掘庙会的历史与文化资源，在一定程度上可以为解决这些现实问题提供一个真实可靠的支点。

二　思路

当代美国社会学家布洛维提出采用"扩展个案法"来体现个案研究的强大生命力，即"走出个案自身的范围局限，立足宏观场景，特别是在宏大权力的领域中观察具体的日常生活，从而在具体个案反观宏观因素，从而实现理论的重构"。[①] 布洛维的创见对于个案研究具有很好的启发意义。按照他的思路，国内有学者回应道，"扩展个案方法则追求自田野'扩展出去'，将社会处境当作经验考察的对象，从有关国家、经济、法律秩序等已有的一般性概念和法则开始，去理解那些微观处境如何被宏大的结构所形塑，其逻辑是说明一般性的社会力量如何形塑和产生特定环境中的结果"。[②] 斯默则建议采用布洛维的"扩展个案法"和罗伯特·殷的"序列访谈法"来达成个案研究目标。他认为个案研究不需要追求代表

---

① Burawoy M., The extended case method. *Sociological theory*，1998，16（1）：4–33.

② 卢晖临、李雪：《如何走出个案——从个案研究到扩展个案研究》，《中国社会科学》2007年第1期，第118—130页。

性，而需要强调"饱和度"，即在一个特定个案里，关注个案和整体社会环境之间的联系，通过对某一个问题全面而深入的了解，揭示整体社会过程的内部机制，从而修正和重构理论。① 这和传统个案研究站在微观个案的基础上理解宏观因素对微观生活影响的思路与方法有明显的区别，这对走出个案研究的局限，辅助理论的建构具有重要的突破。

本书的总体思路正是希望在理解和把握宏观场景的基础上，通过区域的、个案的、具体事件的考察，采用多学科的视野与取向，努力把历时性研究与共时性研究有机结合起来，把庙会文化的传播过程作为探视宏观社会构成的一种中介机制，同时，把社会心态作为一个重要的社会事实来加以考察，进入民众的生活世界，以庙会的仪式与传说为线索去阐释一个中国式的文化传播"故事"，去发现其生成与传播的机制，研究视角从传统人类学、历史学中的仪式与传说研究的时间维度转向空间维度，通过中国经验的研究促进本土理论的建构。

具体而言，为了更好地实现研究目的与写作意图，本书拟采用以下思路来开展研究工作：

1. 为了使问题的解决更有可控性和操作性，本书在基本内容预设方面将以庙会文化传播的核心要素"仪式"与"传说"为考察中心，论文的整体框架将围绕具体的问题来开展，首先研究和分析庙会文化的历史脉络，然后通过具体的参与观察、访谈和口述历史等手段来探视当前庙会文化传播的具体实践，以发现和分析新情况。

2. 通过文献的研究与实地调查，在凯瑞的"传播的仪式观"、费孝通的"差序格局"以及黄光国等人的"中国人的权力游戏"等理论的启发下，结合中国具体的文化与社会情境，剖析它山庙会文化传播。

3. 在关键环节和问题处理上，拟采用"剥笋"原理，由外及内，由表及里，层层递进，首先研究庙会的起源、基础、社会动因等整体的历史谱系，其次观照当前庙会所处的自然、地理、政治、经济等环境，再次通过参与观察、访谈等方法深入民众日常生活来研究"仪式"与"传说"的具体传播过程，最后对研究的发现进行总结与讨论。总之，研究的关键环节和重点是通过对庙会文化传播网络的深描和理解，结合民众对庙会文

---

① Small M L. How many cases do I need？On science and the logic of case selection in field-based research. *Ethnography*，2009，10（1）：5－38.

化的理解、创造以及心态等因素，揭示庙会活动如何通过文化传播机制实现其社会功能，从而成为社会生活存在和发展的重要基础。

三　创新点

创新学对创新的定义是"首次进行的有价值的活动及其成果"，美国的菲利普斯教授则将学术论文的"创新"细分为"15 种类型"①。

以此为参考，窃以为本书具有以下创新点：

1. 在人类学、民俗学等研究的基础上，首次将传播与庙会文化的相互构建关系作为综合性问题来研究。通过"历时性"与"共时性"的研究，将有利于提出一个对中国本土传播实践具有阐释力的传播观念。

2. 庙会的文化传播蕴含了中国本土的"传播智慧"，庙会是民众参与社会互动的重要空间与场域，然而却没有引起传播学科研究者的注意。从传播学的角度来研究庙会是一个新的研究领域和新的尝试。

3. 综合运用人类学、传播学、民俗学、社会学等理论及方法来观照庙会文化的传播过程是一个独特的视野。采用"过程与事件分析"等研究方法来研究中国传统文化的传播具有一定的创新性。

第四节　研究方法

传播研究的传统主要是量化的经验性研究。然而，近些年来，传播学

---

① 转引自邹广天教授在同济大学"2008 全国博士生学术会议专家报告"的讲座，2008 年 10 月 14 日。美国的菲利普斯教授把博士论文的"创新"归纳为 15 种类型：（1）第一次用书面文字的形式把新信息的主要部分记录下来，这可以称为"发现"；（2）继续前人做出的独创性工作（在前人的基础上的独创性前进）；（3）进行导师设计的独创性工作（导师提出了可能做出"独创性"成果的方向）；（4）在并非独创性的科研工作中，提出一个独创性的方法、视角或结果；（5）含有其他研究生提出的独创性的观点、方法和解释（几乎是同时提出）；（6）在证明他人的观点中表现出独创性（方法、途径等）；（7）在进行前人尚未作过的实证性研究工作（对前人提出的假设的实证性研究，或新的实证性方法）；（8）首次对某一问题进行综合性表述（首次相关性研究，同样是独创性成果）；（9）使用已有的材料作出新的解释（对前人发现的现象、试验结果做出新的解释）；（10）在本国首次作出他人曾在其他国家得出的实验结果（被封锁的实验方法、科研成果）；（11）将某一方法应用于新的研究领域；（12）为一个老的研究问题提供新证据；（13）应用不同的方法论，进行交叉学科研究（研究方法的创新）；（14）注视本学科中他人尚未涉及的新的研究领域；（15）以一种前人没有使用过的方式提供知识。

界越来越意识到，要更好地阐释传播对意义的建构，需要一种更质化、更有人文关怀和更带有整体性的方法来研究相关传播现象与实践。美国学者约翰逊博士做了这方面的努力，如其专著《电视与乡村社会变迁》正是以这种质化设计而做的一个经典著作，用深度访谈和参与观察法对印度两个村庄进行民族志的研究，细微地揭示了电视媒介对乡村生活的影响。① 当然，这类方法也得到了部分国内学者的呼应，如郭建斌的博士学位论文《电视下乡：社会转型期大众传媒与少数民族社区——独龙江个案的民族志研究》，吴飞的博士后出站报告《火塘·教堂·电视——一个少数民族社区的社会传播网络研究》等，都可以说是这类质化研究方法设计下的代表性著作。当然，传播的民族志研究，由于时间和方法训练等方面的因素，离严格意义上的民族志研究仍有一定距离，但深度访谈和参与观察法作为民族志研究方法的重要组成部分，成为相关研究者较多采用和运用得较好的信息收集手段。基于以上考虑，本书在研究方法的准备上，拟采用以下方法。

一 文献分析法

主要指通过收集、辨析、分析、梳理各种文献资料，确认、验证、再现某些基本的历史事实和现状，归纳和分析文献的内在关联，总结某一问题的基本命题和主要观点，为研究的深入开展提供依据和启发。本书将特别注重"地方性知识"（包括地方志、地方年鉴、碑刻、文物记载、照片、民间读本等"地方性知识"）的收集、辨析、分析、梳理，以描述民众的生活世界和揭示一般民众的观念与思想，以及分析传播与民众心态、社会关系等之间的勾连。

本书将使用文献分析法来描述庙会文化传播相关研究的现状，梳理庙会文化的历史脉络，以获得相关"历时性"认识，在较大的空间跨度和较广的时间深度中去探讨传播与社会结构的运行。

二 参与观察法

参与观察是实地调查的一种特殊形式，也就是研究者参与被研究的事

---

① ［美］柯克·约翰逊：《电视与乡村社会变迁——对印度两村庄的民族志调查》，展明辉等译，中国人民大学出版社2005年版，第2页。

件，成为行为者。要在注意到观察者不同的角色，遵循方法论原则的同时，考虑伦理因素。① 本书将按照参与观察的要求，深入民众日常生活，既作为一名研究者，又作为一名日常生活的普通成员，与被研究者一起生活、参与，在密切的相互接触与直接体验中倾听、观看和分析他们的言行、心态以及期望等。马林诺夫斯基对田野工作曾提到几个重要论点："研究文化不能把文化的某些个别方面分割开来，而应把文化的不同方面放在它们实际用途的背景下进行考察；社会人类学者不应依赖被研究者的口头言论和规划来研究，而应该重视他们的行为。"② 时至今日，马林诺夫斯基的论点对当前社会科学研究中参与观察方法的运用仍有十分重要的指导意义。研究庙会的文化传播，对庙会文化传播的整体情境进行综合考量、对被研究者行为的重视、对当地人习俗等方面的尊重，将能更好地解答相关研究问题。

三　访谈法

访谈法是田野工作的基本方法，"是根据大致的研究计划在访员和受访者之间的互动，而不是一组特定的、必须使用一定的字眼和顺序来询问的问题，本质上由访员确立对话的方向，再针对受访者提出的若干特殊议题加以追问"。③ 访谈法在具体运用过程中，可以是拉家常式的无结构的开放式会话，也可以是以某一问题为中心的结构式会话。可以说，访谈是项高强度的信息交换过程，通过"受""访"双方的持续互动，能更好地以一种能动、积极的态度去探究谈话意义，从而为研究工作收集必要的资料。本书将综合运用结构式与非结构式访谈，以了解受访者的所思所想，以及他们对庙会的观念、情感与行为等，多角度地对庙会事件过程进行整体、深入与细致的描述，以发现庙会文化背后的社会心理与传播机制。

---

① ［美］艾尔·巴比：《社会研究方法基础》（第 8 版），邱泽奇译，华夏出版社 2002 年版，第 241—246 页。

② 转引自陈向明《质的研究方法与社会科学研究》，教育科学出版社 2000 年版，第 228—229 页。

③ ［美］艾尔·巴比：《社会研究方法基础》（第 8 版），邱泽奇译，华夏出版社 2002 年版，第 248 页。

四 "过程—事件分析"法

庙会文化的传播网络，由普通个体在不同时空共同理解与创造，不是一个静态的研究对象。因此，静态的共时性研究对于揭示庙会文化传播网络具有一定的不足之处。对于这一情况，孙立平教授提出的"过程—事件分析"策略，具有很强的借鉴意义。他认为之所以要采用"过程—事件分析"策略，从方法论上说是由于静态结构分析所存在的局限。因为在静态的结构中，事物本身的一些重要特征，事物内部不同因素之间的复杂关联，以及这一事物在与不同的情境发生遭遇时可能产生种种出人意料的变化，都不是潜在地存在于既有结构之中。相反，只有在一个动态的过程中，这些东西才可以逐步展示出来。"过程—事件分析"策略意味着过程可以作为一个相对独立的解释源泉或解释变项。"过程—事件分析"策略的最基本之点，是力图将所要研究的对象由静态的结构转向由若干事件所构成的动态过程。这种策略的基础在于强调一种动态叙事的描述风格，将研究的对象作为或者是当作一个事件性过程来描述和理解。①

实际上，孙立平的"过程—事件分析"策略提出了一种看待社会现象和社会事实的角度或策略。他提出的相关观点对于分析中国本土复杂的社会生活具有较强的启发性。他提出了破解社会生活的一种方案，即从宏观的社会结构（当然，这并不意味着要否定宏观的社会结构分析）转向德塞图所说的"微小实践"，即一种构成社会生活基础的社会过程。② 目前，孙立平的"过程—事件分析"策略已应用于社会转型、国家—社会关系和法律实践等各种主题。这一分析策略尽管在很大程度上是一种"本土"发明，却与世界范围内社会理论发展的趋势有不谋而合之处，吸引了越来越多的学者自觉或不自觉地运用这一分析策略，在很大程度上被当作一个前沿理论与研究方法有机结合的学术生长点。③

当然，笔者也注意到了该研究策略的不足。孙立平主张用动态、持续的视角与策略来描述与理解社会事实。然而这种期待却很难在实际的研究

① 孙立平：《现代化与社会转型》，北京大学出版社 2005 年版，第 349 页。

② 同上书，第 348 页。

③ 李化斗：《社会生活中的具体与抽象：兼论"过程—事件分析"》，《社会》2011 年第 2 期。

中得到彻底贯彻。事实上，研究者很难真正把事件性过程中所涉及的所有内容描述出来，并且这种动态也是相对而言的。有的研究者认为"过程—事件分析"策略和"结构—制度分析"是一种不同的描述和解释社会现象的话语系统而已。① 在这里，我们没有必要去争论哪一种分析策略更优越。事实上，没有哪一种研究方法或策略是十全十美的。关键在于，哪一种分析策略对本书的研究更加适用、更具启发性。

孙立平主张用动态、流动的眼光来看待社会事实，认为"过程—事件分析"的研究策略，目的是接近实践形态的社会现象。他将实践状态的社会现象的研究概括为四个环节，即过程、机制、技术和逻辑。他强调要做"事件性过程"的深度个案研究，要关注普通人的日常生活，关注日常生活作为普通人与国家相遇和互动的舞台，也不全然是一种自下而上的视角，而是强调自上而下和自下而上两种视角的均衡和整合。② 这些观点对于本书的研究具有重要的启发。

对本书的研究而言，笔者注意到了普通人的日常生活对庙会文化传播过程的重要性。庙会文化传播的种种规则与逻辑往往微妙地隐藏于庙会和社会生活的种种事件性过程之中。要揭示庙会文化传播的规则与逻辑，有必要采用"过程—事件分析"。用"过程—事件分析"策略来剖析本书个案，可以把庙会看作一个动态的事件性过程：1000多年来，鄞江镇这个地方一直传承着一项叫作"庙会"的重要文化传播活动，可以称作庙会文化传播的事件性过程。这一过程由许多更小的事件组成，它们隐藏在日常生活之中。为此，笔者将重点关注鄞江镇当地日常生活中的与庙会文化相关联的传播行为，如仪式、传说、"普堂""陪饭"等，结合庙会大事件与日常生活中的小事件，以期通过事件性过程的描述，来揭示庙会文化传播的网络与逻辑。这种做法与孙立平教授"过程—事件分析"策略是吻合的。事实上，这种方法的使用有利于克服共时性分析中的静态性缺陷，对于本书研究小型社区中的庙会文化传播很有帮助。

在庙会文化传播的事件性过程中，许多个体以自己的方式对庙会文化进行理解与创造，并以一种合力汇入庙会文化的传播网络。引入"过程—

---

① 谢立中：《结构—制度分析，还是过程—事件分析——从多元话语分析视角看》，《中国农业大学学报》（社会科学版）2007年第4期，第25页。

② 孙立平：《实践社会学与市场转型过程分析》，《中国社会科学》2005年第5期。

事件分析"策略有利于我们更好地把握庙会文化的传播网络，弥补共时性研究的不足，更好地关注具体传播情境下的个体传播行为，这也正是笔者的研究旨趣所在。

第五节　调查点、调查范围与调查进程

一　调查点的选择

它山庙会所在地鄞江镇，自东晋隆安四年（400 年）为句章县治，时间长达 600 余年，是浙江省著名重镇和历史文化名镇，素有"四明首镇"之称。① 鄞江镇具有丰厚的历史文化资源。至今，该地区还保存着许多的碑刻、地方史志等宝贵资料，具有丰富的仪式、传说、习俗等地方性知识。鄞江镇地处中国沿海发达地区，其行政区划隶属宁波市鄞州区，可以说是当前中国经济、社会转型的代表性区域之一。当地有着发达的现代工业系统，从事着全球化的工业生产。然而，现代化的后果产生了许多社会问题，工业与环境、传统与现代、人与自然之间出现了复杂的矛盾。这些矛盾并不是简单的对立关系，它们往往以一种相互交织的关系掺杂在一起。在过去的 5 年里，或更长的时间中，鄞江镇曾尝试促进经济结构的转型，如大力发展现代化特色农业、家庭农场、休闲产业、旅游产业等。社会的改革活动与当地的经济、社会、文化等方面有着密切的关联，以社会转型与变迁的动态视角来客观研究区域的经济、社会、文化实践，有可能发现已经存在的、重要的却又未揭示的问题。

当然，笔者并不是要夸赞这里的历史文化传统与社会改革，而是要说明这一地区具有便利的研究背景和良好的研究价值。正如列维－斯特劳斯所说："能够实地去研究那些仍然未被认真研究过的社会，而且是保存得相当完好，一切的破坏才刚刚开始的社会，一定是个很不寻常的方便和优点。"② 对此，笔者有同感。

然而，要顺利地进行相关研究，如何进入调查点是一个必须解决的问

---

① 宁波文化广电新闻出版局：《甬上风物》，宁波出版社 2009 年版，第 1 页。

② ［法］克洛德·列维－斯特劳斯：《忧郁的热带》，王志明译，中国人民大学出版社 2009 年版，第 62 页。

题。正如曹锦清所言，对乡村社会调查来说，第一个大问题是如何"入场"，第二个大问题是如何保存"现场"。入场的方式主要有两种，一种是正式"入场"，另一种是非正式入场。① 通过官方支持和许可的"自上而下"的方式进入现场，优点是能高效地利用行政资源获取调查资料，但缺点也很明显，这种"入场"的程序和应酬耗时较多，且容易使受访对象有顾虑，不利于保存"现场"。第二种是非正式的"入场"途径，动用当地的亲戚、朋友、同学等关系网络，这种方式的优点是能较快"入场"，并取得受访对象的信任，容易保存"现场"，缺点是仅凭个人关系网络往往能进入的调研范围有限，很难高效率地深入不同村落做调研。基于以上考虑，笔者采用以非正式"入场"为主，正式"入场"为辅的方式进入调查点。此次在鄞江镇开展的调查，笔者一方面依赖当地各位朋友、同学们的帮助而进入村落现场，另一方面又在当地政府的支持和许可下，扩展了调查范围，对相关政府部门、机构、团体等进行了调查。因此，在较好地解决了田野调查的"入场"问题的基础上，选择鄞江镇作为调查点有利于笔者从当地环境出发进行更深入的研究。

除了以上考虑因素外，笔者对鄞江镇的调查还具有得天独厚的条件。鄞江镇离笔者居所仅三十余公里，笔者对当地的习俗、信仰、语言等比较熟悉。从某种程度上讲，对于这项调研，我是一个"边缘人"②。笔者虽不是出生和成长于这种文化环境之中，但是在附近区域生活与工作，长期浸染于这种环境之中，常在多种文化之间游走。因此，在调研中，一方面笔者不会把这一区域所进行的庙会仪式、传说、习俗等文化传播实践像土长土长于此的人们一样看作自己的文化；另一面，笔者又会因为好奇而努力去观察、理解和感受这种文化。可以说，对于庙会文化传播实践，笔者既是观察者，又是参与者，具有"边缘人"的特点。这能为此项田野调查提供"既是局内人，又是局外人"和"既长于局外人，又长于局内人"的双重便利。

二　调查范围的界定

为了对庙会文化传播实践进行深入研究，笔者把调查范围限定为以一

---

① 曹锦清：《黄河边上的中国》，上海文艺出版社 2001 年版，第 2—3 页。

② 关于"边缘人"在研究中的优势，许烺光先生曾有精彩的论述，详见［美］许烺光《美国人与中国人：两种生活方式比较》（前言），彭凯平等译，华夏出版社 1989 年版，第 3—11 页。

个镇为单位。同时考虑到调查点的现实情况，笔者主要对该镇它山遗德庙界下①的它山堰村、悬慈村、光溪村、鄞江村、东兴村六个村和鄞江居委会进行了深入调查。这六个村和鄞江居委会是庙会文化传播活动最活跃的片区。尽管田野调查较长时间都是在这六个村和鄞江居委会进行，但是笔者为了更深入地了解庙会文化传播的情况，也同时对该镇其他村，如清源村、蓉峰村等进行了走访。选择这样一个研究单位，通过对其代表性村落的调查，能够较完整地提供庙会文化传播实践的素材。

在社区研究中，有相关研究成果可以借鉴。如美国学者林德夫妇所著的社会学经典著作《中镇研究（米德尔顿）》②，以美国印第安纳州一个小镇为研究单位，描述了小镇在现代化进程中所面临的社会变迁，以及变迁过程中社会生活的种种图景。随着《中镇研究》的成名，《中镇2》《中镇3》等相继推出，《中镇研究》系列成为美国社区研究的经典，引起了学术界广泛而持久的重视与关注。中镇研究是一个典型的以一个小镇为单位的研究，以解剖麻雀的方式，描绘了美国生活的种种情景。从某种程度上讲，中镇研究系列发现了美国社区的代表性文化与精神。中镇研究对本书很有启发。

需要指出的是，对于一个小型社区进行深入研究所得出的结论虽并不一定适应于其他区域，但是通过深入的个案研究，能为研究更加复杂和巨型的社会单位提供比较和借鉴的素材。关于小型社区研究的价值与重要性，费孝通先生在其《江村经济》一书中有过精辟的阐述。③

三　调查进程

自 2009 年以来，由于个人的研究兴趣，笔者即开始了对它山庙会的田野考察。但是，正式、系统的田野调查主要集中于 2011 年 10 月至 2013 年 8 月。此外，笔者又于 2013 年 11 月、2014 年 11 月进行了补充调查。

---

① 所谓"界下"实际是指当地的一种庙会文化传播制度，即历史传统上以它山遗德庙为本庙的村落及区域，本书的后续章节会有专门阐述。

② 该著作已在国内得到译介，详见 ［美］ R. S. 林德、H. M. 林德：《米德尔敦》，盛学文等译，商务印书馆 1999 年版。

③ 费孝通先生认为，对于一个小的社会单位进行深入研究而得出的结论并不一定适用于其他单位。但是，这样的结论可以用作假设，也可以作为在其他地方进行调查时的比较材料，这是获得真正科学结论的最好方法。参见费孝通《江村经济》，上海人民出版社 2007 年版，第 19 页。

由于调查点离笔者居所较近，笔者平时也经常关注和留心它山庙会及其相关情况，因此，本书资料的获取还包含了笔者平时的日常考察。本书正式的田野调查进程情况如下：

调查时间	主要调查内容
2011 年 10 月 26 日至 11 月 10 日	重点考察了本年度它山庙会前后的准备情况，与庙会的相关筹备机构进行了初步接触，并对庙会筹备人员和当地一般民众进行了初步访谈
2012 年 2 月 10 日至 3 月 5 日	重点考察了鄞江镇的自然地理情况，步行考察了当地主要的山川河流。走访了当地主要的堰、碶、塘等水利设施，如重点考察了它山堰、行春碶、狗颈塘等遗址。同时走访了光溪桥、鄞江桥等历史文化遗迹
2012 年 7 月 24 日至 8 月 16 日	重点考察了它山遗德庙，同时对鄞江及周边地区的相关庙宇进行了考察，对相关庙宇的负责人、守庙人等进行了访谈，还对鄞江镇文化站相关负责人进行了访谈
2012 年 11 月 18 日至 12 月 2 日	重点考察了本年度它山庙会前后的情况，包括地方政府、民间团体、民众以及其他社会团体等的参与状况，特别关注了庙会仪式与传说的相关情况
2013 年 1 月 20 日至 2 月 26 日	重点考察了当地民众的日常生活，对当地民众日常生活中的仪式、传说、习俗及社会交往等情况进行了调查
2013 年 4 月 8 日至 24 日	重点寻访了与庙会有关的历史文化遗迹，如碑刻、民间读本等，对它山文化研究中心、文化站以及相关民间文化人士等进行了走访
2013 年 7 月 1 日至 13 日	对民众日常生活中的仪式、传说、习俗等进行了再调查，重点了解了民众的对庙会的评价以及对庙会及未来生活等方面的期望
2013 年 8 月 2 日至 7 日	重点对当地政府筹备庙会的相关负责人进行了访谈，主要了解了当地政府对庙会的定位、未来的计划等，还了解了地方政府组织庙会的具体措施、方法等
2013 年 11 月 9 日至 16 日 2014 年 11 月 27 日至 12 月 2 日	对它山庙会进行了补充性调查，重点了解本年度庙会举办情况，以及民间团体、民众等参与情况

作为一位"边缘人"，笔者既是庙会文化的他者，又是庙会文化的内在参与者。笔者由于生活和工作在此地的缘故，经常参与庙会文化活动等社区事项，使笔者较快地与调查点民众建立了良好的理解与信任关系。由于长期生活于此，笔者对当地的自然环境、人文环境、社会观念与文化习俗等非常熟悉，对调查点的民众社会生活中所呈现的信仰、传统、心理、关系网络等有着切身的体验与理解。这些都为笔者田野调查的顺利进行提供了便利的条件。

第一章

庙会文化传播的背景

一个学者进入田野工作，横亘在其面前的职责便是勾画出部落生活的规则与规律，并给出他们文化的解剖图，描述出他们社会的结构。①

——B. 马林诺夫斯基

田野调查工作者的首要职责是要把自己置身于具体的调查环境之中，从文化现象和文化实践的整体背景环境出发，为研究目标的实现提供切实的"导航图"。因此，本章试图描绘庙会文化传播的整体背景，为深入研究和探讨具体社会结构下的相关问题奠定基础。

第一节 走进田野

一 自然地理

（一）地理位置

笔者所选取的调查点在宁波市鄞州区鄞江镇，位于浙东四明山东麓，宁波市西部，距宁波市中心 25 公里。镇域在北纬 29°44′—29°49′，东经 121°18′—121°22′。② 鄞江镇地处半山区，平原、丘陵相杂，江、河、溪三类水源相汇，坐落于鄞西平原和四明山区的交接处，水陆交通两便，是

---

① ［英］布罗尼斯拉夫·马林诺夫斯基：《西太平洋的航海者》，张云江译，中国社会科出版社 2009 年版，第 10 页。

② 宁波市鄞州区地名志编纂委员会：《宁波市鄞州区地名志》，西安地图出版社 2006 年版，第 416 页。

鄞西入山出山的必经之地。据民国《鄞县通志》记述："甬江一名鄞江，系合鄞江、奉化江和姚江而成，东北流为大浃江，至镇海口入东海。"[①] 又见《鄞州水利志》记载："鄞州西部多崇山峻峭、千山万壑、滩湍流急，溪床坡度大，蕴藏着丰富的水资源。"[②] 可见，鄞江水系以其独特的地理状况在宁波水系中具有举足轻重的地位。从区位空间看，鄞江镇上通四明山，外通三江口贸易中心，地处四明咽喉，战略地位显著。鄞江镇交通网发达，毗邻甬金高速公路，离宁波栎社机场和杭甬高速公路只有几分钟车程，区道荷梁公路穿越镇中心，鄞横公路及卢鄞支线直贯南北。目前，通过现有的航空线、铁路线和公路线，2小时内能到达上海、杭州等长三角城市，这个时间长度随着这个地区高铁时代的来临还将进一步缩短。鄞江镇隶属于宁波市鄞州区，其区域地理位置概况见图1-1，鄞江镇与附近乡镇之间的关系见图1-2。

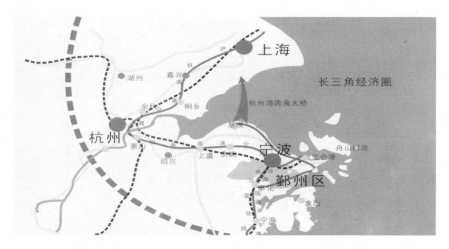

图1-1　鄞江镇所属鄞州区整体区位

资料来源：宁波市鄞州区人民政府。

（二）气候

鄞江镇所属区域地处亚热带温润季风气候区，主要特点是：四季分明、温暖湿润、光照充足、雨量丰沛。但由于受自然的、地理的、社会的诸多因素影响，水旱灾害发生频繁。据《鄞州水利志》记述，从北宋天

---

① 《鄞县通志》卷64，成文出版社有限公司1973年版，第126页。

② 宁波市鄞州区水利志编纂委员会编：《鄞州水利志》，中华书局2009年版，第186页。

图 1-2   鄞江镇周围的环境

圣四年（1028）至 2005 年有记载的水灾 114 次，从南北朝的大明七年（463）至 2005 年，有记载的旱灾 101 次。[①] 如考虑到旧志和文献有记载不详和遗漏之处，那么灾害的次数远不止上面所述。通过对史料和当地气候的分析与研判，不难发现，当地季风气候明显，降水量在时空上分布不均，河湖水网稠密，且境内河流大多源短流急、河床浅窄，是易产生水旱灾害的重要因素。

（三）水利

鄞江镇素有"四明锁钥"之称，其上接四明崇山，集 348 平方公里之来水，下连广袤的鄞西平原。诸水集流后，经鄞江镇而东，入奉化江、入平原。前文所述鄞江镇又属多雨水网地带，洪水和淫潦渍涝是主要的自然灾害之一。因此，鄞江镇历来是宁波地区治水的重点区段。历史上，此地兴修过许多水利工程，有修建于唐代号称中国古代四大水利工程的它山堰，有修建于宋代的回沙闸、洪水湾塘，也有修建于明代的官塘、光溪桥

---

① 宁波市鄞州区水利志编纂委员会：《鄞州水利志》，中华书局 2009 年版，第 212 页。

等。①新中国成立后，这些水利工程经过多次大力整修，至今仍发挥着重要的防洪排涝作用。值得一提的是，这些水利工程已经给这个地区的历史与文化打上了深深的烙印，特别如它山堰，已成为立镇之标。纵观鄞江镇的历史，俨然是一部活生生的治水史。关于鄞江镇水利设施的概况，可参见鄞江区段排洪枢纽工程图1-3。

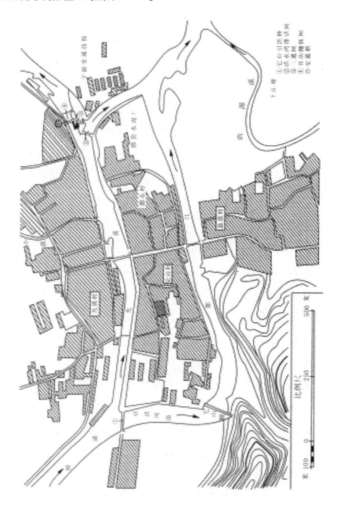

图1-3　鄞江排洪枢纽工程

资料来源：宁波市鄞州区水利志编纂委员会编：《鄞州水利志》，中华书局2009年版，第490页。

---

① 宁波市鄞州区水利志编纂委员会编：《鄞州水利志》，中华书局2009年版，第487页。

二　经济概况[①]

郸江镇传统农业主要以粮食生产为主，改革开放以来，积极向特色农业转型。近年来，该镇大力发展现代农业，形成了贝母（又称浙贝母）、白茶、杨梅、土猪、芋芳和大米等精品农业园区。郸江镇的浙贝母种植基地是我国浙贝母的主要产地。2012 年全镇累计实现农产品产值 2.42 亿元，全镇农民人均纯收入达到 17359 元，远高于当年全国农村居民人均纯收入 7917 元。2012 年该镇首批示范性农业公共服务中心通过省级验收。

郸江镇隶属宁波市鄞州区。鄞州区是宁波市经济最发达、最活跃的区块之一，2012 年全区人均生产总值为 131565 元，该区在 2009 年、2010 年、2011 年连续三年在浙江省城乡统筹综合评价[②]县（市、区）排名中名列第一。同时，该区对外经济发达，全年进出口总额 130.9 亿美元，其中出口额为 100.6 亿美元，进口额为 30.3 亿美元。[③] 郸江镇作为区域经济的重要组成部分，积极参与全球化工业生产。自 1994 年起，郸江镇就开始建设郸江工业新区，大力发展乡镇企业。2012 年郸江镇实现工业总产值 32 亿元，其中 21 家规模以上企业实现工业产值 13.5 亿元，实现销售收入 12.65 亿元，社会消费品零售额 2.6 亿元。该镇已形成以汽配、食品、机械、塑料、电子、轻纺、服装、建材八大门类为主体的工业生产体系。可以说，郸江镇所在区域已是全球化工业生产的一个重要节点。

该镇旅游资源比较丰富。镇内有它山堰、它山庙、南北宕、古树群、断坑岩、郎官第古建筑群等 34 处旅游资源点。其中它山堰是我国古代著名的水利建筑工程，与四川都江堰、陕西郑国渠、广西灵渠齐名，并称我国古代四大水利工程，1988 年起为全国重点文物保护单位。郸江镇是历史上著名的商埠，由于其地理位置优越，交通便利，是浙东地区重要的商品集散中心和贸易市场。集庙宁、宗教、娱乐和商贸等一体的它山庙会 1000 多年来经久不衰，成为浙东地区重要的庙会盛市。近年来，该镇大

---

① 此处涉及的经济数据主要参照郸江镇人民政府《2012 年工作报告》和宁波市鄞州区统计局、国家统计局鄞州调查队编《2013 鄞州区统计年鉴》。

② 近年来，浙江省发改委和统计局每年对全省城乡统筹发展水平进行综合评价，评价指标体系涉及 4 个领域：统筹城乡经济发展、统筹公共服务、统筹城乡人民生活、统筹城乡生态环境。

③ 参见宁波市鄞州区统计局、国家统计局鄞州调查队编《2013 鄞州区统计年鉴》，内部资料，2013 年，第 3、358、381 页。

力开发旅游资源，启动了樟溪河、南塘河整治工程建设；启动了鄞江桥重建和廊桥纪念馆新建工作，成立廊桥民间筹建委员会，目前已筹集民间资金 1400 余万元；该镇还利用它山庙会举办它山旅游文化节，大力发展文化休闲旅游为主的第三产业。

如果把鄞江镇放置于中国全体小城镇中去考察，相对而言，其经济是比较发达的，其经济的发展根植于全球化背景。全球化资本和市场的力量加速了商品在全球的生产、分配、流通与消费，全球化市场需求使得鄞江镇融入了全球化的工业生产体系。如该镇的汽配产业，为许多世界著名汽车厂商提供零部件，参与汽车的全球化生产。因此，全球化背景下该地区生产方式和市场需求的转变，不仅改变了鄞江镇传统的经济结构，还主导了当地市场意识的异动。这一地区无论是工业结构的调整，还是现代农业的发展，都毫不例外地打上了全球化的烙印。这就形成了目前这一地区庙会文化传播的基本经济背景。

三　行政沿革

据史料记载，鄞江镇之"鄞"作为地名，已有 4100 年的历史。从夏商周到春秋战国，今宁波及舟山两市地域均统称为"鄞地"。① 另据史料记述，"秦始皇二十五年（公元前 222 年），始置鄞、鄮、句章三县，属会稽郡辖。"② 又有文史学者记述，秦始皇为扩大疆域，命手下大将王鄞，执打神鞭驱山镇海，在东海里丢了性命，尸体随着涨潮飘浮到鄞县鄞江，并永远葬于鄞江水底，故鄞江和鄞县的命名是为了纪念王鄞。③ 此种说法虽传说意味颇浓，但在当地，鄞江之"鄞"源于纪念王鄞之说流传甚广。不可忽视的是，当地民众对此种说法的流传与笃信在某种程度上塑造了他们心目中的"真实历史"。正如有学者坦言，科学实证的历史研究常把传说与历史二元对立，但事实上，无论是口头传说还是历史文献，都是历史记忆的表述方式。④ 口头的传说、故事等民间的记述方式往往既是历史的重要组成部分，又是历史记忆的独特表情与符号。抛开神灵附会的因素，

---

① 鄞州区档案局等：《鄞州行政简史》，内部资料，2006 年，第 2—3 页。

② 浙江省鄞县地方志编委会：《鄞县志》（上），中华书局 1996 年版，第 4 页。

③ 陈思光：《鄞江桥》，民间读本，1999 年，第 1 页。

④ 赵世瑜：《传说·历史·历史记忆——从 20 世纪的新史学到后现代史学》，《中国社会科学》2003 年第 2 期，第 175 页。

这种传说还是有真实历史的线索。鄞江之"鄞"源于纪念王鄞之说还可以从明朝黄宗羲所著的《四明山志》得到进一步佐证。《四明山志》记述："秦皇神将有王鄞，驱山塞海溺其身；葬于水底不填筑，号作鄞江今见存。"[①]

据历史记载，鄞县自2200多年前的秦始皇时代就开始行政建县，是全国最早的建制县之一。东晋隆安四年（公元400年），浙东暴发了农民大起义，东晋政府大将刘裕（即后来南朝的宋武帝）就在今鄞江镇筑了句章新县城，并在公元401年把句章县城从城山渡迁到了新县城，这是鄞江镇成为县治之始。[②]

隋朝时，鄞、鄮、余姚三县入句章，县治沿袭东晋、南朝，仍设在小溪镇（即今鄞江镇古城畈）。唐武德四年（621），置鄞州，州治仍在今鄞江镇。唐武德八年（625），废鄞州，恢复鄮县，县治仍设今鄞江镇。唐开元二十六年（733），鄮县一分为四，属明州辖，鄮为郭下县，州县合治于今鄞江镇。唐大历六年（771），鄮县县治移至宁波三江口，而明州治未迁，仍在今鄞江镇。唐长庆元年（821），鄮县还治小溪，而州治迁入宁波三江口，尔后小溪镇改称光溪镇。五代初期，公元909年，县治亦迁至三江口，鄮县又成附廓。[③] 宋时，宁波属庆元路、鄞江镇属县内第三十五都第二图。明洪武三年，改庆元路为宁波府。清时改鄞江镇为通远乡。清宣统三年（1911），改名鄞江镇。[④]

鄞江镇在历史上作为县治、州治时间长达600余年。从史料的考证来看，鄞江镇之所以在历史上长时间成为县治和州治属地，主要得益于其独特的地理位置和自然资源。鄞江镇西控四明山口，东临鄞、鄮大批湖泊沼泽，具有丰富的淡水资源，便于向东扩展，是鄞西平原与四明山地带的交通中枢，对沟通山区和平原的物资交流、军事攻防等，具有重要的战略意义，因而成为历史上的行政重镇。

1951年5月，鄞江设镇。1962年3月恢复鄞县建制，鄞江镇仍受鄞

---

① 黄宗羲：《四明山志》，卷五《丹山图泳》。

② 鄞州区档案局等：《鄞州行政简史》，内部资料，2006年，第6页。

③ 浙江省鄞县地方志编委会：《鄞县志》（上），中华书局1996年版，第15页。

④ 陈思光：《鄞江桥》，民间读本，1999年，第2—3页。

县管辖。2002 年 4 月，撤销鄞县建制，建立宁波市鄞州区。① 至此，鄞江镇隶属宁波市鄞州区管辖。

四　村落与人口

鄞江镇各村落的形成经历了较大的变迁。《鄞县通志》记载，1935 年，鄞江镇村落分布与邻村距离为"东至洞桥头 3.8 里，东南至悬慈 1 里，西至桓村 2.6 里，北至冷水庵 1 里"②。鄞江镇下辖鄞江桥、陈横头、小溪桥、许家桥、钟家潭、周家、邵家、定山桥、毛家九个村。③ 由于当地自然灾害、战争以及人口的迁移等历史变动因素，地方志中所记述的地名早已时过境迁，许多地名和区域划分已无从考证。

村落地名是一种指称符号。从民国时期村名与现在村名的变迁，我们能获得一些历史的背景信息。在这里，我们不妨略作辨析。民国时期，鄞江镇九个村落的名称中，带"桥"字的多达 4 个，分别是鄞江桥、小溪桥、许家桥、定山桥，以宗族姓氏命名的也达 4 个，钟家潭、周家、邵家、毛家，这些姓氏皆为当地大姓。从这种命名方式可以管窥当时人们对桥、宗族和姓氏的尊崇。通过查阅史料和走访当地民众，笔者发现，无论是前朝的先民，还是如今的民众，他们对桥都有一种独特的敬仰和眷恋。如果把桥说成当地人战胜自然的心路和寻求庇护的圣地，抑或历史的记忆感恩的怀念，那么姓氏则意味着当地人难以割舍的祖先崇拜和亲情依赖。现在的鄞江镇村落名称，多从当地的自然地理现状为依据命名，名称中饱含自然地理的要素，如光溪、鄞江、清源、蓉峰、沿山、梅园。从中可以看出的是，村落名称中已无宗族姓氏命名。当然，笔者在这里也考虑到乡镇之间行政辖区的改变而导致地名变化的因素。然而，从民国到现在村落命名方式的改变仍可以为我们提供一些历史变迁的信息，一定程度上反映了人们由战胜自然转变为回归自然的心态变化，从中还可以看出当地宗族姓氏的流变。

民国以来，鄞江镇村落人口也有较大变迁。《鄞县通志》提供了宝贵

①　宁波市鄞州区地名志编纂委员会《宁波市鄞州区地名志》，西安地图出版社 2006 年版，第 416—417 页。

②　《鄞县通志》卷 246，成文出版社有限公司 1973 年版，第 492 页。

③　同上书，第 408 页。

的信息。据 1933 年鄞县县政府及教育局的调查，当时的鄞江镇共有 564
户，男女共计 2214 口，学龄儿童男女共计 334 人，辖区有 3 所学校。据
《鄞县通志》记述，当地市镇是本地西南物产输出重地，商贸繁盛，当时
本地主要姓氏为朱、邬、徐、冯、王、陈、钟、应等，朱姓是当时的富豪
大户。当地的庵社有：遗德庙（它山遗德庙）、朱君庵和山王殿。①

　　如今，鄞江镇全镇区域面积为 60.13 平方公里，下辖 12 个行政村，
分别为光溪、它山堰、悬慈、鄞江、东兴、清源、蓉峰、金陆、大桥、沿
山、梅园、建岙，还管辖 1 个居委会，即鄞江居委会。根据鄞江镇派出所
的统计，截至 2010 年，全镇总户数为 9961 户，户籍人口 23363 人，大部
分为农业人口，非农业人口 5741 人。

第二节　它山庙会文化的历史谱系

一　当地民间文化概述

　　要研究和探讨它山庙会文化，有必要对庙会所在地区主要的民间文化
脉络作简要描述。宁波地处沿海要地，历史上一直是重要的文化交流与商
贸口岸，佛教文化兴盛。据有关史料记载，明州（今宁波）由于交通航
路便利，唐代，日本、朝鲜等周边国家大都搭乘遣唐使船舶和唐商船经明
州入唐，来唐主要目的是学习佛法。明州成为当时佛教文化传播的重要中
转站，许多外国僧人在明州落脚中转，也有许多唐代僧人转道明州往海外
弘法，如名盛一时的鉴真和尚。② 鄞江镇所在区域鄞州区是宁波地区佛教
文化交流与传播的重地，如现在宁波地区最具影响力的寺院阿育王寺和天
童寺均在鄞州区。千余年来，佛教文化已给这一地区打上了深深的烙印。
佛教作为一种制度性宗教能为它山庙会这种分散性宗教（也称民间信仰）
提供资源。正如杨庆堃所言，制度性宗教能帮助分散性宗教发展神话或神
学理念，提供神明、精灵或其他崇拜的象征，创造仪式和供奉方式等。③

---

① 《鄞县通志》卷 246，成文出版社有限公司 1973 年版，第 492 页。
② 徐剑飞：《鄞州佛教文化》，宁波出版社 2009 年版，第 3—4 页。
③ ［美］杨庆堃：《中国社会中的宗教》，范丽珠等译，上海人民出版社 2006 年版，第
269 页。

事实上，在笔者的实地调研中发现，它山庙会的祭祀仪式中就有邀请寺院僧人参与念经等佛教元素，它山庙会文化融入了许多佛教文化的要素。因此可以说，当地佛教文化的兴盛与传播为它山庙会仪式的形成与发展提供了重要的借鉴。

鄞江镇地处浙东沿海，濒临西太平洋中纬度地带，受大气环流南北冷暖气团交替影响，每年梅季阴雨连绵。春季干旱少雨，夏、秋季又易受台风侵袭，降水在时空上分布不均；这一地区又处丘陵地带，河床浅窄，独特的自然、地理、气候等因素，导致这一地区易发生洪涝、干旱等自然灾害①。治水害，兴水利，历来是这一地区的大事。这一地区人民经历了长期的治水斗争，水利历史文化深厚。这一地区的水利设施，可以追溯到1800年多年前的汉代。据《晋书·孔愉传》记述，"在句章县筑有陂堰灌溉"②。自古以来，该地区留名于史的地方官，多功于水利，水利是该地区的根基所在。有"中国古代四大水利工程"之称的它山堰就修建于鄞江镇。宋代魏岘曾在其《四明它山水利备览》中这样写道："鄞邑之西乡，所仰者惟它山一源。阙初大溪与江通，泾以渭浊，耕凿病矣。唐太和七年，邑公琅琊王公元暐，度地之宜，叠石为堰，冶铁而锢之。截断江潮，溪之清甘始得以灌城市、浇田畴，化七乡之泻卤而为膏腴。可谓功施国、德施民矣！"③可见水利事业对当地百姓的影响。该地区兴盛的水利事业造就了当地悠久厚重的水利文化。

自唐代以来，当地人民以不同的方式颂扬治水的先贤。在千余年的治水实践中，出现了许多珍贵的水利论著，以及诗、赋、碑、志、记、传说等文字或口头资料。它山遗德庙的修建，正是鄞江人民为感念治水功臣王元暐而建。史志曾载，"宝庆三年，邑人复有请，时里人王公既在朝，实主盟其事，亦以元封文字不存，仍封善政侯，庙额遗德"④。笔者在鄞江镇实地调查中看到，鄞江地区的水闸、碶、堰、塘等水利设施遍布全境。当地人对水利设施的主要修建者都非常敬重，常津津乐道地讲起他们的治水故事。关于地方文化的相关问题，笔者曾请教于当地文化站的张镇忠老

---

① 宁波市鄞州区水利志编纂委员会：《鄞州水利志》，中华书局2009年版，第3页。

② 转引自宁波市鄞州区水利志编纂委员会《鄞州水利志》，中华书局2009年版，第3页。

③ 宁波市鄞州区地方志编纂委员会：《鄞州山水志选辑》（第一册），宁波出版社2009年版，第1页。

④ 同上书，第7页。

先生，他多次强调鄞江镇有深厚、悠久的水利文化，鄞江人民深受水利文化的影响。

中国人向来崇尚"施惠勿念，受恩莫忘""滴水之恩，涌泉相报"的价值观，这些观念已融入中国人的性格和道德伦理之中。具体到鄞江地区，这些观念往往体现于造桥修路，特别是对水利工程的敬重推崇。于是，有研究者认为，"报恩是一种与名利道德攸关的行为，从社会规范而言，几乎成为一种强迫式的行为"①。黄光国也强调，对于一般人而言，中国伦理十分肯定"受恩者"回报的义务，"报恩"是一般人实际行动的准绳。② 这种文化观念同样根植于鄞江人的社会实践中，形塑了当地人待人接物、为人处世的社会规范。

当地人把这种报恩逻辑与规范同样推及他们与祖先、神明关系的处理上。在鄞江人的观念里，祖先和神明像活着的人一样是存在的，只不过生活在不同的世界。如今生活的幸福与美好离不开祖先、神明的护佑。在鄞江人的心目中，祖先、神明对自身是有帮助的，需要加以回报。于是，当地人以丰盛的祭品和高规格的祭礼来回报祖先、神明的恩助。这种行动逻辑不断发散于他们处理人与人、人与家、人与国之间的关系之中。可以说，报恩的文化观念已广泛渗透于当地社会生活的方方面面。庙会文化的形成与传播也受到了这种文化观念的深远影响。

通过史料的考证和实地的考察不难发现，庙会文化的形成与传播，受到了当地其他民间文化的熏染与影响。据笔者的实地调查，佛教文化、水利文化与报恩文化对庙会文化的影响最为深远。当地的它山庙会本是一种兴会祭神活动，为祭祀王元暐等兴修它山堰之功德而设，后逐步发展为庙宇、宗教、娱乐和商贸等一体的典型性庙会。有研究者把具备庙宇、宗教、娱乐和商贸四种构成要素的庙会称为"完全型庙会"。③ 它山庙会文化在鄞江乃至浙东地区得到了广泛传播，久而久之，形成了一道独特的民间文化景观。

---

① 文崇一：《报恩与复仇：交换行为的分析》，载杨国枢主编《中国人的心理》，桂冠图书股份有限公司1988年版，第352页。

② 黄光国、胡先缙等：《人情与面子：中国人的权力游戏》，中国人民大学出版社2010年版，第17页。

③ 华智亚、曹荣：《民间庙会》，中国社会出版社2008年版，第12页。

二　它山庙会的渊源及本质

一般而言，庙会的起源和形成，与庙宇的修建和祭祀神灵的信仰形式有特定的关联。有学者指出，庙会的形成与我国远古时代的宗庙社郊制度分不开，宗庙制度对庙会的形成与发展有重要的意义，庙会是围绕庙宇而发生的群众性信仰活动①。此种观点着重强调了庙会具有民间信仰的成分，指出了庙会是依庙而形成的一种特定的文化活动，这对我们分析庙会的起源有着重要的启示。它山庙会起源于它山遗德庙，庙宇主要祭祀修建它山堰的功臣王元暐。因此，在这里有必要追溯一下它山遗德庙的沿革。

它山遗德庙全称为敕赐它山遗德廟（"廟"同"庙"），见图1-4。据当地史志记载②，唐太和七年，它山堰建成，王元暐为纪念筑堰中殉身的十位工匠，俗称十兄弟，立祠祭祀。始称舍身祠，又称十兄弟祠。唐大中元年，王元暐归隐，当地百姓为纪念王元暐的丰功伟绩，立偶像于舍身祠内，后改称为王公祠。北宋建隆元年（公元961年）始建庙宇，以横亘在庙前的纱帽山与绛山狭谷之中的蛇山而起名为蛇山庙。北宋咸平四年（公元1001年），庙宇扩建。南宋乾道四年（公元1168年），宋皇朝赐庙号"遗德"，遂改作"敕赐它山遗德庙"。清光绪十五年（公元1889年）重建。抗日战争期间，它山庙主体遭毁坏。1947—1948年，重修它山庙，恰逢时局不稳，资金不足，它山庙重修工程中途停止。"文革"期间，它山庙再度被毁。1993—1994年，重修它山庙，重塑王元暐和十兄弟像。2013年4月，鄞州区文管办委托宁波市朱金漆木雕代表性传承人陈盖洪对它山庙中的王元暐塑像进行重塑。一千多年来，它山庙历经天灾与战争等变故，多次遭毁坏，又多次重建。可见，它山庙及王元暐信仰对当地有着重要的影响。

王元暐的治水功绩得到了历代皇朝的褒扬。他们往往通过修庙、立碑、加冕、追封等方式来表彰王元暐的事迹。如当地就有南宋宝庆三年的"它山庙加封敕牒碑"，碑文记述，"敕庆元府小溪镇它山遗德庙，神治水化民感恩歌之，奉尝百世，近民之吏……用慰一方甘棠之思，且为当代循吏之功，可特封善政侯，奉敕如右，牒到奉行"。又有碑文显示，南宋淳

① 高有鹏：《庙会与中国文化》，人民出版社2008年版，第3—4页。
② 陈思光：《它山堰》，民间读本，2000年，第84、86页。

图1-4   它山遗德庙全称   （肖荣春摄）

祐九年，王元暐被追封为"善政灵德侯"。清嘉庆十一年，王元暐追封为"孚惠王"，并于庙前立"片石留香"亭以褒扬，见图1-5。

图1-5   清嘉庆十一年"片石留香"亭   （肖荣春摄）

由此可见，历代皇朝对王元暐的治水功绩有很高的褒奖。王元暐从一个治水功臣走向神坛，离不开历代皇朝高规格的定论与褒表。同时，皇朝的每一次褒奖都寄托了皇朝对地方无限的控制与想象。王元暐既是神的化身，也是权力的代表。在皇朝的想象中，王元暐是皇朝管辖地方的代表，地方的福祉是皇朝赐予的，历代皇朝通过修庙、立碑、加冕、追封等手段来重塑历史人物与皇朝的联系。在神化历史人物的过程中，皇朝统治者利用天命之说，赋予皇朝权威的合法性与正当性，固化了地方福祉系皇朝恩赐之逻辑。

在中国民间，素有祖先、神灵崇拜的传统，如人们熟知的对盘古、禹、炎帝、黄帝等的祭拜与信仰。王元暐作为历史上的治水英雄，曾造福一方百姓，当地人民在感念其治水功德的过程中，把他塑造为具有超越人界且对当地社会具有庇护作用的祖先神，构成了地方百姓心中的神明灵验世界。王元暐是历史上真实存在的人物，在历史上是当地的治水英雄。就这样一个真实的历史人物在民众长期的集体无意识作用下，融入了自己的观念、情感、道德、礼规与思想，不断加工升华，逐步演变为神灵。民众为了达成其对神明崇拜之愿，围绕历史人物有艺术、有策略地创作了许多文本与传说。集体无意识使当地民众对王元暐这一历史人物寄予了更多敬仰、感恩、赞美和崇拜等复杂的情感，却也自觉或不自觉地赋予历史人物为主持村落道德、礼规、秩序等的神灵形象。正如荣格所言，"集体无意识心理有一种无法抗拒的欲求——把一切外在的感官体验同化为内在的心理事件"[1]。事实上，当地民众并不满足王元暐仅仅是一位治水英雄。在他们看来，重大水利工程它山堰的成功修建，必然寓示着一位神明的存在或者一个神灵的相助。他们习惯于这样一种思路和心态。于是，治水功臣在民众漫长的顶礼膜拜中，一步步地走向了神圣祭坛。当然，这也有更深层的社会动力因素，笔者将在后续的论述中逐步揭示。时至今日，人们仍然相信这种神灵的传说。这是人们对过去的一种回忆和追述，也包含了他们对未来的期望与想象。

因此，我们在分析庙会的起源过程中，一方面要对历史事实作真实的还原，另一方面还要重视社会心理的因素。它山庙会起源于对治水英雄王元暐的祭祀与信仰，依托于它山遗德庙王元暐的供奉体系。它山庙会的发起，是官方与民间合力推动的。纵观它山庙会的起源与发展，它既是一种大规模的群体信仰活动，也是一种基于信仰活动的商贸交往，又是一种酬

---

① ［瑞士］卡尔·古斯塔夫·荣格：《原型与集体无意识》，徐德林译，国际文化出版公司2011年版，第7页。

神娱乐的群体文化活动。总体而言，时至今日，它山庙会已发展为一种兼具传统与现代，集庙宇、宗教、娱乐和商贸为一体的复杂的文化传播活动。

三　庙宇分布

在鄞江镇，庙宇是最重要的公共空间之一，是村落生活的重要场所，村落中的许多事情都和庙有关联。以它山遗德庙为例，坐落于它山堰旁，建筑规模宏大，修建历史久远，是当地最具影响力的庙宇之一。据史料记载和当地老人的口头传述，唐太和年间，时任县令的王元暐耳闻目睹鄞西人民饱受旱涝之苦，于是力主修筑它山堰，得到县丞童义尽力辅佐和十位有志青年（亦称十兄弟）的相助，成功修筑阻咸蓄淡排灌的它山堰工程。它山堰修成后，变成鄞西地区重要的水利枢纽。鄞西人民为感念王元暐、童义等人之功德，立祠建庙，千秋供奉，兴会酬神。纵观鄞西地区的庙宇，大多供奉王元暐、童义等。因此当地有"九它山，十童君"之说，即有九座祭祀王元暐的它山庙和十座祭祀童义的童君庙。当然有的地方童君庙也同时祭祀王元暐。要深入系统地了解它山庙会的文化传播，有必要在一定的时间范围内对相关庙宇的分布网络作一番梳理。据当地民间读本的记载，鄞江及周边地区祭祀王元暐的庙宇共有 20 座，如表 1-1。

表 1-1　　　　　　鄞江及周边地区祭祀王元暐的庙宇一览表

庙宇名称	所在地原来名称	今属地域	建庙时间
遗德庙（俗称它山庙）	鄞江镇它山堰旁	鄞江镇	唐时建祠，北宋建隆元年建庙
童君庙	鹤岭乡大路沿妙智寺侧	龙观乡大路村	初建五代，清末改祭祀童义，原因不详
乌金庙	镇宁乡乌金矸旁	洞桥乡上水村	宋代
天兴庙	中兴乡洞桥头	洞桥乡洞桥村	宋代
童君上庙	芦泾乡树桥头	洞桥乡桥头村	元代，此庙该乡有两处
童君庙	鹤岭乡	龙观乡	元代，此庙该乡有两处
童君庙	清道乡	高桥镇	元代
童君庙	芦泾乡宝丰庄	宁锋乡宝丰村	明代
浮石庙	清道乡新庄	高桥镇新庄村	不详
里它山庙	环溪乡桓村	龙观乡桓村	清乾隆十六年
新它山庙	民益乡柴家	梅园乡柴家	明崇祯年间

续表

庙宇名称	所在地原来名称	今属地域	建庙时间
童君庙	清源乡王家潭西	鄞江镇悬慈村	清乾隆十六年
童君庙	鹤岭乡薛家岙	龙观乡雪岙村	清乾隆五十四年
东王君庙	钱岙乡	横溪镇	清嘉庆十三年重修
石塘庙	月塘乡石塘街西	高桥石塘村	清嘉庆十九年
西王君庙	钱岙乡钱岙西	横溪镇	清光绪十年重修
童君庙	鹤岭乡李家岙	龙观乡里岙村	清乾隆五十四年重建
上李君庙	中兴乡百梁桥朱家	宁锋乡百梁桥村	清乾隆五十四年重建
它山庙		镇海区北半里	清咸丰重修
它山庙		宁海县城	宋代

资料来源：陈思光：《它山堰》，民间读本，2000 年，第 97—98 页。

　　笔者在它山堰水利陈列馆的考察中，发现这里记载了鄞西地区祭祀王元暐的庙宇共有 17 座，详见图 1-6。这里记载的庙宇分布情况与民间读本记述的情况基本一致，两者详细地记述了相关庙宇的情况，对我们分析庙宇的分布具有相当的参考价值。

图 1-6　它山堰水利陈列馆中的祭祀王元暐庙宇分布图　（肖荣春摄）

　　2011—2013 年，笔者根据史料记载和实地考察发现，祭祀王元暐的庙宇（含同时供奉王元暐和童义等）不只分布在鄞江周边，还分布在浙东其他地方，如在新昌、慈溪、宁海、余姚等地，数量上有近 30 座。把《鄞县通志》的记载及前人的记述与当前的实地考察作比对，发现晚近祭祀王元暐的庙宇的数量和分布区域有扩展，浙东地区相关庙宇有复兴之势。虽当前笔者限于人力物力无法对所有地区有关祭祀王元暐的庙宇作精确统计，但我们从相关文献的记载和当下的考察能大致体察浙东地区祭祀王元暐的庙宇的复兴脉络。

这里还有一个情况值得提到。历史上，它山遗德庙旁边还有一座从祠，俗称小庙，称为东岳宫，主要祭祀黄飞虎，当地人称之为黄灵官。"文革"时期，东岳宫被毁，后改建成学校宿舍，小庙就一直没有得到恢复。东岳宫虽不是祭祀王元暐的庙宇，但鄞江镇在传统时期举行的庙会却与它有一定的关联。传统的它山庙会体系中的礼拜会，实际上就是一种祭祀东岳宫菩萨而举办的另一种庙会样式。笔者在鄞江镇调查期间，当地的文史研究者告诉笔者，东岳宫已纳入当地历史古迹重建的计划。笔者到东岳宫原址考察，该地块已被相关重建部门整体推平。看来，东岳宫的恢复重建已是不远的事了。

一般而言，庙宇是庙会起源与形成的重要依托。各地祭祀王元暐的庙宇组成了一个巨大的庙宇群落，构成了它山庙会文化传播的支撑体系。然而，它山庙会的具体运作仍是以它山遗德庙为中心，由中心庙宇它山遗德庙支撑它山庙会的基础活动。庙宇群落则是在具体的时空中散播庙会文化，扩散它山庙会文化的影响力。中心与群落的长期联动形成了鄞江及周边地区重要的文化景观——庙会文化圈。

第三节　它山庙会的历史变迁及核心要素

一　它山庙会的演变

庙会作为一种民间文化活动，正式的历史文献向来记载极少，有关庙会的具体情况，多依赖于当地民众的口头传播。因此，笔者试图主要依据民众口述和民间读本的记载等方式来呈现它山庙会演变的整体过程。

在古代，它山庙会会期有三次，每次庙会各有来历。"十月十"庙会于每年农历十月初十举行。当地民间读本记载①，唐太和五年十月初十王

---

① 此处有关庙会情况的记述主要依据当地民间读本，具体参见陈思光《鄞江桥》续编（三），民间读本，2010年，第16—30页。

县令生辰，鄞县各地方官员、仕宦乡绅，按惯例向王县令敬献寿礼，以示祝贺。王县令趁此宴宾之日，宣告"它山堰"开工，并隆重举行典礼，为以后"十月十"庙会的形成奠定了基础。

"三月三"庙会于每年的农历三月初三举行。当地民间读本记载①，唐太和七年三月初三，王县令夫人程氏素娥三十诞辰，鄞邑士绅百姓按礼向县令夫人贺寿，正当它山堰基本竣工，王县令悲喜交加，悲的是十兄弟为建它山堰大坝壮烈殉身，喜的是它山堰历经两年修筑终于基本功成。于是，王县令当即向鄞城全县宣告它山堰竣工，并举行竣工仪式，以告慰十兄弟在天之灵。于是，"三月三"庙会就形成了。

千百年来，由于它山遗德庙香火兴盛，加之鄞江镇地处四明咽喉，为鄞西地区政治、经济、文化中心，它山庙会的形成吸引了鄞西附近绍兴、台州、舟山、定海等地乡民商贩蜂拥而至。至民国初期，舟山、定海及浙东沿海各府商贾多有向它山庙会赶集求利，它山庙会成为宁波府第一大庙会盛市。它山庙会集市活动往往在庙会祭祀仪式前举行。每当庙会各柱首商酌"飘红"告众之后，商贩们就开始占搭帐篷营业，下午庙会开始演戏。"十月十"庙会所演的戏称作"被戏"，目的是让经济拮据的商贩节省旅馆客栈钱，全夜演戏。

新中国成立后，各地乡民云集鄞江镇，官池河两侧本应设摊地段到后来因为人流太多，几乎没有立足之地，常有人被挤下官池河的现象发生。"文革"前期，它山庙会被认为是"四旧"迷信活动，一度中断近十年。"文革"后期，"三月三"和"十月十"庙会逐渐得到恢复，但名称上已演变为"鄞江镇物资交流会"。直到改革开放后，才恢复"鄞江桥传统庙会"字样。

"六月六"庙会于每年的农历六月初六举行。唐太和年间，它山堰未建成之前，光溪及北溪古港一带，由于洪水冲击，时常沙石淤塞，导致淡水难以储蓄，当地百姓饮水困难。于是，当地民众在"六月六"农闲季节，自发组织在淤塞地段淘沙，疏通河道。附近商贩也纷至沓来，经商营利，久而久之，形成了"六月六"庙会，当地又称"稻花会"或"淘沙会"。

---

① 此处有关庙会情况的记述主要依据当地民间读本，具体参见陈思光《鄞江桥》续编（三），民间读本，2010年，第16—30页。

据陈思光先生编著的当地民间读本记述①，"六月六"庙会先由民社自发组织行会，后逐渐演变成由庙方组织的颇具规模的庙会活动。清军入关至康熙年间，庙会发展至鼎盛。明清时期的"六月六"庙会会期为三天，即农历六月初五至初七。"六月六"庙会的核心活动是神轿出殿巡视界下的仪式。神轿经过处，各村各堡事先均用石灰白线标明。神轿还未至境，各堡、各村、各族早已指派数十名精壮后生尽早尽快抢抬神轿过线，多留神轿在境，以保本境太平。在此期间，绝不允许对方弟子越过界线，如越线一步，必犯众怒。各村各族为使神轿在境内多停留时间，常发生激烈纷争，有的为此吵架，甚至相互厮打起来，有时需官府出面调停和弹压。由此可见，当地乡民对神轿出殿巡视界下的仪式非常重视，此仪式对于他们的生活具有重要的象征意义。

这里还值得提到的是，鄞江镇过去还存在一种叫作礼拜会的文化活动。礼拜会是为祭祀它山遗德庙从庙（也称小庙）东岳宫菩萨而举办的一种群体性活动，一般于每年农历二月初二至清明节前举行。据当地民间读本记载②，礼拜会最早形成于宋朝中后期，后规模逐渐扩大，明清两代达到鼎盛。后由于战争、政策、民众需求等发生变化，礼拜会于1939年终止。从此，礼拜会消失。

礼拜会举办期间，由它山庙界下弟子自愿参与，推选一名乡绅为会头，负责协调和联络各村各堡。由于礼拜会没有庙田，缺乏经济来源，其运作经费主要依赖于百姓和乡绅的自愿捐助，也有出榜向当地商行摊派筹资，如纸店出纸，布店出布等方式。通过对地方性知识的考察和对当地老人的访谈，我们可以比较清楚地看到，礼拜会的主要参与力量是以它山庙界下的民众为中心的，礼拜会的具体运作与它山庙会有密切的关联。如有的年景，当地民众不仅抬出东岳宫的菩萨巡游，还抬出它山遗德庙的童义神像（王元暐信仰体系的一部分）巡游。实际上，礼拜会活动主要依托于它山遗德庙的从庙东岳宫而存在，两座庙宇之间的主从地位，自然而然地决定了礼拜会与它山庙会有着密切的关联。从某种程度上说，礼拜会也是它山庙会体系中的一种庙会形态，它延伸了它山庙会在村落日常生活中的影响。

---

① 陈思光：《鄞江桥》续编（三），民间读本，2010年，第23—29页。
② 同上书，第31—34页。

　　鄞江镇它山庙界下共有四大堡，十二小堡，下有十五个自然村落，每村坊设一柱首，柱首由各村、各堡推选贤达者充任，并主办庙会及协商庙界下的一切事宜。庙会下设十会一社，会又称柱。议事称柱，行会称会，十会一社合起来，就成为一支行会队伍。六月初五上午，庙会总柱首集十会一社各柱首至它山遗德庙议事，安排六月六庙神出殿行会顺序、人数等。十会一社及其主要职责如下：

　　"伏头会专管庙神王令公帽子；摇铃会专管庙神王令公袍服；火符会专管王令公出殿时的照明器具；銮驾会专管神桥前的二十四件仪仗銮驾；摇堂会专管王令公神轿起落；九如会专管庙会演戏；河台会专管池河雇船演河台戏；供会专管上供、爵献、祭祀；炮担会专管神轿出殿时的一应火炮器具；善庆龙会专管护驾老龙；铳爆社专管三眼铜铳驱邪助威。"[1]

　　从以上庙会组织架构的设置来看，我们可知当时庙会已成为当地重要的公共文化活动。当时的庙会组织与管理已非常完备，庙会的具体运作已形成一整套系统的体系。

　　经历漫长的酝酿与变动，近年来，特别是2009年后，当地民众追寻集体记忆心切，在民间的呼吁、政府的推动和市场的驱动等多重因素的作用下，它山庙会得到了大规模的复兴和整合。然而，时过境迁，时代需求发生了较大的转变，它山庙会经过1000多年的变动与发展，在形式上也产生了一定程度的变迁。时至今日，原"三月三""六月六"和"十月十"庙会已整合为新"十月十"庙会，形成了以"十月十"庙会为主的它山庙会样态，承载着祭祀、宗教、娱乐、商贸等多重功能的文化活动。

　　纵观它山庙会的整体演变，发现它山庙会经过漫长的变迁，形式与内涵得到拓展，但基本仪式、礼制等仍沿袭古代它山庙会。可见自唐宋以来逐渐确立的它山庙会基本仪式、礼制，对后世庙会的形成与发展具有深远的影响。时至今日，它山庙会已融入了许多新的元素，如烟花、开幕式表演、现代商品交易等，以一种新的形式存在于人们的生活之中。但无论形式如何变化，热衷庙会的人们仍以他们对庙会独特的眷恋方式去感怀过往的岁月，积极参与庙会活动的方方面面。对于他们来说，庙会既是对祖先的一种感恩与推崇，又是一种寻求护佑的通道；既是一种对现实世界的抚慰，又是一种娱乐的方式。那么，庙会究竟是一个怎样的场域？

---

　　① 陈思光：《鄞江桥》续编（三），民间读本，2010年，第23页。

二　作为"第三领域"的它山庙会

哈贝马斯在考察资本主义社会公共交往网络、国家与社会的对应关系时提出"公共领域"的概念，认为"国家与社会之间，存在一种监督、限制并赋予国家权力合理性的中介机制，即公共领域"①。在此基础上，黄宗智提出了"第三领域"的概念，在其主编的《中国研究的范式问题讨论》一书中写道，"把'资产者公共领域'与'市民社会'等概念应用分析中国社会时，预设了国家与社会的二元对立，这种对立是从不适合中国的近现代西方经验里抽象出来的一种理想构造，为此我们需要转向采用一种三分的观念，即在国家与社会之间存在着一个第三空间，即国家与社会都参与其中的'第三领域'"②。黄宗智的观点强调了国家与社会单方面或集体对"第三领域"的影响，并否定了国家与社会的二元对立，指出了第三领域具有一定的独立性和自变性的特点。

为此，黄宗智建议，"使用第三领域一词来摆脱哈贝马斯资产者公共领域那种充满价值意义的目的论，并将第三领域看作具有超国家与社会之影响，存在自身特性和自身逻辑的地域"③。哈贝马斯"公共领域"的提出根植于资本主义社会现实，由此产生的理论工具并不能一揽子解决所有复杂的社会现象。对此，我们在分析和研究中国社会现实时有必要引起足够的警惕。当然，并不是说哈贝马斯的"公共领域"概念对我们分析中国社会没有意义。相反，哈贝马斯提出"公共领域"概念过程中所采用的历史分析法则和思考模式，对我们审视和研究中国社会具有重要的启发意义。不言而喻，黄宗智"第三领域"概念的提出，既是对哈贝马斯"公共领域"的一种扬弃，也是对复杂的中国社会现实理解的一种回应。

正如吴凡所言，"黄宗智的'第三领域'作为一种类别性概念，既表述了这一中间形态的存在，同时又将其放置于共同参与的三角体系中考虑

---

① ［德］哈贝马斯：《公共领域的结构转型》，曹卫东译，学林出版社1999年版，第3—6页。

② ［美］黄宗智主编：《中国研究的范式问题讨论》，社会科学文献出版社2003年版，第260页。

③ 同上书，第269—270页。

国家、社会及其之间的复杂辩证关系"①。对此，笔者颇有同感。笔者想进一步表达的是，黄宗智提出的"第三领域"概念还将有利于我们进一步发现国家与社会之间个体的能动性与创造性，有利于我们进一步重视人的历史与人的现实，审视国家、社会与个体相互之间的复杂关系。黄宗智凭借其对中国社会现实复杂性的理解，在审视和扬弃哈贝马斯提出的"公共领域"概念过程中创造性地提出"第三领域"概念，对于合理剖析中国社会现实复杂性与多样性具有重要的意义。他找到了一种分析国家与社会共同参与领域的路径，并明确地指出"公共领域"的二元对立的风险，这对于我们理解庙会在社会生活中的角色和深入剖析庙会文化传播等方面都具有重要的启发意义。

三 它山庙会文化传播的核心：仪式与传说

（一）庙会文化传播的两个核心元素

自 19 世纪以来，国际学术界围绕仪式这一命题进行过大量探讨。涂尔干讨论了仪式作为构成宗教生活的基本原理及命题，弗雷泽把神话与仪式看作文化存在与维系的重要途径，马林诺夫斯基把神话与仪式作为理解"库拉文化"② 的重要切口。再后来，特纳、格尔茨、萨林斯、道格拉斯等人都把仪式作为剖析文化的一种重要范式。戈夫曼还从微观日常生活仪式的情景与互动入手，分析由此而形成的剧场和框架，为柯林斯提出的互动仪式链奠定了重要基础。在传播学者罗兰布勒看来，仪式是最基本的人类行为，是社会秩序的必需品。它勾勒了社会的形态，是丰富社会传播结构的一种方式，蕴藏着对社会关系的合理安排。他还进一步指出传播理论需要理解和阐释仪式如何起作用，并有必要借助仪式的观念来全面发展传播研究。③ 事实上，仪式一开始有着明显的宗教起源，是人类高度凝结的符号互动，是社会关系的表演，也是组成社会结构的重要维度。无论是人类学家、社会学家，还是民俗学家，抑或传播学者，都习惯于把仪式作为

---

① 吴凡：《秩序空间中的仪式乐班——阳高庙会中的阴阳与鼓匠》，博士学位论文，2006年，第34—35页。

② 马林诺夫斯基认为，库拉交换是西太平洋岛民的一种仪礼性交易，事先并未经过价值估定和商讨的交易，不是一种易货交易，具体可参见其代表作《西太平洋的航海者》一书。

③ Rothenbuhler, Eric, W. , *Ritual Communication*: *From Everyday conversation to mediated ceremony*, Thousands Oaks, CA: sage1998, 129 – 131.

探视文化结构与社会过程的重要工具和切口。

庙会文化研究也不例外，仪式向来备受推崇。许多庙会研究者，如钟敬文、赵世瑜、岳永逸等人都把庙会仪式作为考察庙会文化传播的根本途径。然而，庙会的文化传播也有一定的特殊性。庙会文化作为一种重要的民间文化，历来依靠口头传播。民众对庙会文化的继承，向来以代代相传的方式延续。庙会传说就是庙会文化独特的"文本"。它由祖祖辈辈的记忆、加工与创造而来。庙会传说的代际口头传播是构成与维系庙会文化传播的重要传统。正如岳永逸所言，"庙会传说不仅是仪式、民众思维与集体记忆的结果，实际上，它作为地方文化的一部分，庙会传说还参与了庙会仪式的生产，并在外在世界，尤其是现代国家的框架下，与庙会仪式一道参与着地方社会的结构过程"[1]。传说是饱含民众情感的解释结果，传说的传播过程是民众思想和想象的阐述过程。[2] 因此，庙会传说在庙会文化传播过程中的作用不容忽视。

借用鲍曼的观点，我们还可以把社会生活中的口头艺术，诸如传说看作一种文化"表演"。这种表演除了形式上的自反性之外，还在社会—心理的意义上具有自反性，可界定为"自我的建构"过程。表演过程中的自我与他者可以在社会互动中相互审视。[3] 还有学者通过探讨近 20 年民间庙会的复兴过程，直截了当地指出，仪式与神话（也称传说）之间的联系并非一成不变，实质上双方都在不断变动与重建，两者的关系需要以"动态的互动过程"来加以考察。[4] 受上述诸多研究的启发，笔者认为，对庙会文化传播进行整体考察时，很有必要把庙会传说与庙会仪式同样作为核心要素来加以探究，通过两者互动联系的脉络来探视庙会文化的生产与传播，这将有助于我们更好地剖析社会变迁中的庙会文化生产与传播的结构和民众的心态。

---

① 岳永逸：《灵验·磕头·传说：民众信仰的阴面与阳面》，生活·读书·新知三联书店2010年版，第51页。

② 郭俊红、张登国：《地方传说与传说的地方性——以山东省沂源县牛郎织女传说为例》，《民俗研究》2010年第4期，第247页。

③ ［美］理查德·鲍曼：《作为表演的口头艺术》，杨利慧等译，广西师范大学出版社2008年版，第72—74页。

④ 杨利慧：《仪式的合法性与神话的解构与重构》，《北京师范大学学报》（社会科学版）2005年第6期，第61页。

（二）庙会仪式与传说的互动关系

根据神话学中的"神话—仪式主义理论"，神话与仪式密切相关，神话是一种陈述而且还是一种行为，仪式与神话互为内容。① 事实上，"神话—仪式主义理论"自史密斯创立以来，得到了学术界长久的关注与研究。弗雷泽的巨著《金枝》把人类文化划分为巫术、宗教与科学。他深入地研究了植物神的神话，并把古代人的仪式与这些神话连接在一起，提出了仪式与神话互相协作的观点。② 哈里森与胡克则使"神话—仪式主义理论"超越了弗雷泽，认为"神话与仪式是同步的，神话在仪式周围泛滥，并为仪式提供底本，两者具有均等力量"③。还有很多学者提倡把神话与仪式连接起来探视人类文化与行为的结构，如列维－斯特劳斯等。通过对"神话—仪式主义理论"研究的历史考察，神话与仪式是长期被学术界归为认识与理解人类文化乃至世界的两个重要维度。中国传说与神话有着类似的特点，常以故事的形式形成文本，广泛口承相传于民间社会，与仪式一道形塑某种特定的文化。因此，我们可以借鉴"神话—仪式主义理论"的主张，把庙会传说看作一种与庙会仪式有着同等力量的元素，或者是仪式的另一种表现，把庙会仪式与传说紧密地结合起来考察。

实际上，庙会仪式与庙会传说本身就有千丝万缕的联系。传说以口语传播的形式诉说了仪式的存在，而仪式则以现场表演的方式展示了传说的真实，两者在长期的历史变动中共同织就了庙会文化传播网络。具体而言，庙会仪式是庙会文化的集中展演。它把人与神、人与人、家与国等关系凝聚在一起，以一种可视化的、凝练的象征符号，把所有相关联的群体塑造为一种共同体，通过具体的时空，现场的感知来展现传说的权力关系；传说则以它弥漫在民众日常生活世界中的方式维系着仪式的神圣意义，诉说过往的社会记忆，并以一种权威的话语刻画出社会生活的基本规范与准则。两者以不同的形式，号召群体共享属于他们共同的生活经验。它们既是村落生活中的一种基本行为，也是一种维系村落、地域、家园、

① 王宵冰主编：《仪式与信仰——当代文化人类学新视野》，民族出版社 2008 年版，第 194 页。

② ［英］J. G. 弗雷泽：《金枝——巫术与宗教之研究》（上册），汪培基等译，商务印书馆 2012 年版，第 2—4 页。

③ 王宵冰主编：《仪式与信仰——当代文化人类学新视野》，民族出版社 2008 年版，第 202 页。

国族想象的传播活动。两者兼具文化与传播的功能，它们共同组成庙会文化传播的核心要素。有鉴于此，本书拟把庙会仪式与传说作为重要切口，以探视庙会文化传播的整体过程。

本章小结

本章试图站在读者的角度，对读者亟须了解的庙会文化的整体背景作论述，为下一步问题的探讨提供必要的"导航图"。在这一章里，笔者主要从调查点的具体环境出发，采用历史与现场的视域，也就是说把庙会文化传播的历时性与共时性结合起来，考察庙会文化产生与发展的具体脉络。结合历史与现场的环境发现，鄞江地区千余年来一直是鄞西地区的政治、经济、文化中心。这主要得益于其优越的地理位置。它山庙会文化的形成与传播深受佛教、水利、感恩等民间文化的影响。祭祀王元暐的庙宇所组成的庙宇群落和中心庙宇它山遗德庙，是支撑它山庙会基础活动的重要依托，并由此形成了鄞江及周边地区重要的庙会文化圈。它山庙会经历千余年的演变，具有明显的"第三领域"特点。对于它山庙会而言，仪式与传说是庙会文化传播的核心要素。穿越历史的时空，带着现实的思考，我们在了解了庙会文化传播的整体环境之后，将进入对庙会的仪式传播的探讨。

第二章

庙会的仪式传播

仪式在某种形态上代表了人类生活本质，在另一种形态上它又描绘了现实，研究传播的目的就是为了考察各种有意义的符号形态被创造、理解与使用这一实实在在的社会过程。[①]

——詹姆斯·W. 凯瑞

根据凯瑞的观点，我们正是通过各种传播符号的建构，诸如新闻、艺术、仪式乃至传说等符号系统，来感知、理解、表达、创造现实的知识，以及树立对现实的态度。凯瑞认为，"传播是社会实践的一个整体，它以概念、表达方式和社会关系为切口，这些实践建构了现实（或是否定、改变了现实，或是用仪式展现了现实）"[②]。循着凯瑞的思路，我们可以把仪式当作一种有现实体验，并能建构社会现实的实践或符号化过程来理解。因此可以说，仪式展演过程既是一个社会建构的过程，也是一个文化传播的过程。

需要指出的是，仪式传播（ritual communication）和传播的仪式观（a ritual view of communication）并不是一个等同的概念，不能混用，但两者又相互联系。凯瑞的传播的仪式观强调的是从仪式的视角出发，站在文化研究的立场，更为本质地理解传播的概念与意义，主要表达的是一种传播观念或理论的文化指向。而仪式传播主要是指把仪式活动或现象本身看作一种传播形式，并对其传播规律或特点进行研究。一言以蔽之，仪式传播是一种具体的传播活动研究，而传播的仪式观则是一种相对抽象而凝练的

---

① ［美］詹姆斯·W. 凯瑞：《作为文化的传播》，丁未译，华夏出版社 2005 年版，第 17—18 页。

② 同上书，第 63—64 页。

传播观念或理论指引。仪式传播研究可以说是传播仪式观的一个组成部分，而传播的仪式观又是仪式传播研究的观念或理论导向。两方面的理论对相关研究都有启发意义。然而，我们在进行相关研究时也要正视这种差异和联系。虽然本章主要进行的是一项仪式传播活动的研究，但不可否认的是，传播的仪式观强调传播研究的文化指向的观点，对本章的仪式传播研究仍具有重要的启发意义。

第一节　庙会仪式的界定与深描

一　庙会仪式的界定

（一）仪式定义

1999 年版《辞海》对仪式是这样定义的，"仪式，礼之秩序形式、法度、准则等"①。在中国社会，仪式常被称为礼仪，向来备受推崇，春秋战国有《礼经》、东汉有郑玄《仪礼注》、唐代有贾公彦《仪礼义疏》等。其中，春秋战国《礼经》曾被奉为儒家经典，相传由孔子制定。而《简明不列颠百科全书》对仪式则这样定义："仪式是由传统习惯发展而来，是一种普遍为人们所接受的行为方式，其基本作用是使人们之间互相理解，是一种无言的交往方式。"② 一直以来，仪式是一个被国际学术界广泛使用的概念，不同学科的学者对此有着不同的解释。在涂尔干看来，"仪式是宗教生活的基本形式，仪式有着深刻的宗教起源，仪式的唯一目的是要唤醒某些观念和情感，把现在归为过去，把个体归为群体"③。而范热内普则提出了"过渡礼仪模式"，强调仪式总是重复着一个典型的进程顺序，从而阐明仪式在整体社会过程中的意义与位置④。特纳作为仪式研究方面公认的集大成者，则进一步改进和发展了范热内普的仪式概念，

---

① 辞海编辑委员会：《辞海》，上海辞书出版社 1999 年版，第 602 页。

② 《简明不列颠百科全书》编辑部译编：《简明不列颠百科全书》第 9 卷，中国大百科全书出版社 1986 年版，第 65—66 页。

③ ［法］爱弥尔·涂尔干：《宗教生活的基本形式》，渠东等译，上海人民出版社 2010 年版，第 361 页。

④ ［法］阿诺尔德·范热内普：《过渡礼仪》，张举文译，商务印书馆 2010 年版，第 138—139 页。

区分了"阈限"与"近阈限"两种不同的状态，使得仪式在相对宽松和更加世俗化的社会里有更多的选择余地。① 事实上，每个仪式研究者似乎对仪式的理解都有自己的看法，这里无法对仪式的不同定义一一罗列，也无法给仪式下一个精确的定义，只能选取一些代表性观点用作探讨。

国内研究者彭兆荣把仪式概念与定义总结为两个方面："一方面仪式涵盖了历史叙事和社会生活的各个方面，从社会的任何一个领域对其进行阐述都可能自成一体；另一方面，由于不同学科、学者看待仪式所采取的视野不同，包括知识积累与研究领域等方面的不同，都有可能导致仪式概念理解上的巨大差异。"② 对此，笔者颇有同感。事实上，仪式是一个庞大的符号表征系统，又是一个普通的话语实践，它既广泛地被人们自觉或不自觉地使用，又或多或少地被使用者赋予了不同的理解。有鉴于此，我们有必要警惕仪式概念过度使用和泛化的风险。当然，在使用仪式经典定义时也要同时注意到仪式在不同社会场景或情景中的灵活理解，让现代社会中不断以新形式或新种类出现的仪式实践具有更多阐释的可能性。在科学与理性主导的现代社会中，仪式并没有在社会的变迁中消亡。相反，仪式保持了旺盛的生命力，它与新的社会形态与情景融合在一起，以一种新的形式或种类遍布于社会生活的方方面面。

尽管我们无法概括和提出一种放之四海皆准或让所有人认可的仪式概念，但学者们对仪式的持续讨论，关注了仪式与人类生活的诸多方面，对本书的庙会仪式传播研究有着重要的启发。自远古以来，华夏民族就有祭祀仪式。远古的祖先们用祭祀仪式铺设了一条人与神、人与祖先沟通的通道。有学者认为，"人类实现交流的原始传播媒介有三套系统：一套是理性的符号系统，如语言文字等；一套是实物系统，如石头、陶器等；第三套则是人体系统，如人际传播、祭祀等"③。第三套系统说明，祭祀仪式是古代的祖先们重要的传播方式与工具。中国社会向来重视仪式的思考与实践，以至于柯林斯认为，"历史上，最早关于仪式的社会学思考是由中

---

① ［美］维克多·特纳：《仪式过程：结构与反结构》（序一），黄剑波等译，中国人民大学出版社 2006 年版，第 9 页。

② 彭兆荣：《人类学仪式的理论与实践》，民族出版社 2007 年版，第 17 页。

③ 余志鸿：《中国传播思想史·古代卷（上）》，上海交通大学出版社 2005 年版，第 24—25 页。

国思想家做出的，孔子和他的追随者强调了礼仪对社会秩序的重要性"①。事实上，礼仪观念在中国社会得到了孔子以及后来的思想家或学者们无休止的阐述，不管是保守还是激进的仪式论者，他们都有意或无意地在不同程度上强调了仪式对社会整合的作用。

（二）庙会仪式

自古以来，中国社会就对仪式有着自己的尊崇方式，如在孔子看来，"知识的传播和礼仪的传播等都必须名正言顺，一个国家的体制要符合名分，一个人的言行也要符合自己的名分"②。后来的孟子、荀子等继承和发展了礼仪传播的思想。这些对我们理解中国社会的仪式提供了重要的参考。庙会仪式作为中国社会独特的仪式形态，起源于古老的祭祀活动，是群体围绕特定符号系统而进行的文化实践，是建构社会现实和共享文化意义的一种重要方式。从仪式的代表性定义来审视本书研究的庙会仪式，我们可以看出庙会仪式是一种传统的、具有一般意义的仪式类型。那么，就本书所研究的庙会仪式而言，我们对之又该如何界定？

在仪式的经典定义中，仪式通常被认为是象征性、表演性、具有一定文化规约作用的一整套活动。但中国之大，各地庙会仪式千差万别，比如江南与华北的庙会仪式就各有特点。当代的庙会仪式既蕴含了历史的传承，也在发生当下的变动。在这里，我们也无法给庙会仪式作出一个精准的定义，只能阐述一个大致的理解与界定。根据仪式定义的相关研究，我们可以把庙会仪式看作以特定信仰为基础，有别于日常生活的琐碎与具体，具有明显的高度集中与抽象，但又是日常生活现实与想象的符号化体现，由此而形成的一整套具有象征意义的活动。具体到它山庙会的仪式而言，本书把相关的一整套仪式体系都纳入考察的范畴，包含它山庙会的祭祀仪式、神轿巡游仪式，甚至民众日常的相关仪式行为等，它们是互为一体的仪式链，对它们进行整体考察，有助于我们较全面地审视它山庙会的文化传播过程。

二　历史上的它山庙会仪式

它山庙会仪式历经千余年，产生了深刻的历史变迁。为了更好地理解

---

① ［美］兰德尔·柯林斯：《互动仪式链》，林聚任等译，商务印书馆2009年版，第13页。

② 余志鸿：《中国传播思想史·古代卷（上）》，上海交通大学出版社2005年版，第148页。

当下的庙会仪式，这里有必要追溯一下过往的它山庙会仪式形态。不过，庙会仪式作为一种民间文化，正式的历史文献向来极少记载，这里只能依靠当地民间读本和对当地民众的访谈，重新探视它山庙会仪式的历史变迁。当前它山庙会的核心仪式主要有两大部分：祭祀仪式和神轿巡游仪式。有关两种仪式的具体内容，笔者会在后面详细阐述。当前它山庙会的核心仪式多来源于过去的"六月六"庙会，所以在这里主要重新回顾"六月六"庙会的仪式过程。

虽然"六月六"庙会已成往事，但其中的核心仪式却早已融入现在的它山庙会之中，重新以另一种形式焕发其光彩。为了了解民众对"六月六"庙会仪式的记忆，笔者曾访谈过一位朱姓①老人。据老人讲，他本人有关"六月六"庙会仪式的记忆非常少，因为当时他还是一名幼童，现在对"六月六"庙会仪式的印象主要也是听长辈们说的。他主要向我诉说了神轿巡游仪式和忏悔仪式，提到了当时热闹非凡的场景。比对当地的民间读本，其陈述情况与民间读本的记录大体一致。1945年，是"六月六"庙会举行的最后一年。此后，"六月六"庙会便销声匿迹了，探究其中的原因，有自然条件的制约，更有社会历史变动因素的作用。时过境迁，能清楚记起"六月六"庙会传统仪式的民众，绝大部分已经不在人世。幸运的是，热心民间文化的人士把代代口头相传的庙会仪式盛况编写为民间读本，其中记录了一些宝贵的记忆。其中，主要是晚清民国以来的庙会仪式情况，更为久远的内容现已无从查找。

据陈思光先生编写的《鄞江桥》，我们依然能够较为清晰地了解到"六月六"庙会的仪式传统②。"六月六"庙会的时间自农历六月初五开始，但六月初四就会开始做庙会的前奏工作，当地乡民会自动组织船只，由河台会通知，撑船至鄞江官池河，以备六月初五在官池河中上演河台戏之需。六月初五上午，庙会总柱首召集十会一社及各柱首到它山庙内议事，其间安排"六月六"庙会仪式，如庙神出殿行会顺序、人数等。以时间为序，"六月六"庙会的具体仪式过程见表2-1。

---

① 由于本书涉及有关民间信仰等方面的内容，有些采访对象表示最好不要出现他们的名字，为了尊重受访对象的意愿，按照学术惯例，本书隐去了有关受访对象的名字，本书其他地方也采用此种处理方法，特此说明。

② 此处有关"六月六"庙会仪式的具体描述主要参考了陈思光编著的《鄞江桥》续编（三），民间读本，2010年，第24—30页。

表 2－1　　　　　　　　　传统时期"六月六"庙会的仪式过程

时间	内容
六月初五午时	王令公神像前焚香上供
六月初五未时	它山遗德庙庙祝净身沐浴
六月初五申时	菩萨净身，上麻油脸
六月初五酉时	摇铃会上神袍，菩萨换新袍
六月初五戌时	祈祷仪程，由当地名宦、士绅、长者跪祭
六月初五亥时	四方乡民散拜祭祀
六月初六日子时	炮担会登地炮鸣响，请菩萨王令公上轿起身。届时由庙祝背菩萨出殿，送进神轿内，伏头会供上神帽。神轿前有搋板一块，并供上参汤一盏，糕点二色。用白折扇一把，安插在王令公右手，手帕一块，放在王令公左手
六月初六日丑时至寅时	行会队伍开始出发
六月初七日	官池河鸿善戏班子移至它山庙内演安神戏

　　另据《鄞县志》中记载，"庙会以六月六内容最丰富，初五夜为庙神喷麻油开脸，换新袍，六日凌晨子时'催炮'，后为神像换帽，五更发炮三声，神轿出殿行会"①。《鄞县志》中有关"六月六"庙会情况的描述与陈思光先生编写的《鄞江桥》民间读本大体一致，只不过民间读本的描述更加详细。在"六月六"庙会的具体仪式过程中，行会队伍的人员构成、道具等的安排非常讲究。"六月六"庙会行会队伍的道具和人员构成等情况如下②。

　　持令箭一人，在行会队伍之前，通知下一个供点迎接神轿，上供祭祀，俗称报马。铳爆社三人至四人，放三眼铜铳，沿路驱邪助威。炮担会紧随其后，用炮仗、登地炮等沿队伍二侧助威，有二人吹号，数人用唢呐。行会队伍中有舞狮一对，彩球一个，火篮四盏，会队前导，并设有一人肩挑松油柴专为火篮添加燃料。行会队伍中还有旗锣二面，由四位乡民肩抬旗锣，为王令公鸣锣开道。行会队伍设有大红荸荠灯四盏，蜡烛点亮，为王令公照明，灯的周围标有"鄞县、正堂、肃静、回避"字样。行会队伍设有皂隶四人，手持水火棍，俗称红黑帽或乌黑帽。整个行会队伍的中心是銮驾神轿，由八位乡民轮流肩抬，神轿两侧还设有 24 件全副

①　浙江省鄞县地方志编委会：《鄞县志》（下），中华书局 1996 年版，第 1892 页。
②　陈思光：《鄞江桥》续编（三），民间读本，2010 年，第 24—30 页。

銮驾，王令公安坐轿中，右手执扇，左手握帕。神轿两旁彩旗招展，爆竹声响连连。当乡民纷纷争抢抬神轿。紧随神轿后有摇堂会一人，起名"喝达郎"。行会队伍中还有当地善庆龙会尚化山老龙神轿护驾。

行会队伍中还有一个重要的组成部分，那就是由乡民扮成的"犯人"，20人左右，设置的目的是供庙界弟子忏悔、还愿与赎罪等。这些"犯人"身穿红背心、悬铜钿穿细的大枷、脚镣、手铐等，用来表示罪人的诚心。另外，还有各乡各村以及周边地区百姓持炮铳、彩灯、彩旗等相助，场面热闹。行会队伍在六月初六寅时之前出发。由于当地百姓争相观看，通常道路拥挤，需铳炮开路，由四位青壮的乡民赤膊持火篮狂舞，驱散百姓让道，以让行会队伍顺利通行。各乡民的供祭方式（以大供①为例）如下：首先由摇堂会喝达郎高唱，"善政侯孚惠王王公站堂"，众皂隶，硬脚牌手、灯手等应呼，"威——武"。神轿随即在紧挨戏台处停住，当地乡民用早已准备好的净茶、脸水、花色糕点四色，时令水果二色，放置于盖好红绸的八仙桌上，向王令公上供，乡民们纷纷祭祀，"犯人"则跪拜谢罪。王令公受祭看戏，一炷香时间祭礼完成。此时，炮担会鸣炮，摇堂会喝达郎唱道，"善政侯孚惠王王公摇堂"。众皂隶、硬脚牌手、灯手等应呼，"威——武"。声响如雷，仿如衙役喝呼堂威一样。仪礼完成之后，乡民撤供，令箭先行，再报下一供点。

庙会仪式过程中的行会队伍行进路线、顺序及供点的安排也非常讲究。具体情况见表2-2。

表2-2　　　　　　　　传统时期行会队伍路线及供点情况

地名	供点情况
定山桥	小供
界牌下	大供，有戏
天胜庙	小供
百梁桥	路过，不设供点
悬慈庙	小供
晴江岸	小供
邵家	小供

---

① 所谓"大供"是指供祭点设有唱戏的环节，不设唱戏环节的供祭点称为"小供"。

续表

地名	供点情况
周家	大供，有戏
钟家	路过，不设供点
毛家	小供
光溪村钟祠	小供
大栲树下	大供，有戏

依据当地的传统，行会队伍经过路线及顺序如上表，其中最大供点为原光溪村大栲树下，也就是现鄞江镇镇政府大楼前面。行会队伍一般在下午五点左右到达大栲树下，王令公神轿在此由当地弟子供祭的时间最长，行会队伍也由当坊供餐。二更前后，王令公神轿回殿，行会结束，邻乡客串炮会、灯会等回归。整个神轿巡游仪式途经鄞江、洞桥、宁锋、句章四个乡镇，全程约 20 公里。

纵观历史上的"六月六"庙会，庙会仪式规模宏大、展演历程长，民众参与广，且与庙戏融合，祭神为主，人神共乐，成为人与神、人与人交往与沟通的重要场域。当地乡民以自己的方式参与了庙会仪式，庙会仪式又以符号的形式描绘了社会事实，两者在互动中演绎了庙会的文化传播。过往"六月六"庙会仪式的历史变迁与形塑，是当前它山庙会仪式的重要基础。

三　当前的它山庙会仪式

（一）传统庙会仪式复兴的社会诱因

如今"六月六"庙会已成往事，但当时庙会仪式盛况仍在民间代代相传，成为当地人日常谈资的一项重要内容。新中国成立初期，它山庙会曾得到一定程度的恢复，但"文革"十年，它山庙会被认为封建迷信遭到挤压，停顿近十年。改革开放以后，随着政治经济环境的转变，它山庙会依托的基础环境也随之改变，特别是 1993 年它山遗德庙重新修缮，并于 1994 年完工，这使得恢复传统意义的它山庙会成为可能。

杨庆堃认为，中国社会的宗教可分为制度性宗教（如佛教、道教等普世宗教）和分散性宗教（如祖先崇拜、民间信仰等），庙会作为一种大型的定期社区集会，借用了制度性宗教的形式与内容，宗教在其中发挥了重要作用，因而可以视之为分散性宗教。在中国的社区中普遍存在作为集体象征的一个或多个地方保护神，对这些神灵的崇拜仪式成为社区宗教生活的中心。① 对于鄞江及周边地区而言，它山遗德庙的王元暐及附属神灵正是当地最主要的集体象征，源于当地民众感恩和祈求神灵护佑的心理，对王元暐等神灵的民间信仰实际上是以一种分散性宗教的形式分布在民众的日常生活中，对于这些神灵的崇拜仪式自然而然地成为当地社区宗教生活的最重要的内容之一。在某种程度上，对于王元暐等地方神灵的崇拜仪式构成了民众对地方认同的重要力量。

新中国成立之后，国家面临政权的建设与巩固，文化与信仰也面临重新改造与整合。然而，中国人的信仰传统向来是与宗教、哲学与国家权力共同建构与维持。上层信仰容易随着权力关系而改变，下层信仰则容易被利益所左右。② 纵观它山庙会的变迁过程及当地民众的神明信仰的流变，急剧变革的权力秩序在很大程度上导致了民众心态的转变。在新中国成立初期，它山庙会仪式恢复问题处于观望和摇摆不定期。当时政治、经济社会环境以及社会心态的复杂关系纠结在一起，组成了一个看似信仰，但又远不止是信仰问题的矛盾。这一矛盾在"文革"时期遭到打破，"文革"的领袖崇拜，国家权力强制进入民间信仰领域，使依附旧有国家权力的王元暐信仰体系受到极大的压制。改革开放后，当地在大力发展市场经济，参与全球化工业生产方面取得了很大成就，当地经济和人民生活水平得到很大提高，关于这方面情况笔者在第二章有提及，在此不再赘述。

然而，随着改革开放和市场经济发展的深入，快速转变的社会环境也产生了新的信仰危机。具体情况正如李向平所言，"固有信仰与外来信仰，正统与非正统信仰之间的交往矛盾，在一定程度上构成了'信仰区隔'或'信仰但不认同'的现象"③。经过20世纪90年代的准备和酝酿，鄞江地区民间信仰复兴的迹象明显。在官方与民间各自利益的主导下，官方与民间都倾向借助已有文化与信仰资源，依据分散性宗教的扩展方式来解决信仰危机与自由的问题。于是，它山庙会的官祭与民祭同时运行，构

---

① ［美］杨庆堃：《中国社会中的宗教》，范丽珠等译，上海人民出版社2006年版，第86、87、269页。

② 李向平：《信仰但不认同——当代中国信仰的社会学诠释》，社会科学文献出版社2010年版，第11页。

③ 同上书，第13页。

成了当地解决有关信仰问题的一种路径与策略。到 2009 年，在各方面的准备和条件都成熟之时，当地隆重地推出了规模盛大的传统它山庙会仪式，一度中断 60 多年的大型庙会仪式重新展现在人们眼前。

（二）当前它山庙会仪式实况

晚近民间信仰大规模复兴。民间追寻集体记忆心切，于是在官方的主持下，以保护非物质文化遗产为名义，在"六月六"庙会仪式的主体内容中重新融入了当前的它山庙会（也称十月十庙会）。2009 年大规模复兴的它山庙会仪式是当代它山庙会仪式的重要样本。自 2009 年后，2010 年和 2011 年的它山庙会仪式大体都是按照 2009 年所确立的模式来进行。2012 年，由于当地考虑到安全和气候等因素，它山庙会仪式进行了一定程度的缩减，没有举行神轿巡游仪式。其实，2012 年没有举办神轿巡游仪式也符合历史上"六月六"庙会仪式的传统。因为在历史上，神轿巡游仪式一般在太平盛世、风调雨顺的年代里举办，也并不是年年举行，因为要根据当时的自然与社会环境等因素来作出决定。从这种情况来看，2012 年它山庙会减少部分仪式活动，符合传统庙会举办的惯例。2013 年，它山庙会举行了盛大的神轿巡游仪式，规模比往届宏大。

总体而言，近年它山庙会仪式在大规模复兴之后，其仪式的整体内容与形式得到了持续和相对完整的继承。因此，要深入研究当前它山庙会仪式的整体传播情况，有必要以 2009 年的它山庙会仪式为范本，同时也要把最近几年庙会仪式的举办情况综合起来加以审视。这里，我们首先来了解一下庙会的组织情况。

1. 庙会仪式的组织情况

2009 年，经过长时间的筹备，当地成立了较为完善的庙会仪式组织体系，具体情况如下表①（表 2 - 3）。

表 2 - 3　　　　　　　　它山庙会的仪式组织结构

总指挥	崔忠定
总策划	陈思光
庙内主管	钱明玉
它山村	朱德芳、周小祥

---

① 陈思光编：《鄞江桥》续编（三），民间读本，2010 年，第 54 页。

续表

总指挥	崔忠定
悬溪村	解明国、王志尚
光溪村	钟烈军、徐明春
鄞江村	陈金华、钟平良
东升村	崔绍平、严老七
居民会	刘赛红、郑锡伦
会队协助	夏忠国
文化站	田锡飞、张镇忠
文保所	郝宏兴、俞波
供祭协助	钟信菊、宣惠娟、朱玉芳、刘赛芳

笔者还从当地文化站了解到，为了使庙会神轿巡游仪式顺利恢复，还专门对会队的组成进行了精心的策划，吸收民间的力量参与，具体情况如下[1]（表2-4）。

表2-4 它山庙会神轿巡游仪式的具体安排

名称	姓名	年龄	所在村	名称	姓名	年龄	所在村
令箭	朱纪林	60	它山堰村	抬神轿 (8×2×5)	16人		它山堰村
威风旗	朱宝甫	59	它山堰村	仪仗队	崔绍龙	47	东兴村
三角旗	朱锡忠	35	悬慈村	仪仗队	杨灵光	42	东兴村
三角旗	裘明良	43	悬慈村	仪仗队	杨海伟	42	东兴村
三角旗	周迪龙	41	鄞江村	仪仗队	洪云良		东兴村
三角旗	许国杰		光溪村	仪仗队	王国平		悬慈村
鸣鞭炮	刘章召			仪仗队	何文元		悬慈村
鸣鞭炮	孙成国			仪仗队	吴建云		光溪村
鸣鞭炮	陈宝海	55		仪仗队	洪华芳		悬慈村
鸣鞭炮	竺中耀	52		仪仗队	王威义		
铜铳	竺立忠	59	鄞江村	仪仗队	吴海华		
铜铳	葛仁根	64	悬慈村	仪仗队	方海良		
铜铳	钟光华	61	光溪村	仪仗队	叶根定		鄞江村

---

① 庙会神轿巡游仪式的具体组织情况由鄞江镇文化站提供。

续表

名称	姓名	年龄	所在村	名称	姓名	年龄	所在村
铜铳	李国定	63	光溪村	仪仗队	周岳定		悬慈村
铜铳	朱小毛		它山堰村	仪仗队			光溪村
铜铳	陈信耀		光溪村	仪仗队			光溪村
旗锣	唐纪军		悬慈村				
旗锣	王福昌		悬慈村	仪仗队			光溪村
旗锣	陈年宝	60	鄞江村	仪仗队			光溪村
旗锣	施云宝	59	它山堰村	仪仗队			光溪村
唢呐			外请	仪仗队			光溪村
唢呐			外请	仪仗队			光溪村
举硬脚牌	叶根章	56	鄞江村	喝达郎			
举硬脚牌	叶召军	55	鄞江村	幛扇			
举硬脚牌	吕阳明	51	东兴村	幛扇			
举硬脚牌	朱先进	59	它山堰村	幛扇			
舞龙队	它山舞龙队		东兴村	幛扇			
舞龙队	悬慈舞龙队		悬慈村	皂隶	包祖全	45	东兴村
皂隶	朱嘉昌	64	它山堰村	皂隶	包祖灶	57	东兴村
皂隶	刘昌苗		悬慈村	皂隶	葛正元		它山村
皂隶	张光华	68	它山村	皂隶	朱祥昌		它山村
皂隶	吴清方	72	它山村				
提灯笼	苏忠芳		它山堰村				
提灯笼	杨春岳		它山堰村				
提灯笼	张光九	65	鄞江村				
提灯笼	毛志宇	28	光溪村	舞龙队	鄞江舞龙队		鄞江村
提灯笼	刘孟国	55	悬慈村	舞龙队	光溪舞龙队		光溪村
提灯笼	邵召根	65	鄞江村	舞龙队	居民会龙队		居民会
				舞龙队	下吕家龙队		东兴村
				刀旗队	18人		悬慈村
抬神轿	16人		鄞江村	刀旗队	18人		居民会
抬神轿	16人		光溪村	大头娃娃（8人）	居民会		居民会
抬神轿	16人		东兴村	大头娃娃（8人）	鄞江村		鄞江村
抬神轿	16人		悬慈村	扮演犯人（40人）			群众

　　从上面庙会组织体系可以看出，庙会仪式的恢复需要长时间的筹备，并需要大量人力、物力与财力等。庙会仪式的顺利举行，官方与民间的力量都不可或缺。

　　2. 庙会仪式的主体内容

　　当前的它山庙会仪式已融入一些现代元素。庙会开始之日一般是农历十月初九，上午一般有当地政府组织的开幕仪式，主要内容有领导讲话、文艺展演等。其主体部分是利用本地文化元素制作的文艺节目展演，传播当地人文、历史等内容。以 2012 年庙会开幕仪式上的文艺展演为例，主要节目有歌伴舞《欢天喜地闹庙会》、诗朗诵《鄞江赋》、表演唱《逛鄞江》、音乐快板《千古鄞江春色浓》等。开幕仪式的相关情况可参见图 2 - 1、图 2 - 2。

图 2 - 1　开幕致辞　（肖荣春摄）

　　开幕式完成后，庙会正式拉开帷幕。随后，在鄞江镇环镇东路北段举行非物质文化遗产展示、手工艺品展示、商品展销会（一般连续举行四天）等，如图 2 - 3。

　　一般而言，农历十月初九上午，它山遗德庙内还会邀请 20 名左右僧人拜诵金刚忏，下午僧人们则诵《金刚经》和《太平经》，为当地祈求太平、顺利。初九晚上僧人们陪神坐夜，在此期间僧人们继续诵《金刚经》，坐夜陪神的信众有几百人不等，相关情况可参见图 2 - 4。据庙会总

图2-2　开幕仪式上的诗朗诵　（肖荣春摄）

图2-3　庙会上的手工艺品展示　（肖荣春摄）

策划陈思光先生讲，之所以要诵《金刚经》，是表示对神的尊重，《金刚经》是佛教里的大经。这里还需要说明的是，诵经仪式一般是由一个民间组织来负责协调的，这个组织称作"庙会委员会"。关于这一组织，后文会有详细阐述，这里先仅作简要说明。该组织一般由五位热心庙会事务的当地民众组成，主要负责组织和邀请寺院僧人参加庙会诵经仪式等，对庙会中的祭祀、请神、安神等仪礼和规程进行指导。

　　庙会的核心仪式一般是在农历十月初十举行，初十卯时在它山遗德庙内进行祭天、祭神仪式，统称为祭祀仪式。十月初十辰时开始请神。请神

图 2-4　庙会的陪神坐夜仪式　（肖荣春摄）

入轿仪式完成后，盛大的神轿巡游仪式便正式开始了。一般情况，初十未时，神轿巡游仪式完成后，举行安神仪式。这里需要说明的是，2012 年的它山庙会还增加了一个新的仪式，即古镇亮灯仪式，颇具现代元素。初十晚上整个樟溪河两岸，灯火通明，当天虽是雨天，但是樟溪河两岸撑着雨伞观赏焰火、亮灯的民众络绎不绝。下面重点来描述庙会的两个核心仪式，即祭祀仪式和神轿巡游仪式。

3. 庙会的祭祀仪式

一般而言，它山庙会的祭祀仪式传统主要分为三种，第一种是公祭，第二种是官祭，第三种是私祭。公祭是指由鄞江全体百姓集体操办的祭祀仪式，一般由集体出资，委托庙会民间组织机构进行祭祀。官祭一般是由官方直接出面组织或操办，在它山庙会的祭祀仪式传统中常出现官祭的情况，如明清时期就一般由鄞县正印官出面主持庙会的祭祀仪式。民国以后，官祭逐渐消失，直到 2010 年，官祭又重新出现，鄞江镇人民政府的镇长代表官方出面主持了当年的它山庙会祭祀仪式。此后，官祭往往在有神轿巡游仪式的年份里举行。第三种是私祭（也称民祭），指百姓自发、分散进行的庙会祭祀仪式，可以说贯穿于整个庙会祭祀仪式过程。这里需要说明的是，无论是官祭还是公祭、私祭，百姓都伴随其中。私祭以庙会事件为中心，广泛地存在于一般民众参与庙会的活动中，并在他们的日常生活中扩散，形成一种事件祭祀仪式与日常祭祀仪式联动的祭祀景观。这里把庙会祭祀仪式作简要分类，目的是更好地了解各种祭祀仪式的具体成分或特点，以便我们通过窥探其独特的祭祀特征，进一步分析庙会仪式过程中各方力量的参与情况。

一般来说，庙会在有官祭和公祭的祭祀仪式的时候，往往会显得更加隆重，民众的心理也能得到较好的抚慰，庙会的合法性与权威性在官方和集体的主导下也得到强化，这是当地民众的一种普遍心态。就如 2010 年的官祭，据笔者的调查，当地百姓就有很高的评价，许多百姓竖起大拇指说，"这个领导（指主持官祭仪式的首脑）敢做、有魄力，将来肯定会再升职"。更有意思的是，据当地百姓讲，2011 年农历十月初十，也就是官祭后的一年，当地出现了彩虹现象，实属罕见。根据当地自然和气候特点，这个时节是极少有彩虹现象出现的。因此，彩虹的出现被当地许多百姓认为是一种灵异现象，用当地民众的话说，"是官祭后王老爷（指王元暐）显灵"。

虽然以上出现的自然现象可能只是一种巧合，但是许多民众还是把后续发生的事情联系了起来。当年主持官祭的领导在 2013 年获得了升迁，许多民众认为是这个领导当年主持官祭的一种正面回报，是王老爷显灵的结果。这件事情常被当成谈资在当地百姓中流传。可见，百姓对官祭充满了期望与寄托，既是对神灵的一种膜拜，也是一种对权威的向往。民众的这种期望与寄托，实际上深深地反映了一种社会心态，是他们对生活世界的一种想象与渴望，也是他们解释不可知的自然现象的一种惯性逻辑。他们以神的名义塑造了一种集体规约，以诉说与神明相关事迹的方式传播了一种权力，借此表达了他们对现实世界的看法与心愿。民众的这种心态与行动逻辑其实在历史上就可以寻觅其踪迹。据位于它山遗德庙前的片石留香亭石碑文字记载，"我朝嘉庆六年，久雨水溢，禾尽偃，邦人大惧，侯降临于庭，雨上水平，岁则大熟，邑绅具状转闻于朝，十年六日奉旨加封孚惠侯，命下之日，鄞民扶老携幼填塞门外，欢声若雷，呜呼！侯之加惠于鄞，可谓至矣，鄞民感侯之惠，从而尸祝之，庙貌之，申请而褒封之，其所以美报于侯者，亦可谓称矣！"国家权力（这里的地方政府首脑其实就是国家权力在地方的代表）的在场安抚了民众对生活世界不确定性的焦虑，同时也强化了民众对自身信仰的自信，使他们已有的行动逻辑得到某种程度的承认。

有学者更是直接指出，"国家在场的仪式促成了社会乃至个人信仰之间的依赖型认同，本质上是一种依赖型的权力认同"①。从官祭的社会评价来看，反映了一种复杂的社会心态，民众一方面依赖国家权力来神圣化"人神"交流，但另一方面又要借助集体的话语建构一套自身的文化认同方式，塑造一种报应的逻辑。事实上，民众对于官祭有着独特的渴望与想象。然而，官祭的影响又需要私祭来加以扩散。所以，私祭一直弥漫于民众的日常生活之中。他们围绕现实世界的期望与迷惑，以分散的形式塑造了一种信仰的力量。而公祭则是集体共同操办的重要事项，也一直存在于当前庙会的祭祀仪式过程之中。他们通过集体协作的方式，宣告信仰的群体性与共同性。公祭是以庙会民间组织为代理机构来进行具体运作，具有明显的自组织特点。关于其具体组织情况，本书后续还会有专门的阐述。特别是在没有官祭的年月里，公祭是一种公开宣示他们信仰合法性与共同性的最好印证。可以说，对当地民众而言，官祭是庙会神圣化与权威化的印证，公祭是维系群体认同的重要时机，私祭则是维持信仰的最基础活动。这三类祭祀仪式以其不同的作用与特点，共同筑就了它山庙会祭祀仪式的内涵。

4. 庙会的神轿巡游仪式

在历史上，神轿巡游仪式向来被看作它山庙会的中心仪式。在这里，主要以 2009 年和 2013 年的庙会情况为范本，描述神轿巡游仪式的过程。根据它山庙会的传统，神轿巡游仪式的路线是约定俗成的。一般情况下，在农历十月初十这一天神轿巡游的路线呈同一顺序线路或交叉路线。具体情况如下②（表 2 - 5）。

自 2009 年后，庙会神轿巡游仪式得到了大规模复兴，最近几年的仪式主要是依据 2009 年确定的规程，在路线和供点等方面的安排都大体一致。纵观最近几年的神轿巡游仪式，规模宏大，仪式规程和元素主要依据历史传统，但参与的人数明显有扩大的趋势。据当地镇政府统计，它山庙会的参与人数达 10 多万人，直接参与庙会神轿巡游仪式的人数约 3 万人。民众参与庙会神轿巡游仪式的盛况可参见图 2 - 5。晚近复兴的庙会神轿巡游仪式与历史相比，具有一脉相承的渊源，但也出现了新的变化。就此问题，笔者曾访问过当地的老人，请他们回忆历史上（主要指近代以来）

① 李向平：《信仰但不认同——当代中国信仰的社会学诠释》，社会科学文献出版社 2010 年版，第 140 页。

② 路线的描述参考了陈思光《鄞江桥》续编（三），民间读本，2010 年，第 54 页。

神轿巡游仪式的情况。虽然很多人已经无法记起，但根据零星的记忆，依然可以作简要对比。其中，一位钟姓老人的说法具有一定代表性，"现在的神轿出殿很热闹，行会队伍也很大，道器、会器等也很多，现在秩序好多了，极少有人抢抬神轿的现象，以前哄抢抬神轿的情况比较严重，常有被挤倒摔伤等，现在祭品也交关好（很好的意思）"。

表2-5   它山庙会神轿巡游仪式路线图

7点	7点半	8点半	8点半至10点	10点	11点半	13点	14点半	15点半
在它山遗德庙内开始请神	它山堰村篮球场上供，请神入轿	它山堰村上头供	神轿巡游队伍途经王元暐路、它山堰路、它山堰东路、水中东路、水中西路、它山酒家、鄞江饭店、官池中路、鄞江桥、悬慈村，在悬慈村文化中心上供	神贴送至悬慈庙，神轿巡游队伍途经悬慈村委会、澄浪潭、鲍家墈、下江宕、环镇东路、定山桥、凤凰山路，在下吕家上供	神贴送至湖山庙，神轿巡游队伍途经明州大道、四明东路、光溪村、小溪桥，在原光溪村砖瓦村上供	神轿巡游队伍途经小菜场西门、鄞江镇政府后门、李家滩、望水亭、钟家，在周家上供	神轿巡游队伍途经晴江岸、麻滩、引洪桥、水中西路、王元暐路、鄞江老街、庙弄、它山堰西路	在它山遗德庙内安神

图2-5 庙会神轿巡游 （鄞江镇文化站摄）

通过对它山庙会仪式的深描与历史比较，我们发现，庙会仪式与社会的变迁联系在一起。随着社会经济的发展，庙会仪式上的祭品、道器、会器等得到进一步丰富，庙会仪式逐渐融入现代生活的元素，但仪式的总体规程仍沿袭祖制。庙会仪式在国家权力（这里也指地方政府）的主持下，重新以一种新的形式复兴。在复兴过程中，民众表现出了极大的参与热情。官方尽力表现仪式由民间自办的姿态，但是，仪式的领导与代理机构与官方有明显的勾连。实际上，官方以一种隐性的方式牢牢掌控了庙会仪式（这里主要是指官祭和公祭两种方式）的运作。可以说，它山庙会仪式的复兴，地方政府是隐性的主导性力量，而民众则是显性的参与主体。

第二节　庙会仪式传播的语言符号

一　作为传播活动的庙会仪式

在传播学者罗兰布勒眼里，任何形式的仪式都是一种传播，仪式和其他传播类型一样，兼具物质和精神的表现形式，蕴含个体与群体对符号与意义的理解。[①] 仪式活动中，群体和个体采用语言、礼仪等符号来表达某种观念、信仰、情感或传统，从而达成一种认同或秩序。这一过程饱含传播元素的作用。试想，仪式活动中，如果没有传播主体——人的参与和传播载体——符号的加入，仪式的展演将无法实现，人与神的交流，人与人的沟通将无从谈起。从这种意义上讲，仪式作为一种传播活动更强调传播主体与客体的在场，只不过仪式传播中，传播主体既是主体，又是客体；传播客体既是客体，也是主体，传播主体与客体的角色是互换的，这构成了一种独特的传播属性。

在这里，笔者无意把庙会仪式刻板地划分为具体哪一种传播类型。因为，在实际的信息传播过程中，符号与意义的传递与共享往往通过不同的传播渠道来扩散。正如吴飞在描述独龙族社区的传播网络所言，试图去切分不同的传播类型是困难的，任何传播网络都是多种不同的传播形式组成的复合体。[②] 实际上，庙会仪式的传播与扩散，是基于多种传播形式来完成的，如群体传播、人际传播、人内传播（也称内向传播或自我传播）、

---

① Rothenbuhler, Eric, W., *Ritual Communication*: *From everyday conversation to mediated ceremony*, Thousands Oaks, CA: sage 1998: 53 – 58.

② 吴飞:《火塘·教堂·电视——一个少数民族社区的社会传播网络研究》，光明日报出版社 2008 年版，第 195—197 页。

甚至以大众传播的方式来展现。当然，当前的庙会仪式还是主要基于群体传播的形式来呈现。但随着信息传播技术的发展和社会的变迁，现已逐渐引入其他传播方式，如电视直播的大众传播方式等，传统庙会仪式正以一种复杂多元的方式在传播和扩散。那么，庙会仪式又有哪些传播符号构成？符号又分别代表怎样的象征意义？这些值得我们进一步探究。

笔者在调查中发现，它山庙会涉及一整套仪式，既存在于庙会独立事件里，也隐匿于民众的日常生活之中。它山庙会实质上存在一种连贯的、相互作用的仪式链，在这一链上的各种仪式环环相扣，互为意义，勾勒了一幅独特的庙会文化传播图景。在这里，我们先对庙会的两个核心仪式，即祭祀仪式与神轿巡游仪式做一番符号分析。在本书的后续章节将探讨隐藏于民众日常生活中的庙会仪式。

为了获取对它山庙会仪式传播的象征符号的综合性理解，笔者在田野调查过程中既询问了熟知它山庙会仪式传统的当地文史专家，也注意了社会大众的一般性理解，让当地普通民众描述庙会仪式的相关符号，并解释其中的来历与意义。就方法论而言，我们可以遵循特纳所倡导的仪式的符号分析传统，即把仪式专家和普通人提供的解释综合起来加以审视[1]。循着这种思路和方法，我们可以更进一步，把庙会事件与民众日常生活过程勾连在一起进行分析，因为庙会仪式传播的象征符号的扩散，有赖于民众日常生活来完成。我们可以把庙会中仪式的展演看作一个特别的符号传播事件，社会群体在约定的时空中共同协作完成的一项传播活动，庙会事件中的仪式展演本质上是整体庙会文化传播活动的一个重要组成部分。在特纳看来，仪式的表演是团体为适应内部变化与外部环境的安排，仪式符号代表了社会行动的一个因素，是行动领域的一股积极力量。[2] 在笔者的田野调查中，发现仪式的表演是仪式利益相关者对社会情景的一种适应策略，庙会仪式符号的传播与人们的利益、信仰、观念、心态与传统等密切相关。因此，庙会仪式符号在具体的传播情境中的意义生成，具有一定的动态性。在这里，笔者对现场观察和收集到的庙会仪式传播象征符号加以分析，其中包含了语言符号和非语言符号。

---

① ［英］维克多·特纳：《象征之林——恩登布人仪式散论》，赵玉燕等译，商务印书馆2006年版，第19—20页。

② 同上。

二 庙会仪式上的祭文

在索绪尔看来，每一个语言符号都包含了能指和所指两个部分，分别代表音响形象和概念，两者在社会互动中形成一个关系的整体。① 索绪尔有关能指与所指的论述对于我们考察庙会仪式传播有着重要的启发。既然群体往往使用语言符号的能指与所指来建构与共享意义，那么，群体又是如何通过具体的语言符号实践形成对应的文化意义与地域认同？在它山庙会仪式过程中，祭文作为一种语言符号，其内容与诵读是祭祀仪式的重要部分，对祭祀仪式的具体实施与意义的共享有着重要的作用。在当地，祭文的内容一般由当地公认的知识精英来起草，最后由官方审定。祭文是当地民众与官方共同协作完成的一项与神明、祖先交流的文本，蕴含了官、民对社会现实的某种表达。无论这种表达是否经过了过滤或提炼，都从某种程度上映现了人们对现实的解读和对未来的期望。他们依靠这样一种方式表达对祖先或神明的敬仰与馈赠，从而宣告他们共同的来源和信仰的真实存在。在这里，笔者把 2009 年和 2012 年两届它山庙会上的祭文②呈上，以做样本分析。具体内容如下：

【2009 年庙会祭文】

大唐太和鄮县县令王公英灵在天

惟岁在己丑，国庆大典，今届十月初十日，丽日中天，阳春融融，和风习习，鄮城百姓庆典之余，集鄮江之滨，它山之畔，焚清香红烛，奉雅乐鲜花，供刚鬣柔毛，燃火树银花，舞龙狮呈祥，祭祀王公英灵，聊表民众百姓至诚之心。

祭我祖先，赫赫神灵，巍巍业绩。祭我祖先，十数载劳功奠定，筑大堰于鄮城，锁双蛟于幽谷，慑洪兽于大海，镇我山川。

祭我祖先，千余上润禾育桑，布甘露于鄮地，丰五谷于三江，旺六畜于四明，济我苍生。

先祖功德永恒，沐我子孙繁衍，后世昌盛。

---

① ［瑞士］费尔迪南·德·索绪尔：《普通语言学教程》，高名凯译，商务印书馆 1999 年版，第 100—102 页。

② 两届庙会的祭文均由庙会总策划陈思光先生起草和撰写，并经鄮江镇人民政府审定。

　　而今政通人和，太平盛世；商贾辐奏，鱼盐贯集，巷井繁荣，稻栗盈市，实赖国家方略，神灵福祉，官民一心，鄞江得以繁荣昌盛，冀吾辈毋忘于过去，展望于未来，传承华夏五千年文明历史，描绘祖国九万里锦绣河山；今公祭先祖于它山，告慰先祖在天之灵，策我民族之振兴焉！

　　百福全庆　　伏惟尚飨

　　鄞江镇合邑民众百拜

　　公元二○○九年十一月二十六日

　　【2012年庙会祭文】

　　大唐太和鄮县县令王公英灵在天

　　惟岁暨壬辰，芙蓉朝晖，丽日中天，惠风和畅，祥云缭绕于鄮城，瑞气迂迥于鄞江，百姓咸集于它山，红烛双辉照鄞江前程一派锦绣，清香三枝荫鄮城后世万代兴旺；奉清酒酾香茗，供刚鬣柔毛，燃火树银花，舞龙狮呈祥，唢呐高歌，遗德温馨，祭告我一代宗祖王公英灵，聊表民众百姓至诚之心。

　　祭我祖先王公，十数载劳功奠定，筑大堰于它山，载江河于浑合，积石迴澜于鄞江，千古传颂，远绩禹功。

　　祭我祖先王公，千余年业绩长存，分咸淡于江河，适旱涝于两宜，千年丰碑树鄮城，春秋享祀，片石留香。

　　祭我祖先童君，劳天命之躯，倾毕生之力，拯鄮城于倒悬，挽鄞江于狂涛，理水患于文澜，佐王公成大业，生当人杰，永享庙食。

　　祭我先祖十壮士，立精卫之志，存效死之心，捐躯于民众，献身于社稷，理王公以成伟业，留英名垂竹帛，桑梓百姓铭烙于胸襟，愿先祖十壮士早登极乐，超脱凡尘而入仙境。

　　而今国泰民安，歌舞升平，民殷邑富，市进繁荣，桃柳相间，鸡犬相闻，实赖国家方略，神灵庇佑，重现大唐盛世，再传太和风情，冀吾辈虑先祖创业之艰辛，锐意进取，荷先祖之积德，致苗裔之蕃昌，继先祖之大业，发扬光大，吉祥开泰。

　　大礼告成　　伏惟尚飨

　　鄞江镇合邑民众叩拜

　　公元二○一二年十一月

庙会祭祀仪式中的语言符号的具体运用，在某种程度上描绘了一种社会现实，不管表达内容与形式是否存在人为的包装与否，都不妨碍我们对于庙会文化的理解。人们往往在祭文宣告的现实世界中，自觉或不自觉地感知自己内心对于现实世界的理解。萨丕尔在其《作为一门科学的语言学的地位》一文中写道："语言对研究某一特定文化越来越重要，语言符号是社会现实的向导，强烈地制约着我们对各种社会问题和社会变动的思索，人类深受那些充当社会表达工具的特定语言的支配。"[①] 正因为仪式中的语言符号同庙会文化的其他元素一样有着深刻的社会烙印，我们才有必要简要分析祭文中语言符号的内容与意义的生成，以期通过某种特定的语言符号的剖析来达成仪式传播意义的理解。

正如索绪尔所倡导的，"只要我们从符号的整体去考察，就会看到符号秩序里某种积极的东西，语言符号系统与同样多的思想片断相结合就会产生一个价值系统"[②]。在这里讨论的它山庙会祭祀仪式上的祭文中，就存在一个主导性的价值系统：国家与家园的共生共荣。如以"国庆、政通人和、国泰民安"等语言来表现"国家"。祭文中，人们通过对曾经造福一方的功臣的缅怀，开始了"国家"想象之旅，随后诵读的"政通人和、太平盛世、国家方略……"等更是把"国家"描绘得更加具体。虽然，参与祭祀仪式的民众并不是有意识的表达或接受这种关于"国家"的描绘，但是，笔者在田野观察中发现，对于国家的想象始终根植于民众的内心深处。不管他们对于国家的想象如何和对于语言符号运用的妥当与否，他们总会以自己的方式来解释和表达国家的想象，祭祀仪式中语言符号的运用昭示了庙会文化与国家之间有某种天然的联系。

对于庙会仪式的实践者来说，庙会已经不是国家在场、国家监控的问题了，而是民众自觉采用国家符号来谋求行动的合法性。民间仪式往往借用特定的符号让国家在场，而国家有时借用民众的代表或其符号在场的方式让人民在场。[③] 实际上，当前庙会文化传播实践中一直存在这样的情

① ［美］爱德华·萨丕尔：《作为一门科学的语言学的地位》，马毅等译，《福建外语》（季刊）1993年第3—4期（合刊），第2页。

② ［瑞士］费尔迪南·德·索绪尔：《普通语言学教程》，高名凯译，商务印书馆1999年版，第167页。

③ 高丙中：《民间的仪式与国家的在场》，载郭于华主编《仪式与社会变迁》，社会科文献出版社2000年版，第310—337页。

况。借鉴安德森关于国家与民族的概念，我们不仅可以把国家理解成具有政治权力的机体（含国家各级权力机关的代表），还可以把国家理解为想象的共同体①。安德森的观点为我们理解国家提供了一种睿智的技术手段，国家不仅是一种实体的物质形态，更是一种社会心理意义上的"事实"，具有强烈的文化与情感色彩。事实上，它山庙会祭祀仪式上的祭文在某种程度上叙述了国家与社会关系的总体发展。国家与社会的持久互动与合作产生的"第三领域"，从一定程度上反映了国家与社会的现实关系。关于这方面的内容，本书第一章已有阐述，在此不赘述。

社会变动过程中，庙会仪式为适应内外环境的需要，祭文也不断产生演变，以图生存与发展。实际上，国家的符号一直存在于庙会仪式的表达中，祭文就是一个比较集中体现的地方。祭文主要是以语言符号的方式呈现国家的镜像。改革开放以来，国家放宽了许多民间信仰，许多原本被认为是封建迷信的民俗事项重新得到重视和复兴。它山庙会依托厚重的历史文化资源，在国家政策的支持下得到了较好的复兴。在改革开放大潮中富裕起来的人们，把自己对当下生活的判断与对未来生活的期望，连同他们复杂的情感，散布在国家的想象中，把对国家未来前景的想象与自身的愿景联系在一起，既表达了对国家的认同，又以怀念和祭拜祖先的方式诠释了自己的意愿。祭文中，"而今政通人和，太平盛世；实赖国家方略，神灵福祉，官民一心，鄞江得以繁荣昌盛，冀吾辈毋忘于过去，展望于未来，传承华夏五千年文明历史，描绘祖国九万里锦绣河山"，以及"而今国泰民安，歌舞升平，民殷邑富，市进繁荣，桃柳相间，鸡犬相闻，实赖国家方略，神灵庇佑，重现大唐盛世，再传太和风情……"等言语符号都深深地描绘了这种复杂的情感。

国家有时对于民众来说，是一个遥远且难以捉摸的想象。但家园却是每个人存在的具体与现实的地域。实际上，祭义中就有许多有关家园的描述，如"千余上润禾育桑，布甘露于鄞地，丰五谷于三江，旺六畜于四明，济我苍生"，"沐我子孙繁衍，后世昌盛"，"商贾辐奏，鱼盐贯集，巷井繁荣，稻粟盈市"。以及"冀吾辈虑先祖创业之艰辛，锐意进取，荷先祖之积德，致苗裔之蕃昌，继先祖之大业，发扬光大，吉祥开泰"等。

---

① ［美］本尼迪克特·安德森：《想象的共同体——民族主义的起源与散布》（增订版），吴叡人译，上海人民出版社 2011 年版，第 8 页。

当然，祭文的家园描述是一个共同体式的家园，是一个地域式的总体性描述。家园是国家和神明护佑的大家，祭文总以一种追忆祖先的方式开始讲述先有国家，后有家园的逻辑。祖先的祭拜与追忆是他们家园想象的重要内容。庙会对于当地民众来说有着复杂的情感，既有祖先崇拜的意味，又有宗教信仰的色彩。通过对两则祭文的分析，我们可以看出它山庙内供奉的王令公、童义等，既是作为神明，又是作为祖先同时存在于民众的内心深处。它山庙会的民间信仰体系是神明信仰和祖先崇拜的复合体。

尽管对国家符号的运用是一种传播的策略或现实的需要，但无论如何操作，国家与家园的利害关系总是存在于人们的想象与现实之中。在田野调查中，和村民周忠文的谈话，体现了民众对国家与家园的认识。

"如今国家强盛了，百姓也过上了好日子，政府对庙会的大力支持，在钞票方面和政策方面都有帮助，这是政府顺应民心的功德之事，发扬了地方的文化传统与风俗，当地老百姓也感谢政府做的好事。"

《鄞县通志》有言，"今之庙，古之社也，古者人民聚落所在地必奉一神为社，凡期会要约必以社申信誓焉"[1]。这种传统一直流传至今。对于鄞江人民来说，王令公，亦称王老爷（王元暐）就是他们的神。在民众的逻辑里，国家的兴盛与支持，是对神明和祖先的尊重与褒扬，而神明和祖先则对家园有着重要的庇护作用。

仪式传播中的语言符号成为仪式行为与思维表达的重要方面，语言符号的变化与发展也在某种程度上喻示了人类对周围世界认识的变化，是人类为适应环境变化做出的一种策略安排。如此看来，庙会仪式中的语言符号表达，实际上是民众处理自我、国家与家园关系的一种实践。美国传播学者德弗勒曾说过，"语言与思维是不可分割地联系在一起，思维在内向操作了语言"[2]。仪式传播中的语言符号表达，打着人类仪式思维的烙印，是人们对社会事实的高度概括，也是民众对当下生活和未来愿景的社会心理映射。

第三节　庙会仪式传播的非语言符号

一般来说，在人类传播活动中，非语言符号大致可以分为七类：身势

---

① 《鄞县通志》卷725，成文出版社有限公司1973年版，第1449页。

② 转引自郭庆光《传播学教程》，中国人民大学出版社1999年版，第29页。

语，即身体活动；空间关系感觉；形体表现；肤觉，触觉的利用；发声，语音的利用；时用觉，时间的利用；物用觉，指物品的利用。① 非语言符号同语言符号一样，不同的内容与使用方式将产生不同的意义。因此，人们在仪式传播中使用特定的非语言符号系统，在很大程度上是一种具体的文化实践。庙会仪式的非语言符号主要涉及以下内容。

一　庙会仪式上的祭品

在庙会的祭祀仪式上，主要祭品为：全猪、全羊，当地统称刚鬣柔毛；还有七牲供祭（指当地七色大菜），即全鹅一只，五花条肉一方，金鲤鱼一条，鲕鱼（当地也称鲜白）一尾，状元糕一盘，年糕一码，豆腐一方。另外，还备有用人参、党参或太子参做成的参汤一碗。具体情况可参见图2-6、图2-7、图2-8、图2-9、图2-10。

图2-6　祭祀仪式上的全猪　（鄞江镇文化站摄）

近些年，它山庙会祭祀仪式上的祭品都是用全猪、全羊及七牲作为祭品。按照当地祭祀仪式的规程与传统，这是一种高级别的供祭礼仪。据当

---

① ［美］斯蒂文·小约翰：《传播理论》，陈德民等译，中国社会科学出版社1999年版，第133页。

图 2 - 7　祭祀仪式上的全羊　　（鄞江镇文化站摄）

图 2 - 8　祭祀仪式上的全鹅、年糕等祭品　　（鄞江镇文化站摄）

地文史专家陈思光先生讲，在过去，只有皇朝主持的庙会官祭仪式才有这种规格。采用这种祭品来做祭祀之用，可以说是本地的最高礼仪。为了更好地了解本地一般民众对这种仪礼的看法，笔者专门访谈过当地的老人，

图 2 - 9   各供点的祭品   （鄞江镇文化站摄）

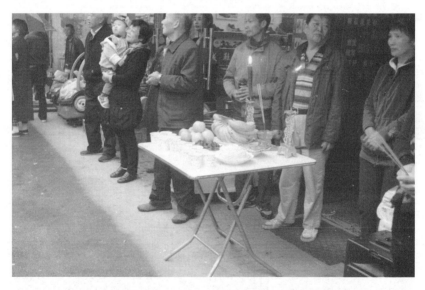

图 2 - 10   民众在家门口自发供祭的祭品   （肖荣春摄）

请他们回忆以往祭祀时的祭品。据老人们讲，"有些祭品在过去是难以见
到的，因为过去（主要指民国以来）老百姓生活清苦，根本拿不出像样
的东西。现在祭品的丰富程度，过去难以相比，这与现在老百姓'有佬'

（有钱，富裕）有很大的关系"。从以上信息我们可以知道，在以往只有官祭仪式上才能出现的祭品，如今已成为一种常规祭品，出现在庙会的祭祀仪式了。依照当前它山庙会祭祀仪式的规程，供祭用的祭品一般由当地它山庙会的信众自愿捐献。信众的捐献祭品的丰富程度，一定程度上折射出如今老百姓的经济能力。

自古以来，祭祀仪式在中国社会中都是一项重要的文化活动。在这项活动中，人们把牛、羊、猪、酒等祭品奉献给先祖和神明，祈求他们的护佑。如《左传》中的《曹刿论战》就有言，"牺牲玉帛，弗敢加也，必以信"，[①] 其中所述的"牺牲玉帛"就是一种祭品的指代，而整句话的意思是说祭品的名目与数量要依照祖制，不能夸大和懈怠，对神灵一定要忠诚。可见，中国社会自古以来都非常重视祭品在祭祀中的作用与意义。当然，它山庙会的祭祀仪式主要是一种民间祭祀仪式，在祭品的种类与数量上，与国家祭祀有着明显区别。祭品作为人与祖先、神明交流的礼物，其内容与品种的不同，反映了不同地域的文化习俗，暗示着一种共同的生活方式，从而成为集体存在的一种象征符号。通过对它山庙会祭祀仪式上的祭品的符号意义分析，将能更好地理解当地社会的习俗、文化传统等，从而进一步深入这一群体内在的文化传播心理。在某种程度上，我们还可以从祭祀仪式上祭品的变化管窥社会变迁的轨迹。那么，每一种祭品对于当地的民众来说，又意味着什么呢？这里我们不妨作一番简要分析。

以下主要是根据当地文史专家还有普通民众的理解来解释祭品的意义。这里的祭品不仅包含它山遗德庙内的祭祀仪式上的，还把各供点的祭品一同纳入进来进行考察与分析。

全猪、全羊：一种牺牲，猪羊合称为"少牢"，按民众的说法，这是一种民间高规格的祭品，是对祖先和神明的尊重，羊代表一种美好的意思。

全鹅：当地人认为它是禽类里最大的一种动物，表示一种"高级"的意思。

金鲤鱼：鲤鱼跃龙门，美好前程之意。

鲥鱼：当地人认为这是一种最鲜美的鱼之一，能表示美好之意。

状元糕：科举高中，人才辈出之意。

---

① 刘利等译注：《左传》，中华书局 2007 年版，第 27—29 页。

豆腐：洁白纯净之意。

香蕉：香火兴旺，子孙满堂的意思。

苹果：平平安安的意思。

面包：五谷丰登的意思。

花生：子孙繁荣、长命百岁的意思。

面条：长寿、福气的意思。

桂圆：合家团圆的意思。

年糕：年年高升。

火龙果：生活红红火火之意。

从它山庙会祭祀仪式的祭品分析，可以看出祭品随着时代的发展虽有进一步的丰富，但从安排来看，祭礼仍是按照传统民间的礼仪，在祭品和祭祀制度上不敢有僭越。调查中发现，当地民众把全猪、全羊、全鹅合称为"三牲"，既是对古代国家祭祀制度的一种遵从，又是表达对神明与祖先高度尊重的一种策略。在当地民众观念里，认为以国家名义祭祀的"三牲"是牛、羊、猪，俗称"大牢"，民间最高礼仪只能是"少牢"，即羊和猪，之所以加上鹅，是为了进一步体现当地人对神明和祖先的重视和高级别的祭祀规格。

祭品既表达了当地民众对神明与祖先的最高礼遇，又表达了民众期待祖先与神明庇护的愿望。祭品也在一定程度喻示了民众寻求家园旺盛和世代荣昌的价值观。在深受宗法制影响的中国，财富与子嗣往往是祭祀中最重要的两个主题。从祭品意义的解读中，我们可以看出，人们往往通过祭品来表达自身追求财富、子嗣、平安、长寿等的心愿。祭品既作为一种敬神的物件，其物质形态上饱含了民众对祖先与神明的高度尊重，民众又在更大程度上搭建了祭品的象征意义与自身利益的关联，同时表达了一种美好的心愿，传播了一种普遍的情感与观念。祭品作为庙会仪式的一种非语言符号，其意义是民众在共同的生活和约定俗成的方式中集体生产的。无论当地民众对"三牲"及其他祭品的传统意义理解准确与否，只要是这种意义已经深深地刻印在这片地域的大多数人的头脑中，祭品符号的普遍意义就已经不可阻挡地生成了。"三牲"观念被当地民众反复使用与传播，久而久之，就成了当地固定、约定俗成的一般性知识。庙会仪式的祭品符号意义，犹如葛兆光先生所言的"一般知识水准"（即构成一个时代的知识与文化的平均值，它由一些当时人们普遍接受与理解的观念支持)①，在当地人们应对内外变化的实践中，通过口承相传或普遍习俗的普通教育而世代传播。

二 庙会仪式上的道具

仪式到处都散布着象征符号，仪式上的祭品、陈列、行为、场所、服饰、舞蹈等都是象征。②事实上，它山庙会的祭品、道具等安排也处处体现着象征。自2009年它山庙会仪式得到大规模复兴以来，最近几年神轿巡游仪式上的道具安排也十分讲究。道具的设置以2009年庙会仪式为范本。依照庙会总策划陈思光先生的描述和现场的考察，具体情况如下。

神轿一乘：长1.3米，宽1.05米，高2.6米，同时配有各式长短的轿杠，具体见图2－11。

图2－11 庙会神轿巡游仪式上的神轿 （鄞江镇文化站摄）

全副銮驾一套，含24件兵器：沥泉枪、蛇矛、方天戟、狼牙棒、齐眉棍、偃月刀、虎头枪、托天叉、梅花枪、镏金镗、单面戟、金雀斧、宣化斧、大砍刀、月牙铲等。具体情况如下图。

其他辅助道器：三角形令旗一面，令箭筒二只；三角形威风旗四面；

---

① 葛兆光：《中国思想史》（卷一），复旦大学出版社1998年版，第150页。

② 同上书，第136页。

图 2 - 12   庙会神轿巡游仪式上的各种兵器   （鄞江镇文化站摄）

硬脚牌四面；大红荸荠灯笼八盏；水火棍八根；三眼铜铳四到六把。

从道具的设置来看，一方面体现了沿袭世代相传的礼仪原则；另一方面借用原来只有皇家才能使用的符号，采用高规格的全副銮驾，还在形式增加了与现代生活相关的表达方式，如增加了大头娃娃、车载大鼓等。那么，这种做法主要是出于什么目的呢？为此我专门请教过庙会总策划陈思光先生和当地一般民众。陈思光先生说："这样的设置主要是为了场面更加有气势，规模更宏大，百姓更喜欢，这也是对神明的尊重。"当地一般民众则说，"这样做很隆重，感觉回到了古代皇朝，很好，很热闹"。在当地民众看来，用道具塑造良好的仪式形式很重要，这关系到对祖先和神明的尊重，是衡量庙会举办得成功与否的重要方面。国内曾有研究者指出，"仪式比其他传播形式更加注重方式"[①]。事实上，仪式作为一种传播活动，对传播形式的安排有着天然的依赖，如本书谈到的，它山庙会的祭祀仪式类型的不同带来不同的社会想象与意义，这些都可以看出仪式对传播形式的重视。由此可见，庙会仪式作为诸多仪式的一种，其传播属性不言而喻；与此同时，又具有独特的传播特点。

回溯鄞江镇的历史，我们知道这个地方在古代历来是一个区域政治、经济与文化中心，有着良好的礼制传统。祭祀仪式仍严格依照祖制，但神

① 周鸿雁：《仪式华盖下的传播：詹姆斯·W.凯瑞的传播思想研究》，博士学位论文，上海大学 2010 年，第 86 页。

轿巡游仪式却有了较大变化。那么，又是什么力量促成了仪式上只有皇家才用的道具表演？笔者认为，这种高规格道具的创意表演并非是偶然的，而是集体情绪长期酝酿的集中表现。道具的安排不仅是对集体信仰需求的回应，更是群体共同创造想象与意义的行为。神轿及銮驾等符号象征着一个国家或皇朝，这一连串的符号喻示着皇朝时代他们祖先曾经有过的辉煌。按照福柯的观点，我们可以把这些理解为一种"异托邦"①，这种空间是曾真实存在的，对祖先辉煌的崇拜需要通过具体的表演与集体的想象来达成。这种对祖先辉煌的崇拜情感弥漫在当地的日常生活中，在和当地民众聊天谈话的时候，常听到他们自豪地谈起他们曾经辉煌的历史和祖先的伟大。

在他们看来，庙会是社会生活中一个特殊的时刻，高规格的道具表演是适宜的。于是，满怀想象的人们在庙会这一特殊时刻，以一种高规格的方式来表达对祖先与神明的崇拜。民众在集体的行动中演绎了"异托邦"，他们在庙会的仪式中表现和展示了祖先的辉煌，实际上是通过祖先辉煌的展演表现自我，并于自我的表现来获得他人审视或认同。同时从中可看出，民众对帝王和权力的崇拜，权威正是通过高规格的道具巡演得到证明。但无论是对祖先与神明的崇拜，还是对帝王与权力的崇拜，最终目的则是借此塑造自我的存在和家园的护佑。

三　庙会仪式上的服饰

在它山庙会中，服饰也是仪式传播的一种重要元素。在民众心目中，服饰具有特定的象征意义，在某种程度上代表一种礼仪与地位的差异。正如黄星民在研究中国古代礼乐传播中指出，"每个仪式，从举行的时间地点到参与者的服饰、举止等，都有十分详尽而又严格的规定，其核心也就是'辩异'，传递人与人之间存在着差异这一儒家思想观念"②。事实上，它山庙会的神轿巡游仪式就非常注重服饰的这种作用。仪式中使用的服饰是庙会策划者和民众共同协商而形成的。一般而言，庙会在前期筹备的过程中，庙会策划者就开始筹划服饰的安排，并征求民众意见。

纵观近五年的它山庙会，其服饰的设计大体一致，但每年又会根据现

---

① 米歇尔·福柯：《另类空间》，王喆译，《世界哲学》2006 年第 6 期。

② 黄星民：《礼乐传播初探》，《新闻与传播研究》2000 年第 1 期。

实需要作一些调整。总体而言，当前它山庙会仪式的服饰呈现出色彩艳丽、体面、气势辉煌等特点。笔者在田野调查中，专门访谈过服饰设计的主要参与者。当然，也询问过一般民众对庙会仪式中的服饰的感受与理解。陈思光、崔忠定、张镇忠等多位参与服饰设计的人，都曾表达一个类似的重要信息，服饰设计主要考虑到庙会的隆重、热闹，以及老百姓对服饰的心理感受。而老百姓对服饰的感受与理解，往往强调热闹、辉煌等。服饰的设计和安排蕴含了特定的意义。会队的主体服饰往往采用黄、红两色，以体现喜庆、隆重与辉煌之意，具体情况可参见图 2 - 13。主神王元暐的服饰烦琐、艳丽、辉煌，体现了其高贵的地位。而会队中皂隶、兵勇等服饰则简洁、明快。粗略估算，庙会神轿巡游仪式中，銮驾服、仪仗服、皂隶服、兵勇服、犯人服等各有 30—50 套不等。放眼望去，几百套色彩艳丽、样式各异的服饰浩浩荡荡地镶嵌在庙会神轿巡游队伍之中，在民众左右簇拥之下，形成了一道独特的景观。

从中可以看出的是，服饰的设计总体上体现了辉煌与隆重的特点，各种服饰之间也极力体现身份的差异，延续了儒家的礼仪规范，即表达了臣、兵、民等身份有别。但事实上，为了现实的需要，人们又超越了这种规范，如服饰中原本只有皇家才使用的"龙"的标志。前文有关銮驾高规格的叙述也说明了这一点。在葛兰言看来，民间仪式的综合节庆是一系列相关联的行为，每种行为都服从于其自身的特定目的。从某种程度上讲，庆典的专门化乃是人为的结果。① 他的观点对分析当下的节庆行为仍有启发意义。由此看来，庙会仪式上的某种变通也是情理之事，是群体为了服从某种特定的目的而产生的调整与适应。久而久之，庙会仪式又产生了一套新的解释和意义。

在麦克卢汉看来，服饰是一种传播媒介，是人体皮肤的延伸，既可以被看作一种热量控制机制，又可以看作社会生活中自我界定的手段。② 实际上，服饰从来都不只是用于遮体的工具，它更是一种社会象征符号。更进一步，服饰不仅是一种传播媒介，更是一种用以表达社会地位、情绪、

---

① ［法］葛兰言：《古代中国的节庆与歌谣》，赵丙详等译，广西师范大学出版社 2005 年版，第 147—148 页。

② ［加］马歇尔·麦克卢汉：《理解媒介——论人的延伸》，何道宽译，商务印书馆 2000 年版，第 159—160 页。

图 2-13　庙会神轿巡游仪式上王令公的服饰　（鄞江镇文化站摄）

价值标准、情感与心理的社会表情。中国的传播学者也认为服饰有很重要的信息传播功能及作用，如表明尊卑、区别等级、传播等级观念，以及传播民俗风习、显示风俗变迁等功能及作用。[①] 因此，在某种程度上，服饰既是一种传播媒介，又是一种传播内容，以不同形式和内容的展现，在不同社会情境中衍化出不同的社会意义。事实上，它山庙会仪式上的服饰无不展现这样的特点与意义。

本章小结

对它山庙会仪式的历史演变进行分析，重点在于研究仪式传播如何在具体的社会情境中产生影响，仪式传播的社会变迁诱因。改革开放以来，民间信仰得到大规模复兴。这种信仰包含神明信仰和祖先崇拜双重色彩。在多种力量的作用下，它山遗德庙的王元暐及附属神灵成为当地最主要的集体象征，对于这些神灵和祖先的崇拜仪式自然而然地成为当地社区宗教生活的最重要内容之一。从某种程度上讲，对于王元暐等地方神的崇拜仪式构成了民众对地方认同的重要力量。

总体而言，当前它山庙会仪式结合了现代与传统的因素，在规程上遵循祖制，但在表现形式上又根据现实需要进行了调整。这是人们认识社会

---

① 孙旭培主编：《华夏传播论——中国传统文化中的传播》，人民出版社 1997 年版，第153—161 页。

和回应现实的一种方式。在具体的仪式传播实践中，当地人有普遍追求隆重、热闹、体面等心理。而在不同类型的祭祀仪式面前，民众显示一种复杂的社会心态。民众一方面依赖国家权力符号来神圣化仪式的过程，另一方面又要借助集体的话语建构一套自身的文化认同方式，通过集体话语塑造一种报应的逻辑。民众有争取权力的策略和行动。官方也以吸引民间力量参与的方式尽力摆出仪式以民间自办为主的姿态。然而，在这场温和的权力博弈和互动中，官方以一种隐性的方式牢牢掌控了庙会仪式（这里主要是指官祭和公祭两种方式）的运作。它山庙会仪式的复兴，地方政府是隐性的主导性力量，而民众则是显性的参与主体。

它山庙会仪式的传播符号处处体现着象征。仪式上的祭文诉说着国家与家园的想象。在民众心里，国家与家园的命运是联系在一起的。然而，家园的感知却是离他们最近的想象。家园的兴盛和神明、祖先的护佑有关。为了感恩祖先、神明的功德与保护，他们竭尽所能献上了高规格的祭品。祭品的选择闪烁着当地人美好的心愿：平安、子孙满堂、富贵、团圆等。在仪式的服饰设计与安排上也体现了他们对于社会身份、隆重、体面等情感与观念诉求。它山庙会的仪式传播呈现出群体现场体验与参与，注重仪式形式，且周期反复传播等特点，是当地大型的群体传播活动。

总之，庙会仪式作为一种群体共用的传播资源，处处体现着象征意义，为人与神、人与人、国家与社会、祖先与个人、国家与家园之间建立了一种交流与沟通的场域。各种力量在仪式上的共演，折射了一种共同体的存在，进而转换成一种认同的力量。同时，这也说明了仪式作为一种文化权力成为各种力量博弈的象征资源。需要注意的是，这种博弈是温和的。它潜藏在社会生活之中，随着社会变迁，潜移默化中形塑着一种社会形态。对于庙会文化传播的另一种重要象征资源——传说，笔者将在下一章进行探讨。

第三章

庙会传说的传播

> 神话要让人知道，就必须讲述，神话是人类言语的一部分，要解决神话所特有的问题，就不能把神话当作语言来研究。[①]
>
> ——克劳德·列维－斯特劳斯

斯特劳斯所说的"讲述"，可以理解为一种传播。在斯特劳斯看来，神话与仪式有着非常紧密的对称联系，神话的结构与形式有着重要的象征效用。斯特劳斯的神话理论对于我们分析传说有着启发。据此，我们可以把传说与仪式当成社会整体进程的一个重要截面来加以分析。如前所述，传说因其与神话和仪式的内在联系，也有类似的象征功能。有学者指出，"传说作为与神话、民间故事相并列的三大重要口头传播资源，有其自身独特的历史性、真实性、文化性等"[②]。事实上，传说的社会意义，一方面体现在其内容上，另一方面与传说的讲述活动（也就是其传播过程）有密切关联。有学者指出："对传说故事的讲述或传播，有相当一部分含有特意为之的性质，讲述者与听众对象之间的传统关系在不断地互换与演变。"[③] 按照鲍曼的观点，这可以理解为一种"表演"[④]。在某种程度上，传说的讲述过程蕴含了讲述者对社会事实的认识和理解，同时包含了他们根据社会情境而进行的选择性和适应性的"实践性表演"，无论其传播内

---

① ［法］克劳德·列维－斯特劳斯：《结构人类学——巫术·宗教·艺术·神话》，陆晓禾等译，文化艺术出版社 1989 年版，第 45 页。

② 岳永逸：《村落生活中的庙会传说》，《民族艺术》2003 年第 2 期，第 43 页。

③ 钟年：《民间故事：谁在讲谁在听？——以廪君、盐神故事为例》，《民间文化》2001 年第 1 期。

④ ［美］理查德·鲍曼：《作为表演的口头艺术》，杨利慧等译，广西师范大学出版社 2008 年版，第 90—92 页。

容还是传播过程都充满了意义和目的。在此，笔者无意于分析传说的具体语言结构或叙事，而是着重关注传说的"传播"因素，如传播心理、传播特点、传播内容与传播功能等方面。

第一节　庙会传说的界定与内容

一　庙会传说的界定

1999 年版《辞海》对传说是这样定义的："传说，指民间长期流传下来的对过去事迹的记述和评价，有的以特定历史事件为基础，有的纯属幻想的产物，在一定程度上反映了人民群众的要求与愿望。"① 这一表述强调了传说的基本特点。历史学家则往往关注传说与历史事实之间的关系，如有研究者就认为，传说是讲述者自身耳闻的故事，并未亲身经历，时而与文献相对应，时而与正史相对应。② 从历史学家的相关叙述中我们可以看出，他们既强调了历史与传说的区别，又承认历史与传说的关联。因此可以说，传说虽不是历史，但却来源于历史，在一定程度上反映了历史。所以，历史学家常常通过对传说的考察，寻找必要的线索来研究历史事实，作为探寻真实历史内核的一种路径和方法。司马迁为了完成其巨著《史记》，就曾寻遍各地搜罗大量民间传说。这些资料成为他著作中精彩的部分，如五帝的传说，赵氏孤儿的传说等。事实上，在历史研究中，文字与实物史料方面难免有其局限，传说作为劳动人民共同创作与使用的文化传播资源，正好可以在一定程度上弥补这种缺憾。特别是在追溯普通人的历史与思想的过程中，对传说的分析与研究显得更加珍贵。可见，传说不仅反映了一定的历史事实，而且在世代传播中表达了劳动人民的特定心愿。在民俗学领域，传说常被看作与神话、故事、笑话等一类的民间口头散文叙事文学，包含人物传说、地方传说、史事传说等③。

《简明不列颠百科全书》对传说则是这样定义："传说是一个或一组有

---

① 辞海编辑委员会：《辞海》，上海辞书出版社 1999 年版，第 606 页。

② 赵世瑜：《传说·历史·记忆——从 20 世纪的新史学到后现代史学》，《中国社会科学》2003 年第 2 期。

③ 钟敬文主编：《民俗学概论》，上海文艺出版社 1998 年版，第 241 页。

关某人或某地的传统故事，在内容上与民间故事类似，包含奇特人物和神话因素，或对自然现象的解释，但总是与某一特定地点或人物相联系，并且总是作为历史事实加以叙述。"① 这一定义同样强调了传说富含历史事实的因素，当然也提出了传说的地域特点和人物因素。实际上，一定地域的传说往往反映了该地特定的历史文化，如满族的"三仙女传说"、傣族的"泼水节传说"等，都在一定程度反映了不同地域或族群人民的历史文化习俗。但是，传说又不仅限于人物，在动植物方面也同样存在传说，如"月兔传说""斑竹"等。可以说，传说由于表达了特定地域人群的信念及信仰，蕴含深厚的文化观念，常被人们当作一种历史事实来看待和传播。

传说作为三大口头传播资源向来受到国内外相关学者的关注，成为学者们高频率使用的词语。学者们纷纷关注传说所蕴含的特定的文化、社会心理以及观念等，并推出了一系列研究成果，如柳田国男的《传说论》、河合隼雄的《日本人的传说与心灵》、顾颉刚对孟姜女传说的研究、钟敬文的《中国的地方传说》与《中国水灾传说》等。

应该说，学者们对传说的持续关注和相关研究成果，对本书的庙会传说研究有着重要的启发。传说，作为一种世世代代在老百姓中口头相传的文本，凝结了特定的历史文化与社会心理元素，是民间社会重要的文化传播资源。那么，庙会传说又是指什么？

显然，庙会传说也是传说中的一个类型，有一般传说的共性。但是，庙会传说往往与具体地域的村落生活紧密联系在一起，是一方地域集体记忆、社会事实认知、历史文化与社会心理等的综合映现，不仅有对过往的回忆，还有对未来的想象，蕴含了时间和空间的观念，因而具有自身独特的文化传播特征。正如有研究者所指出的，"庙会作为人们一种周期性生活形式一直处于延续状态，庙会传说至今都有比较自然的讲述场景，不需要他者更多人为的激发"②。因此，研究庙会传说需将它放置于具体的时空去理解，通过检视传说在民众日常生活中的意义，进一步探讨传说的讲述或传播与地方社会互构的关系。为此，笔者把与庙会有直接相关的传说纳入考察的视野，对其进行分析与讨论。

---

① 《简明不列颠百科全书》编辑部译编：《简明不列颠百科全书》（第9卷），中国大百科全书出版社1986年版，第65—66页。

② 岳永逸：《村落生活中的庙会传说》，《民族艺术》2003年第2期。

二　它山庙会传说的主体内容

庙会传说在庙会文化传播过程中具有重要的作用。在某种意义上，它山庙会仪式的神圣性与王元暐信仰的合法性，是通过传说的广泛传播来实施的。经过漫长的社会变迁，庙会所在区域已从传统的农业社会向工业社会转变。如今，在工业化、新农村建设、征地拆迁等社会情境下，许多村民搬进了集中居住的高楼里，也有许多村民盖起了独门独户的小洋房。这里的人们生活相对安逸与稳定，比较少出远门自谋生计。该地具体的社会背景，本书第二章已详细阐述，此不再赘述。总之，当地村落的生活在现代化的冲刷下发生了较大的变迁。过去传统意义上的田园生活正在一点点地消失，新兴的生活方式夹杂着传统与现代的元素。但是，祖辈相传的王元暐信仰依然盛行。因为在许许多多的民众心里，"王老爷"① 这一神明是他们的保护神，幸福美好的生活与之有着很大的关联。在这里，我们不能武断地把这一现象归结为迷信。事实上，我们可以把这一现象理解为民众寻求心灵寄托的一种表现。改革开放以来，随着领袖信仰的终结，市场经济的高度发展，这一地区的人们在快速变迁的社会环境中面临现代化的困惑，相当长的一段时间里民众的信仰出现了空心化的趋势。20 世纪 90 年代以后，当地开始寻求转变，王元暐信仰因具有地域认同和祖先崇拜等特点，受到了当地推崇，逐渐得到了复兴。

改革开放以来，随着它山堰文物保护工作得到国家的重视，许多实地调查研究者纷纷进入这一地区进行水利、历史、文化等方面的考察，大规模的地方志开始重新编撰，同时还有媒体宣传，政府发展旅游的期望，共同组成了庙会传说独特的传播场景与动力。在鄞江，关于庙会有着一系列的传说。主体内容是有关王元暐和十兄弟的传说。在此，笔者把相关传说列举如下：

传说 1②：它山堰传说
很早以前，鄞县西乡的鄞江直通到海。宝贵的淡水白白流去，咸

---

① 当地百姓常把王元暐俗称为"王老爷"，以表示尊敬之意。
② 选自中国民间文学集成全国编辑委员会《中国民间故事集成·浙江卷》，中国 ISBN 中心出 1997 年版，第 397—398 页。该传说由 1987 年鄞县莫枝镇一位村民讲述。该传说的部分内容至今还在当地流传。

潮却常常从鄞江涌上来。稻种下去不是涝就是旱，两岸百姓吃尽苦头。

这一年，来了一位姓王的县官，他勘察鄞江，了解民情，想在它山到江对面的山脚边垒一座石堰，拦住鄞江，使淡水流入新挖的塘河，供百姓灌溉。这主意当然好，老百姓也十分赞成，但是，要在几十丈宽的江上造堰，又谈何容易！一开工，合抱粗的松木桩打下去，都"骨碌碌"随水冲到下江去了。这样，打了三天三夜，几十条木桩都漂走了，连一根也没打成功。县官就请教当地的百姓。这时，有个九十多岁的老太公说："办法是有的，不过难办到。"

"什么办法？老太公，你快说！"县官焦急地问。

"人是万物之灵。"老太公说，"如果有十个人肯流血，用人的热血就可以把桩凝牢在江底。"

听老太公这样一讲，县官为难了。但只过一歇歇工夫，从人群中就站出几十个后生说："我愿意！""我愿意……"最后，在后生中挑了十个。说来也巧，他们的姓氏刚好是《百家姓》的前十个：赵、钱、孙、李、周、吴、郑、王、冯、陈。当天晚上，十位后生饮了血酒，结拜为异姓兄弟。

第二天打桩开始了。第一个兄弟被捆在松木的尖头上，随着桩木打进水底，桩尖沾着火热的鲜血。第一桩打牢了，跟着是第二桩、第三桩、第四桩……一直打到第九桩，九根桩捆着九个兄弟，笔直插入沙石里，都是又深又牢。

九个弟兄下水时个个胆子都很大，脸上还笑嘻嘻的。轮到第十位兄弟打桩了，想到死他有点怕，想笑，笑不出，变成一脸苦笑。桩子是打牢了，但不像前面九个桩那样笔直。

十根桩柱打好了，大条石压在木桩上，一层层叠上来，整整叠了三十六层，共用了五千块石。它山堰造好了！海咸河淡，从此分界。被拦住的淡水，沿着新挖的南塘河一直流到县城的濠河头，浇灌着鄞县西乡的连片田地，这一带就成了米粮仓。

人们为了纪念这位姓王的好县官和为造堤献身的十位异姓兄弟，在它山堰的北边建了一个它山庙，庙里塑着县官王公和十兄弟像。据说这十兄弟塑像，前九尊都是满脸笑容，但第十尊却有点愁眉苦脸。

根据当地人和当地民间读本的记述，还有另一个版本的庙会传说。此则传说是当前流传最多的传说，其大意如下：

传说2①：十兄弟传说

唐太和年间，王元暐率民造堰已经有好几个月了，鄞江上游的江河已做好分隔，但两条围堰砂砾层渗漏，一时渗水难解。眼见春汛来临，春雨将至，江底打桩多次没有成功，已耗费大量人力与物力，但工程进展缓慢。

王公很着急，于是召集县丞童义、主簿尹正升、县尉李均等相关人员议事。各位在场的官员及幕僚纷纷发言，但都没有商讨出最终的解决办法。

就在大家苦思冥想之时，风水和尚释道清说："打桩多次不成功，定有妖魔为患，人是万物之灵，需用热血镇鬼必慑也！造堰必成。"王公道："为造堰佑万民，却先损百姓性命，我心何安？此乃下策，难道诸位就没有其他良策了吗？"

这时，施工头目皇甫彦直大声说："为民造福，留芳千秋，生死有何足惜，20年后又是一条英雄好汉。如老爷不弃，吾皇甫某愿为前驱。"

这时，其他在场官员及幕僚也表态说："春汛将至，别无良策，就按大和尚所言，愿本人或子嗣为舍身勇士，助筑堰成功。"

王公感动得热泪盈眶，感慨鄞城民众多为勇士。

此时，和尚释道清道："大人，某已算计，妖魔行踪狡猾，献身壮士需十人，每隔三丈而镇之，堰基桩木以成血胶，植桩必成。"

王公点头同意，并于当晚确定报名方案。

第二天，报名效死勇士的人数就有数十人。王公悲喜交集，下令定于壬子岁季春望日殉身。并与他们歃血盟誓，结为异姓兄弟。根据报名方案，并经过商讨核准以下十人为效死勇士：

钟仕全：宝峰乡天神里人氏，其父为天神里里正，世代以开宕采石为生，时年24岁。

---

① 该传说主要由鄞江镇65岁的陈思光先生讲述，参考了陈思光《它山堰》，民间读本，2000年。

皇甫彦直：山东兖州府人氏，原王公马夫，后提拔为它山堰建造工头，时年 31 岁。

司徒骏：鄞县县城人氏，县城衙前街"裕泰"铁匠铺掌柜，建造它山堰普工，时年 32 岁。

朱承祖：白石乡新安里人氏，里正朱天堂侄，孤儿，由族里养大，时年 19 岁。

樊义成：宝峰乡樊家集人氏，其父樊登科为王公幕僚，建造它山堰普工，时年 26 岁。

金戈：鄞县县城人氏，单身汉，建造它山堰普工，时年 39 岁。

徐世高：鄞县县城人氏，木匠，时年 26 岁。

魏唅：鄞县县城人氏，建造它山堰普工，时年 25 岁。

焦友：鄞县县城人氏，建造它山堰普工，时年 23 岁。

奚长锁：鄞县县城人氏，建造它山堰普工，时年 28 岁。

三月望日卯时，王元暐及鄞县各级官宦士绅都来为效死勇士送行。当时设有两座大棚，一座为效死勇士饮酒送别，另座为风水和尚释道清带领 49 个僧人口念大经，为十兄弟超荐来世。当时的捐躯场面非常悲惨壮烈……最后一位效死的是奚长锁，不知何故，轮到此人献躯时，却不见其踪影。王县令脸色铁青地对众人说道："奚长锁已无踪影，时辰将至，吾不能因一人而损九木，前功尽弃，现今，只能自作替身效死捐躯。"

此时，大棚内鸦雀无声，只见风水和尚释道清大笑道："大人一身系鄞城社稷重任，为何舍千金之躯而全小节之义；此任吾出家人担之……"说完便大步走向工地捐躯……

后人为纪念王元暐和十兄弟的丰功伟绩，在它山堰旁建造了它山遗德庙，此后每年的三月三、六月六、十月十，老百姓都会聚集起来祭祀，逐渐形成庙会。

据笔者在鄞江镇的走访与调查，在民间还流传着几则有关王元暐的传说，大意是说，王元暐如何体恤民情，廉洁清明，如何为百姓谋福祉。在这里，因限于篇幅不一一列举。总之，这些传说大致都有一个稳定的逻辑：王县令勤政爱民，为民谋福利；鄞江百姓英勇忠烈，它山堰的桩头是十兄弟的热血凝成的，鲜血镇住了妖魔，鄞江的先祖们开创了千秋伟业。

三　它山庙会传说的传播情境

传说经过不同时代人们的口头相传，夹杂了不同时代的内容，渗透了不同时代讲述人与听众的社会心理和愿望。在这里，我们没有必要去深究这些传说究竟有多少历史真实性，或者去揭示传说内容在多大程度上具有迷信的色彩。显然，传说通过世世代代的传播，不同时代人们的创作与加工，已嵌入具体时代的情境之中，成为一种重要的象征资源，并作为一种社会事实来认知或讲述。

第一则它山堰传说主要流传于 20 世纪 90 年代以前，传说的内容与叙事模式较为简单，传说中叙述了主要献计的人为一个九十多岁的老太公，而且十兄弟的具体人物形象是很模糊的。这跟传说的传播背景有关。第一则传说讲述于 1987 年，此时的它山庙会并没有大规模复兴，中国社会的改革开放才启程不久，庙会还没有完全冲破封建迷信的嫌疑。其他的庙会研究者也有类似的看法，认为庙和庙会在 80 年代还受到不同程度的压制①。民间信仰在国家政策允许的空间内正在试探性地恢复。经过"文革"十年，当地人对可能涉及意识形态的因素心有余悸，庙会传说在群体应变策略的支配下，以一种特定的诉说方式来迎合主流意识形态。

改革开放后，庙会在试探性发展，一方面受到政策的监控，另一方面又得到政府的默许与容忍。20 世纪末至 21 世纪初，仪式、传说与庙会等快速地得到非物质文化遗产的认定与保护。庙会在国家总体大政方针的允许下，进一步明确了其合法性生存空间，并成为地方政府发展地方文化、旅游的重要事项。于是，仪式、传说等民间文化在抢救和保护非物质文化遗产的口号指引下，开始得到较系统的挖掘与梳理。如它山庙会的传说就在当地镇政府和区政府的主持下先后进行过相关挖掘和保护工作。在当地政府的号召下，当地的文史学者遍寻地方志与正式发表的文献等，为传说寻找合理性解释，以求印证传说的历史文化价值。

本书所讲到的第二则传说，就是在以上的传播情境中产生的。地方文化精英，在保护非物质文化遗产口号的指引下，开始寻求传说的系统性、合理性解释。就它山庙会的传说而言，围绕第二则传说而发散的相关传说

---

① 岳永逸：《灵验·磕头·传说：民众信仰的阴面与阳面》，生活·读书·新知三联书店 2010 年版，第 78 页。

还有好几个，基本上都是以地方文化精英编撰成民间读本的形式流传于世。这种重新梳理与编撰，使得传说的细节和可读性得到进一步完善，具有明显的通识性，但逐渐缺乏地方的民间词语。我们对第一则传说与第二则传说进行比较，不难发现当前主要流传的传说出现了以下变化：

第一，主要献计者由 90 岁的老太公转变为风水和尚释道清；第二，十兄弟的具体姓氏、职业信息等进一步具体化；第三，传说的叙述方式更加戏剧化；第四，传说文本更接近普通文学。其中最重要的变化是十兄弟的具体人物形象得到进一步明确，具有更加清晰真实的面目。并且，当地以此传说为基础，对地方文化精英编撰的十兄弟人物形象进行实体化，重新塑像，每座塑像都有相应文字介绍，具体形式可参见图 3 - 1。这些塑像被供奉于它山遗德庙，成为当代它山庙会祭祀体系的重要组成部分，和它山庙会仪式的重要内容。笔者在 2012 年庙会期间就观察到许多民众前来祭拜十兄弟。有几位民众对我说，"十兄弟很灵的，年初许的愿，有很多都实现了"。看着他们对十兄弟的塑像逐一虔诚地拜祭，从中可以透视十兄弟对于民众来说是多么地重要。当前庙会传说进一步拓展了十兄弟的事迹，细化了其人物形象。在某种程度上，这是地方文化精英促进传说有效传播的一种良好策略，其中考虑和吸收了一般民众的观念与想法。在民众心目中，与王元暐不同的是，十兄弟是平民英雄。

事实上，笔者在鄞江调查中发现，许多民众早已难于完整地讲出庙会的传说了，一般只会讲大概的主体内容，并且不同的村民在讲述过程中大多都有不同说法，但其故事的主要线索和模式还是基本一致的。显然，对民众来说，对神明的事迹有着自己的理解。传说的讲述已不仅是一个信息传递的过程，更是一个信息、文化再生产和意义再生成的过程。在某种程度上，民众对传说的讲述并不关心传说本身的准确性或真实性，而是在乎传说讲述过程中自身所表现出的理解和意义是否得到贯彻。从这种意义上讲，民众更加钟情于传说讲述过程中的"表演"。关于这方面，本书后续还有详细叙述。虽然一般民众在讲述传说过程中具有独特的"表演"因素，但是他们对于传说的主体线索和内容的叙述往往会受民间文化精英的影响。

对于民众而言，他们还有这样一种逻辑：只要神明伟大，又能护佑家园就可以了，至于具体细节，没必要关心太多。如此日积月累，地方文化精英就成为少数能系统、完整地讲述庙会传说的人了，并借此成为掌握文化资本的重要人群，在地方文化传承与保护等事项中发挥着重要作用。笔者在鄞江

图 3-1　十兄弟简介之一　　（肖荣春摄）

做传说田野调查时，就多次发现同一现象，即对当地人进行访谈时，他们几乎不约而同地对我说："你找某某（一般都是地方文化精英）好了，阿拉一老头能讲啥西……"当然，他们本意并不是要推托笔者的访谈。实际上，在笔者的邀请下，他们都很乐意与笔者聊天，以自己独特的方式来讲述相关传说。以上现象，既体现了一般民众在传说的传播过程中的能动性与创造性，又说明了地方文化精英在主导传说的具体传播过程中的重要性。庙会传说的内容往往由地方文化精英主导生产，但其中也考虑到了民众接受的因素，民众也以自己独特的方式来参与庙会传说的生产与理解。

第二节　庙会传说的传播内容分析

经过世世代代的生产、加工、创造与传播，庙会传说得以演变为当前的内容与形态。从当前传说的基本内容来看，主要体现的是儒家的伦理道德诉求。这既有历史人物和神明形象再现的需求，也有民众推崇儒家"为人处世"哲学的原因。在多重动机与原因的左右之下，儒家的伦理道德观念在庙会传说的传播中得到了极大的宣扬。尽管儒家现在已不可能像封建社会一样通过建制化来全面控制或支配中国人的生活秩序，但事实上，儒家在当代中国仍有一定的影响，正如学者余英时所言，"只要一部分知识分子肯认真致力于儒家的现代诠释，并获得民间社会的支持与合作（大陆的民间社会现在也有开始复活的迹象），则在民间社会向公民社会转化的过程中儒家仍能开创新的精神资源"①。可以说，本书所述的庙会传说便是儒家现代诠释的一个例证。庙会传说在民间文化精英和一般民众的合力阐释下，重新作为一种文化资本或精神资源涌现于他们的日常生活之中。下面，我们对庙会传说的主体传播内容作简要分析。

一　"仁"性的光辉

"仁"常被公认为儒家文化传统的核心。如有学者认为，所谓儒家传统，主要是指孔子所建立的以"仁"为中心的道德规范，后由孟子、董仲舒、韩愈等人加以扩充或解释。② 有的学者更是直接指出，孔子提出的"仁"是一个影响中国整个文化走向的、成为中国传统思想核心的概念。③诸如此类的观点还有很多，在这里无法一一列举。然而，要对"仁"下一个准确的定义却是徒劳的。事实上，孔子本人也没有对"仁"提出一个准确的含义。但是，有关如何践行"仁"，孔子在《论语》中解释和讨论得最多，这里不妨摘录《论语》部分有关"仁"的言论④：

《里仁》："里仁为美。择不处仁，焉得知？"《泰伯》："士不可以不弘毅，任重而道远。仁以为己任，不亦重乎？死而后已，不亦远乎？"《卫灵公》："志士仁人，无求生以害仁，有杀生以成仁。"《雍也》："仁者先难而后获，可谓仁矣"，"夫仁者，己欲立而立人，己欲达而达人。能近取譬，可谓仁之方也已"。

实际上，《论语》中还有很多有关"仁"的阐述。正如李泽厚先生所言，"仁"字在《论语》中出现百次以上，其含义宽泛多变，每次讲解并不完全一致，也使后人见仁见智，提供了各种不同解说的可能。⑤ 事实上，《论语》中并没有给出"仁"的定义。正如有学者所说，孔子对于

① 余英时：《现代儒学论》，上海人民出版社 1998 年版，第 243 页。

② 文崇一：《从价值取向谈中国国民性》，载李亦园、杨国枢主编《中国人的性格》，桂冠图书股份有限公司 1988 年版，第 53 页。

③ 翟学伟：《中国人的脸面观：形式主义的心理动因与社会表征》，北京大学出版社 2011 年版，第 151 页。

④ 张燕婴译注：《论语》，中华书局 2007 年版。

⑤ 李泽厚：《中国古代思想史论》，人民出版社 1985 年版，第 16 页。

"仁"的处理，实际上不是从定义着手，而是从行动的实践来表现他的内涵。① 关于"仁"的理解，很多后世学者往往都是根据自己的研究，寻求一种自认为合理的解释。"仁"本身并没有严格的边界和体系，任何声称找到最有代表性的解释的观点都值得怀疑。因此，我们没有必要过分纠缠"仁"的定义，而要着重反思"仁"在具体社会情境中的动态运用。结合众多学者的概括和理解，践行"仁"主要需注意以下几个原则：第一，要自我节制，从自我做起，服务社会；第二，要顶天立地，敢作敢当；第三，要处处为别人着想，推己及人，做事要符合人道。

它山庙会传说中的人物事迹比较集中地体现了"仁"的观念，在总体上宣扬了"仁"的伦理道德。如传说的以下内容就在这方面有体现。

"这一年，来了一位姓王的县官，他勘察鄞江，了解民情，想在它山到江对面的山脚边垒一座石堰，拦住鄞江，使淡水流入新挖的塘河，供百姓灌溉……王公很着急，于是召集县丞童义、主簿尹正升、县尉李均等相关人员议事。王公道：'为造堰佑万民，却先损百姓性命，我心何安？此乃下策，难道诸位就没有其他良策了吗？'……三月望日卯时，王元暐及鄞县各级官宦士绅都来为效死勇士送行……"

从它山庙会传说的以上叙述，我们可以发现，首先传说塑造了王元暐是一个勤政爱民的好官，关心百姓疾苦，急百姓之所急，为百姓办实事，兴修水利造福百姓，并能设身处地为百姓着想。按照儒家的"仁"的原则，王元暐就是一个具有"仁"性光辉的人物，他的事迹就是一种"仁"政实践。百姓通过传说的讲述，重点颂扬了他身上"仁"的气质与光辉。日积月累，在历史与现实的作用下，"仁"成为它山庙会传说传播的核心价值观。那些热衷于讲述和聆听庙会传说的人们，凭借他们对"仁"的尊重和理解的方式，传播了神明和祖先的形象。在这一过程中，既包含了人们对"仁"的某种程度的认同，也蕴藏了他们期望通过"仁"的颂扬来神圣化神灵和祖先的心愿。

其次，传说还引导了一种逻辑："仁"是双向的。地方官的"仁"，引起了百姓的"仁"。传说中的乡绅们、十兄弟以及其他百姓以他们不同的支持方式，如送别、献身等来回应和践行"仁"。特别是当前的庙会传

---

① 文崇一：《从价值取向谈中国国民性》，载李亦园、杨国枢主编《中国人的性格》，桂冠图书股份有限公司 1988 年版，第 68 页。

说，更加具体地描述了王元暐在众多百姓的拥护和支持下，筑成了它山堰。传说通过详细、具体的十兄弟献身场景的渲染，进一步传导了"仁"是共同、双向的观念。这不仅神圣化了神明与祖先的形象，也在无形中把自身和神明、祖先联系起来，使得后人更加直观、具体地理解和接受了神明、祖先的伟大。

当然，传说着重强调了人物形象中的"仁"的品质，并不意味着传播者或受传者要以此为修身做人的原则，其主要目的是在神圣化神明与祖先的过程中体验荣耀和与自己的关系。

二　"义"不容辞的情

在儒家思想中，"仁、义、礼、智"是四大伦理道德之准绳。"义"与"仁"往往联系在一起。孔子在《论语》中的《里仁》有曰："君子之于天下也，无适也，无莫也，义与之比。"可见，孔子把"义"当作君子处事行天下重中之重的品质。孟子在《告子（上）》说，"仁，人心也，义，人路也。"可见，孟子把"义"当作人与人之间相处的道德准则，是通向完美人格的正途。实际上，儒家关于"义"有许许多多的阐释，并对中国人的伦理道德观念产生了深远的影响。如有研究者指出，儒家之"义"在漫长的社会历史变迁中，将"义"作为君子必备的伦理道德规范和品格，并适时适宜地赋予"义"具体而丰富的现实内容，使"义"成为中国传统文化思想中一个重要的范畴，对中国人的道德修养和国民性格产生了深远的影响。① 实际上，无论是在传统时期，还是现代社会，中国人对于"义"的理解和推崇都不可避免地渗入他们的日常交往、处事与行动的实践之中。

从它山庙会传说的传播内容来看，"义"也是一个重要的传播要素。关于"义"的颂扬特别体现在庙会传说中的十兄弟事迹之中。如传说强调了十兄弟为了家乡共同的利益，不惜牺牲性命，自愿加入效死勇士的队伍，舍身取"义"，用自己的生命和鲜血筑成了它山堰。按照儒家的思想，这无疑是人之大"义"，是君子品格。十兄弟的这种"义"举在庙会传说中得到了广泛的宣扬。对十兄弟"义"的宣扬，特别是在当前庙会传说中占据了重要的位置，并在现代社会的传播中得到细化和新的解释。

① 汪聚应：《儒"义"考论》，《兰州大学学报》（社会科学版）2004 年第 3 期。

庙会传说内容的变迁与传播，蕴含了人们对"义"的尊重和推崇。

当然，庙会传说中的其他人物形象，如王元暐、乡绅、先民们为了筑成它山堰积极奔走、呕心沥血同样表现了"义"。事实上，传说内容里包含了这样一种观念：祖先与神明的"义"是一种"仁"的实践。在儒家，"义"是达成"仁"的必经之路，"仁"和"义"辩证地联系在一起。如果说，人们对于"仁"的宣扬有着更多理性因素的话，那么，对于"义"的诉说则更多地表达了人们对于祖先、神灵的情感。当然，这只是一个畸轻畸重的说法。事实上，人们在传说的生产、加工、创造与传播中，无论是颂扬"仁"还是"义"，都饱含着理性和情感的因素。从这个意义上讲，人们对于传说内容的生产、加工、创造与传播体现了情理结合的逻辑。

三　念念不忘的"孝"

孔子在《论语》中的《学而》有言："孝弟也者，其为仁之本与！"孔子还在《孝经》中说："夫孝，德之本也，教之所由生也。"可见，孔子把"孝"奉为人最根本的行为准则和教化的源泉。在传统中国社会，"孝"一直被认为是最重要和最普遍的善行和德行。时至今日，"百善孝为先"的观念仍然在影响着中国人的为人处世。按照儒家的观点，"孝"至少包含以下几层意思：第一，孝敬父母；第二，尊敬与服从；第三，接续香火；第四，荣耀家族；第五，纪念祖先。① 而有的研究者，还提出"使父母无忧、不辱其亲"等"孝"的六项基本内涵。② 当然，"孝"的内涵可能还有很多，而且随着时代的变迁，人们对"孝"的理解也有所变化。尽管如此，以上相关研究者关于"孝"的内涵阐述仍具有较高的借鉴意义，道出了中国人关于"孝"的基本理解。

它山庙会传说的传播内容体现了对"孝"的宣扬。特别是当前的庙会传说，着重强调了十兄弟的家庭背景或出身，这些人多为地方乡绅的子嗣、建它山堰的普工以及受过宗族抚养之恩的人。这些人替乡亲、为父母分忧，或为报答养育之恩果断地献出了自己的生命。按照儒家的观点，这

---

① 转引自陈韬文《文化移转：中国花木兰传说的美国化与全球化》，（台湾）《新闻学研究》2001 年第 66 期。

② 黄坚厚：《现代生活中孝的实践》，载杨国枢《中国人的心理》，桂冠图书股份有限公司1988 年版，第 25 页。

无疑是一种"孝"道。而且，这里体现的"孝"更有大"孝"之义，即报"孝"的对象，不仅限于授以生命的生身父母，还扩展到宗族、地方等更大的范畴。这正应了儒家的泛"孝"之义。

在儒家"孝"的思想中，行"孝"的范围不限于父母或家庭，还包含了家族、地方乃至国家。孔子在《孝经》中说："扬名于后世以显父母，孝之终也。夫孝，始于事亲，中于事君，终于立身。"① 孔子的意思是说，"孝"的最高表现是通过行"孝"，为父母争光。人在年轻的时候，以事奉亲人来尽"孝"；到了中年，则是服务国君以尽"孝"；晚年则是致力于成为典范表率的实践。这种思想实际上体现了儒家所谓的"孝"是一种泛"孝"。正如有研究者指出，在儒家的思想中，"孝"的范围并不限于家族或家庭，而且扩展到家族或家庭以外的社会、国家及天下。在这种情形下，孝的性质并不只是一种人际关系，而且是一套治国与平天下的"极则"。②

在庙会传说中，我们可能很难体会到上述研究者所说的"极则"，但从传说中英雄人物的报"孝"范围却能较好地感受到儒家泛"孝"的观念。在庙会传说中，还特别提到了它山庙会的举行就是为了纪念王元暐、十兄弟等祖先或神明。这其实也蕴含了人们纪念祖先、报效恩情的"孝"心。如此看来，"孝"也是双向的。行"孝"的人也会受到后人的报"孝"，得到后人的尊重和颂扬。总之，"孝"的观念早已潜移默化地融入传说的内容之中。

儒家文化博大精深，自古以来就有许多不同的理解和释义。这些为我们分析和理解中国人的文化与行为提供了必要的理论工具。本书想要着力分析的是，传说的传播内容，其结构是如何构建的？体现了一种怎样的文化或观念？通过对庙会传说的传播内容进行分析，我们可以发现，庙会传说深深地打上了儒家文化的烙印。从上文"仁、义、孝"三个方面可以看出，它山庙会传说实质上表现了一种儒家文化的原型。当然，这种原型有着民众自身对儒家文化的认知与理解。事实上，民众在传说的生产、加工、创造与传播的过程中，并没有刻板地照搬儒家，而是有目的、有选择地注入了他们自身的理解，回应了现实的需求。对于一般民众而言，颂扬

---

① 《孝经·开宗明义章》。

② 杨国枢：《中国人孝道的概念分析》，载杨国枢主编《中国人的心理》，桂冠图书股份有限公司 1988 年版，第 59 页。

神明和祖先伟大的形象是一件刻不容缓的事情。这既是一种义务，更是一种荣耀。传说的传播通过颂扬神明、祖先的方式，还在一定程度上表达了民众感恩与孝敬的观念和情感。

需要指出的是，为了更好地解释和说明传说中的儒家文化的具体体现，本书把传说的人物精神分为"仁、义、孝"。这样划分的目的，并不是要用三分法来简化对儒家文化的理解，而主要是为了体现儒家文化在哪些方面对庙会传说产生了较大的影响。因此，本书涉及的传说人物事迹分别体现在"仁、义、孝"方面，只是一个畸轻畸重的强调，仅仅是为了叙述和解释的方便。事实上，笔者并不认为，某个传说人物事迹只体现儒家文化的某一方面，或者说儒家文化只是刻板地、无意地被传说裹挟进来。笔者更想表达的是，以人物事迹为基础的庙会传说的传播内容构建，受到了一种总体式的儒家文化的熏染。庙会传说特别包含了儒家伦理道德的核心观念"仁"，甚至处处围绕着儒家的"仁"的观念来展开叙述。儒家文化在民间文化精英和一般民众的理性需求和情感表达的合力作用下，有策略地被运用于他们对传说的具体生产、加工、创造与传播过程之中。

笔者并不赞同葛兰言《古代中国的节庆与歌谣》提出的民间宗教是"大传统"的前身和延续的观点。事实上，庙会传说与诸如官方意识形态、儒教等的关系是非常复杂的。"大传统"与"小传统"也不能作简单的区分，两者之间其实是在相互借用与互动中发展。正如王铭铭所言，民间宗教是在与"大传统"的不断互动与交换中发展，其中，民间宗教始终没有失去自身的社会—文化特点。[①] 事实上，从它山庙会传说的考察来看，我们无法界定传说文本在多大程度上受到了"大传统"的影响。但根据庙会传说的文本分析，有一点可以确定的是，庙会传说文本饱含了儒家文化的因素，"大传统"与庙会传说形成了一种融合与互动的联系。下面，我们将着重以动态的视角来探讨庙会传说传播过程中所呈现的形式与特征。

第三节　庙会传说的传播形式与特征

庙会的系列传说在鄞江及周边地区得到了广泛的传播，成为村落群体

---

① 王铭铭：《神灵、象征与仪式：民间宗教的文化理解》，载王铭铭、潘忠党主编《象征与社会：中国民间文化的探讨》，天津人民出版社 1997 年版，第 102 页。

记忆的重要部分。关于村落的起源与历史，民众往往并不是从历史教科书上去了解，而是通过系列的传说来了解。庙会传说作为一种"地方性知识"，在当地得到普遍的传播。那么，庙会传说作为一种文化传播活动，其形式和特征又是怎样的？

一 以口头传播为主要形式

传说向来主要靠口头传播来流传。庙会传说作为一种凝结地方文化、历史元素的传播文本，需要传播者与受传者有共同的文化、历史知识，才能达成沟通。庙会传说的具体传播情境，主要是在乡土社会。在这样的空间里，人与人之间彼此比较熟悉，经常有往来，庙会传说往往借助谈话、聊天的方式，在具体的社会空间中展开。正如有国内研究者指出，"民间传播往往是通过面对面来进行的，传播者与受传者可以通过现场的互动来进行交流"[1]。事实上，庙会传说的传播作为一种民间传播现象，往往依赖于现场的互动与交流，传说的意义也往往靠这种方式才得生成和延续。在笔者的田野调查中发现，地方的方言、谐音、歇后语等的现场运用，对于它山庙会传说的传播效果往往有很大的作用。在庙会传说的讲述过程中，讲述者往往通过方言的俏皮话、约定俗成的称谓等使听众心领神会，并时而引发阵阵笑声，受传者时而插话点评，传受之间很是和谐与默契。

现场的口头传播往往使用语言符号与动作、表情、姿势等非语言符号进行交流，这样的传播方式往往能为传说的传播提供自然、放松的环境，成为日常传播活动的一个"段子"，从而与乡土生活融合在一起。不完整的话语片断、土洋结合的讲述语言、时高时低的讲述语调，甚至是哗众取宠的煽情表演等连同那些闲碎的俏皮话，共同组成了传说独特的传播图景。对于民众来说，传说的内容对于追忆过往的岁月固然重要，但是传说作为一种"闲话"的方式，对于他们审视和享受现在的生活同样有用。

实际上，有关心地方文化传承的地方文化精英就忧心忡忡地对笔者讲："现在的老百姓就只知道热闹，很多正式严肃的话都走样了，他们没有几个人能讲出完整、正统的庙会传说。"这是一个很有趣的现象。在这里，笔者无意于评述地方文化精英的看法正确与否。毕竟，每个人的出发点、传播立

---

① 孙旭培主编：《华夏传播论：中国传统文化中的传播》，人民出版社1997年版，第369页。

场与心理都有所差异。我们是否可以这样理解，千百年来，庙会传说正是经过一代代人的加工与传播，在集体创造与互动下，在具体的社会情境中共同完成了对历史记忆的传承。或许，添油加醋式的附会、你一句我一句的现场互动，看似非正式的、随性的传播方式，才是庙会传说的原汁原味。毕竟传说不是历史，它只是一定程度上反映了历史。只要传说没有脱离原有的人物线索与原型，其他并不重要。重要的是，看似随意的传说传播方式，正以累积的力量凝集着一代代人的生活方式、心理、观念与情感。

近年来，在国家大政方针的号召下，地方政府保护非物质文化遗产心切，积极召集地方文化精英重新整理庙会传说，并召开相关学术研讨与编写相关庙会传说的民间读本，用于旅游开发、文化宣传等。笔者这几年在参加它山庙会期间，均看到当地政府利用庙会场合分发了许多相关的宣传材料给前来参会的人。庙会系列传说得以正式印刷文本的方式面世。与一般民众所讲述的传说不同的是，这样正式的印刷文本更加系统，故事情节更加生动、具体，更趋向于类似小说一样的普通文学。在传说的基本线索和人物原型方面，民间读本和民众所讲的传说基本上一致。笔者在前文已有相关简述，这里不再重复。

地方文化精英在完成庙会传说的整理与解释过程中，虽然吸收了一般民众的想法与心理，但也添加了自己的理解和政府的指引。于是，由地方文化精英们编撰而成的传说，从单一口头传播向印刷传播等形式演变，传说的语言讲述也逐渐向有研究者所宣称的"学术普通话"靠近，即以一般知识界通用的词汇更换原有的地方特色语言，用学术的"普通话"的语法重组传统地方话语，生产出新的上层表述方式。① 实际上，学术普通话式的庙会传说文本也是庙会传说的一种传播方式，当前被地方政府用以旅游开发、文化宣传等用途。2010 年，以它山庙会传说、它山堰历史等为基础拍摄而成的《它山传奇》在中央电视台 CCTV4《发现之旅》栏目播出。当地还专门在 2010 年的它山庙会期间采用投影、电子屏幕、地方电视台转播等形式来播放《它山传奇》，以弘扬它山庙会文化。但是，从现场的情况来看，民众参与的人数和热情并不高。

新近的民间读本、电视传播等新的传播形式，在它山庙会传说的传播

---

① 赵宗福：《地方文化系统的王母娘娘信仰——甘肃省泾川王母宫庙会及王母娘娘信仰调查研究》，《民间文化论坛》2005 年第 6 期，第 87 页。

过程中，往往只是作为一种"权威"话语来引用。特别是有关民间读本，民众在讲述传说时往往会自觉不自觉地提到。电视媒体有关传说的传播，也常被民众作为一种夸耀或引证的资本。然而，由于庙会传说与具体的、现场的、体验的传播情境有着依赖性粘连，口语传播的方式并没有被重新编写的印刷文本、电视传播等形式所代替。总之，传说的口头传播仍在当前的庙会传说中起着主导作用，口头相传仍是传说最为重要的传播形式。事实上，庙会传说早以"闲话"或"段子"等方式若隐若现地融入乡村社会的日常传播活动之中。

二　以人际传播为主要渠道

据笔者在调查点的观察，传说虽是一种看似随意的"闲谈"方式出现在民众的日常生活中，但正是这种方式构成了民众日常生活传播的重要特征。其实，传播活动在民众日常交往与人际关系形成方面的作用，早已引起了西方学者的关注。如美国传播学者就强调，"传播是人际关系的重要基础，人们通过展示个人特征，在倾听过程中了解他人，以一起回忆过去和展望未来的方式，来建立与他人的联系"[①]。传说正是通过渗入民众日常传播活动的方式，在每一个讲述者的不断修改、加工与附会中充分展示了讲述者的传播策略或讲述水平，并顺着传说中依稀的历史记忆，在轻松甚至有时是一种娱乐的环境中重新回忆了过去。对于民众的内心来说，传说的讲述是证明祖先与神明伟大的重要时机。因为传说的讲述往往会引起大家的互动，"围观"或者"围听"的人并不是被动的，传播者与受传者往往互为一体，角色互换，人与人之间通过传说的符号进行互动，你一言我一语，共同诉说了祖先与神明的存在。

尽管西方学界对人际传播已有一定的关注与研究，但是西方以"理性"为主导的人际传播理论阐释中国情境中的人际传播问题时，往往显得苍白无力。虽然科学理论无国界，并具有一定的规律性，但我们也要注意到不同社会文化背景中所产生的文化实践的差异。有鉴于此，我们有必要更多地从中国本土的情境出发，重新审视具体的文化实践。庙会传说作为主要以人际传播方式出现的传播活动，往往是通过人与人之间的接触与交

---

① ［美］茱莉娅·伍德：《生活中的传播》（第4版），董璐译，北京大学出版社2009年版，第13页。

往，一般是以面对面的近距离传播来进行的。在它山遗德庙前的长凳上，在村口的杂货店门口，在村里的大树下等公共空间中常看见闲聊的人们。他们的谈话往往是没有主题的，但传说经常若隐若现于他们闲聊的言语中。

有研究者认为，中国的人际传播具有"民族性"与"国民性"特点，具体而言，体现在强调伦常、强调君子之交、强调人情、强调面子等方面。① 当然，人际传播是一个较大的研究领域，笔者无意于对整体的人际传播作探讨。在这里，笔者主要想通过庙会传说映现的人际传播特征，来重新反思中国情境的人际传播。在田野调查过程中，笔者注意到要"面子"是庙会传说传播过程中呈现的一个非常重要的传播特征。美国传教士亚瑟·亨·斯密斯所著《中国人的性格》是西方学者最早关注和分析中国社会"面子"问题的著作。当然，有关中国人的面子问题更多地引起了中国学者的重视。林语堂先生曾讲过，"中国人生理上的面孔固然很有意思，而心理上的面孔则更迷人，更值得研究。'面子'触及到了中国人社会心理最微妙奇异之处，它抽象，不可捉摸，但却是中国人调节社会交往最细腻的标准"②。此后，有很多学者对中国人的人际交往的"面子"问题进行过分析与研究，如金耀基、黄光国、翟学伟等人，都从不同角度对中国人的人情与面子等做过深入分析与研究。关于这些，本书后续还会有专门阐述。

在它山庙会传说的具体传播实践中，常看到津津乐道地讲述传说的传播图景。谁讲的笑声多，谁讲的引起共鸣多，往往是讲述者的一个"面子"，是讲述者重要的一个传播动力。当然，在当地熟人圈之间进行的传说传播的过程中，"面子"的观念并不是体现得太明显，往往是通过一种暗示、不经意的姿势或眼神来体现的。尽管如此，"面子"仍是一个很重要的心理或行动因素，只不过隐藏在你一句我一句的互动之中。特别在面对外来的听众的时候，这种"面子"观念就体现得非常明显。笔者作为一个非本地出生的"外来者"，常去他们聊天的公共空间，去听他们闲聊，时而听到他们讲述与传说相关的内容。有村民就不时地提醒我，"我

---

① 孙旭培：《华夏传播论：中国传统文化中的传播》，人民出版社 1997 年版，第 329—332 页。

② 林语堂：《中国人》（全译本），郝志东等译，学林出版社 1994 年版，第 203 页。

们这个地方有非常深厚的历史文化，它山堰是中国古代四大水利工程……"无论是当地的干部，还是一般民众，诸如此类的话语，他们经常对我说。其实，我与他们并不是完全的陌生人，与有些民众已多次聊过，有些可以说是老熟人了。他们之所以反复强调这些话，最重要的目的是通过传说的佐证，意指当地曾经的"荣耀"，以体现民众内心追求的"面子"。事实上，看似惯常的庙会传说传播方式，正以其独特的传播特征映现了中国人的社会心理。

三 传说与仪式紧密相连

对于鄞江及周边地区的人们来说，庙会传说是一种重要的地方话语。在祖辈们口头相传、地方志片言只语的记载和晚近地方文史研究者反复引述等多重因素的作用下，庙会传说已成为民众心目中真实的历史，是地方社会的"小历史"。特别是 2009 年以后，随着庙会仪式的大规模复兴，王元暐和十兄弟的传说在民众日常闲谈提及的频率有上升的趋势。据笔者这几年在鄞江地区开展的田野调查发现，庙会举行的前后时间，是庙会传说传播的重要时机。民众往往通过盛大的庙会场合重新回顾过往的岁月，自豪地对熟人或是外来人讲述，我们这个地方过去是怎样的辉煌，神明和祖先是如何伟大。

在庙会仪式场合中，传说以真实历史的姿态，被民众反复提到，并作为一种重要的象征符号与仪式一起组成庙会文化传播的独特图景。正如有研究者指出，庙会这种集体化、仪式化的民俗传播，正是一种以求"正名"冲动的表现，借助地方化的力量，伴随一些仪式来进行传播和传承。① 事实上，传说的传播与仪式的传播具有明显的联系。传说需要盛大仪式的高规格"礼遇"来获取动力资源，从而印证传说的真实性。在传说与仪式的联系中，我们不难发现，传说通过仪式传播强化了地方话语的合法性，这也是传说成为世代流传、经久不衰的重要原因。仪式传播以真实再现的方式描绘了传说传播的总体框架。

当然，仪式也在传说的传播中获取了重要的历史隐喻和合法性宣传，并借助传说的日常传播发散其影响力。传说在仪式的神圣化表演中，不断渗入传统的乡土价值系统，成为人们日常生活依赖的观念或信仰。它山庙

---

① 仲富兰：《民俗传播学》，上海文化出版社 2007 年版，第 310 页。

会传说借助仪式展演进一步刻画了王元暐和十兄弟等的立体形象。可见，庙会传说与庙会仪式紧密相连在一起。

四　传说传播的集群性特征

传说是经历一代代人集体创造、加工并传播的，具有明显的集群性特点。当然，这里并不是说庙会传说没有个体因素。相反，个体因素或个体传播恰恰是庙会传说传播的基础，这方面前文提到的庙会传说的人际传播特征中已有相关阐述。传说的集群性也正是在个体传播的基础上累积而成的。庙会传说作为一种民俗文化传播活动，正如有研究者所认为的一样，是人类群体活动作用下的结果，是人类社会性的重要体现，是群体在不断创造、完善和传承过程中，而形成的多姿多彩的人文景观。① 从它山庙会传说的传播实践来看，其集群性特点非常明显。相关庙会传说，经历了1000多年，世代相传，并经过了历代的加工、创造而形成了一种群体共有的象征符号。它反映了鄞江地区人民一代代人的集体心态、习俗、观念等，是一种群体的历史记忆。

笔者在鄞江地区调查中发现，民众对乡土有极高的认同感。庙会传说中叙述的内容蕴含了民众共同的情感、礼规、观念等。传说的广泛扩散，从本质上讲是群体传播的结果。群体成员对共有的文化、地域等认同感越强，群体意识就表现得越突出，传说的传播动力就越强劲。传说的信息流动是在群体成员之间的互动中完成的。传说的传播者与受传者互为一体，群体的每位成员具有平等的传播机会，信息的流动是双向的，这样的传播方式有利于巩固群体的凝聚力，以至于让每个传说的讲述者或聆听者都感受到，传说是关乎他们自己的事情。

庙会传说可以说成是群体连接神明与祖先的重要纽带，人们对神明与祖先的总体印象往往依靠传说来塑造。正如有研究者所述，"群体内部传播了共同的旨趣和共同的话题等，群体成员之间才有相近的心理与共同的情感，群体才有了凝聚力"②。从这个意义上讲，传说正是以群体协作的方式，维系和促成他们对神明与祖先，乃至自我与村落空间的共同想象，

---

① 仲富兰：《民俗传播学》，上海文化出版社 2007 年版，第 300 页。

② 孙旭培主编：《华夏传播论：中国传统文化中的传播》，人民出版社 1997 年版，第 377 页。

并以一种集体的力量来左右传说的具体创造、加工与传播。另外，正如前文所讲到中国社会的人际传播素来有讲究"面子"的特点，群体的传播也有同样的特点。传说的传播对当地民众而言，既是一种延续集体的历史记忆的重要内容，也是一种对外传播的"面子"或手段。由此说来，庙会传说是一种地域化的传播资源，是一种集体的公共符号，是群体共同参与创造、修改、加工与完善的文化传播实践。

第四节　传说传播的社会功能

要了解传说的讲述或传播对于区域社会结构的影响，需要从社会情境、传者与受者等多重角度来考察和审视传说传播渗入社会活动的过程。在西方传播学界，传播的功能研究虽没有像传播的效果研究一样受到那么多的推崇，但也受到了学者们历来的关注。有一些经典的传播功能研究不能不提到，如传播学先驱哈罗德·拉斯韦尔提到的传播的三功能说，即监视环境、协调社会关系、传承社会遗产；查尔斯·赖特则从社会学的角度来探视传播，认为传播的社会功能除了拉斯韦尔所述的三功能之外，还有"娱乐的功能"；施拉姆则阐述了不同社会情境下传播的社会功能会产生变化，在此基础上，他把传播的社会功能归结为四个基本类型：社会雷达、管理、传授、娱乐。[①]对这些经典研究提出的背景和主要观点进行分析，不难发现，西方传播学者主要关注大众传播活动，主要立足于他们所处的社会政治、经济、文化环境等，从而得出了相应的传播功能观。因此，这些观点难免具有一定的局限性，并不太适用于人际传播和群体传播等方面。当然，不可否认的是，这些研究对于群体传播和人际传播的研究也有一定的启发性。在这里，笔者关注的是，庙会传说传播作为社会活动的一部分，在当地社会演绎了怎样的社会功能？

一　传承集体记忆

传统的农业社会，对水利有着高度的依赖。鄞江地区由于其独特的地理位置和自然条件，在历史上长期深受自然灾害的困扰。当地人们企图摆

---

① ［美］威尔伯·施拉姆：《传播学概论》（第2版），何道宽译，中国人民大学出版社2010年版，第29—35页。

脱自然灾害束缚的心理与其对神明的信仰有一定的联系。当地的庙会传说就有浓厚的水利文化根基，庙会传说主要传颂的是治水英雄。庙会的举办时间等也是根据庙会传说中的重要时间结点来设置，如当前的"十月十"庙会（也就是现在通称的它山庙会）的举办日期就是根据传说中的重要水利设施它山堰开工和治水英雄王元暐生日的时间而设立。

对于祖辈深受自然灾害侵扰的鄞江人民来说，王元暐和十兄弟的治水传说不仅是一种模糊的历史记忆，而且是一种群体的惨痛的现实经历。赵世瑜先生在分析《太阳生日》的故事中指出，故事和节俗的创造，其中包含了丰富的历史和现实内涵，对于它的创造者、传播者与受传者来说，可能都是心照不宣的。[①]事实上，这种心理一直传导着一代代人，传说成为连接过往与当下的一个重要中介。传说以世代口头相传的方式，承载着集体的记忆，在民间绵延流传。

随着社会的变迁，当地农业社会向工业社会转型。当地人的生产、生活方式发生了重要转变，人们的居住空间也发生了改变。现代性的需求重组了地方空间，传播格局在变动的社会空间中不断演变。如今，在改革开放以后出生或成长起来的人们已很难完整、系统地讲述庙会传说了。他们依稀地记得，是长辈们反复唠叨不要"忘本"的叮嘱，关于传说中人物的具体事迹和形象等已经非常模糊。显然，不同社会背景衍化的不同传播情境，改变了新一代人对于传说的心态和感情。毕竟，他们没有对悲苦岁月的切身感受，对过往的认识往往也只有通过长辈们无尽的讲述，这是一个间接的社会体验。尽管如此，模糊的传说人物或线索的记忆仍像一个框架一样把祖先或神明的经历稳稳地固定在他们对于历史的认知里。庙会传说的文化、历史价值已引起当地有识之士的重视。他们通过发行民间读本、走访口头叙事传承人等多种方式来保护和传承。庙会传说已成为庙会这一非物质文化遗产的重要组成部分。

如今，地方社会已转变为一个高度敞开的空间，社会生活的时空关系发生了很大的变化。正如吉登斯所言："发生在此地和异地的社会形式和事件之间的关系都相应地'延伸开来'，不同情境或不同地域之间的连接

① 赵世瑜：《狂欢与日常：明清以来的庙会与民间社会》，生活·读书·新知三联书店2002年版，第319—320页。

方式组成了跨越地表的全球性网络。"① 当地全球化的工业生产和高度发达的市场经济，由此而产生的资本崇拜和"老板文化"，使得社会关系正横向地延伸到此地和异地，组成了当今复杂、异动的地方社会空间。一方面，社会关系的跨时空延展正逐步消解地方文化的认同，但另一方面，在地域变革产生的"面子"、自豪感和地方利益需求等综合因素的影响下，地方社会又极力维持和寻找合理的方式来对地方进行宣传。当下的人们往往以一种现代性或者传统包装下的现代性眼光和心态去看待历史和现实。我们可以看到的是，在现代性或后现代性的背景下，地域文化的认同变得更加复杂，裹挟了现代对传统的利用，又夹杂了人们对于传统的感情，地域文化认同的压力与机会并存。庙会传说艰难地在当下的社会情境中传承着集体记忆。

二 促进地方社会整合

如今，虽然许多民众已无法完整地讲述庙会传说，但是庙会传说的主体内容依然存在于他们的头脑里。特别是在2009年庙会的大规模复兴之后，当地以民间读本、"挂图"等形式来延伸和扩展传说的传播影响力。在具体社会情境的不断提醒和推动下，庙会传说在某种程度上出现了复兴之势。王元暐和十兄弟的"功德壮举"在民间得到反复强调，当地人也在复兴后的隆重庙会仪式中重新感受到王元暐和十兄弟的伟大。庙会传说的影响力通过盛大的庙会仪式传播，得到了进一步巩固和扩散。

王元暐和十兄弟"功德壮举"的价观值，在一定程度上得到散布和宣扬。有许多人把传说中王元暐和十兄弟的事迹，与自己的信仰和评判他人的操守联系在一起。在2012年庙会举办前的一段时期，笔者曾在调查点做蹲点调查，在它山遗德庙观察进香人的言行举止。期间，有进香的人对我说："十兄弟英勇仁义，真是好人，化作神明后定能保佑人，我每年都来拜，很灵的。"随后，他转身对十兄弟的塑像一一跪拜。经常听当地人平时的闲聊往往能较好地帮助调查者了解民众的生活态度和价值观。

调查期间，笔者常去村落公共空间听普通民众的闲聊，询问过他们对村落一些事情的看法或观点，包括平时的人际交往、家庭生活、赡养老人、待人接物等方面。笔者还在当地调查过最近一些年发生的大事，发现

---

① ［英］安东尼·吉登斯：《现代性的后果》，田禾译，译林出版社2000年版，第56页。

当地没有发生过大规模的群体性事件或纠纷等。有几起小范围的环境事件，均在较短时间内得到妥善处理。是否可以这样假设，一方面，庙会传说中的"功德壮举"为祖先和神明形象的塑造找到了合理的解释；另一方面，庙会传说中映现的伦理价值也在一定程度上规约了民众的日常行为。实际上，笔者通过观察邻里、官民、家村等之间关系发现，这一地区社会关系总体是比较和谐的，村民没有重大的违法乱纪的现象，官民之间没有大的冲突事件。为了更好地探究其中的缘由，笔者还专门侧面地对当地基层干部和普通村民进行过访谈，他们都大致表现出了对本地安定、团结、稳定，以及生活满意等的基本诉求。可以说，庙会传说中的"功德壮举"一方面宣告了地域共同的祖先、神明观念，另一方面庙会传说塑造的伦理价值观在一定程度上整合了民与官、国家与地方、民与民等多重关系，甚至在某种程度上消解了现代性的焦虑，或者说为缓解社会冲突提供了某种"安全阀"。岳永逸在研究娘娘传说中也有类似的发现，"娘娘传说展现的现代社会公认的积德行善美德与娘娘庙会将家与村、村与国、民与官、主流与非主流统合在一起"[1]。

在历史上，王元暐得到了历代皇朝的加封，有当地历代的碑文可印证，甚至在有的朝代成为整合民族关系的重要行动。如清朝把王元暐加封为"孚惠王"，可以说是满清皇朝对汉族功臣的最高褒奖之一。事实上，王元暐之所以得到历代皇朝的加封，很重要的原因就在于他有一个"勤政爱民、远绩禹功"的正面官员形象，可以作为国家权力在地方的重要符号。可以这么说，当地民众对官员和国家的认识，一定程度上受到了王元暐形象和事迹的影响。当前，当地民众对地方官员仍有较高的信任感。当然，这种信任感还主要依赖于地方官员的现实作为。但是，历史上正面官员形象的传播也为当前的民与官的关系处理提供了一种重要的文化心理背景。基层工作在这里相对容易开展，地方政府在实施公共治理时也会充分考虑民意。可以说，庙会传说在一定程度上形塑了官民之间在地方社会空间的位置和关系，从而演化出一种独特的官民文化传统，同时在一定程度上规约了村民与官员的行为。在这个意义上讲，庙会传说与仪式一道通过对祖先、神明形象的描述、塑造与展演，无形中为参与社会事务的各方力

---

① 岳永逸：《灵验、磕头、传说：民众信仰的阴面与阳面》，生活·读书·新知三联书店2010年版，第73页。

量确立了某种秩序。庙会传说作为一种凝集共同祖先记忆和明显"地方自豪感"的传播文本，历来受到地方的重视，其内容在不同时代人们的反复加工与传播的实践中，形成一种约定俗成的伦理价值，促进了个体、家庭、村落与社会组织等的整合，至今仍是地方社会秩序稳定的一个重要因素。

三　教育与娱乐的功能

庙会传说作为一种地方性知识，在传统学校教育体系中无法触及，往往需要民间方式的反复传播。在当地社会，庙会传说常作为一种重要的地方历史材料被地方知识分子、长者以及乡村精英所引用，用以教育后辈人牢记苦难的岁月，传颂祖先的伟大与荣耀。最近几年，在地方政府的组织下，庙会传说重新得到整理，并以印刷文字的形式出现，成为传说传播的一种合理性依据，并被有些村民反复引用。笔者在鄞江地区调查中，曾碰到有两个村民就传说中的一些细节发生争论，争执得互不服输，最后有人就说："你们嗒嗒讲讲有啥意义，人家都编成书了（指当地的民间读本），书肯定准确一些。"这是一个有趣的现象，反映了民众对文字传播权威的重视。殊不知，传说的文字形成也包含了现实的因素。如传说的文字传播文本是地方政府主导下，由民间文化精英编写而成的，具有适应制度性安排的需求。当然，这也提醒我们，在进行田野调查工作时，也要深入普通民众，不能仅靠民间文化精英的解释。尽管许多普通民众已无法完整地讲述传说，但是他们讲述传说过程中表现出的传播方式、心理与态度等，往往对传说传播的相关研究同样具有重要意义，从另一层面反映了庙会传说的具体传播过程。

民众往往仅靠传说的梗概和大致内容，向周围的人诉说相关人物的美德，宣扬当地人所认同的伦理价值。在这种意义上，传说的传播具有一定的教育功能。普通民众作为传说传播最大的主体，往往像有的研究者指出的一样，"偶尔闲时讲述传说，并不关心具体细节，不会有意传播、改编，没有明确责任感，可以说是消极传播者"[①]。笔者在鄞江地区的调查中也有类似的发现，民众对庙会传说的讲述往往非常随意，有时仅作为一

---

① 陈泳超：《民间传说演变的动力学机制——以洪洞县"接姑姑迎娘娘"文化圈内传说为中心》，《文史哲》2010 年第 2 期，第 64 页。

种话题引子，有时只讲述部分的片断，往往是闲聊里的一种"佐料"。当然，也有一些情况与这位研究者的发现有所不同。笔者在鄞江调查中发现，有的民众在讲述传说的过程中，有时会有意地改动传说的内容，以寻找合理的"夸耀"，有一种传播的娱乐化倾向。

从这个意义上讲，民众传播传说在一定程度上是为了调节身心，作为茶余饭后放松心情的调味料。传说的讲述在一定意义上成为民众闲暇时的一种打发时间的生活方式。特别是年纪大一点的民众，他们往往聚集在庙前的长凳上、村口的杂货店里、人多的大树下等公共空间，带上一个泡好浓茶的水瓶，口袋里装着一些零食，在闲聊中过着他们的生活。这里似乎存在一对矛盾。一方面，他们时而通过传说回忆起过往悲壮惨烈的往事，面对悲苦的地方历史记忆而心怀严肃敬畏；另一方面，他们又时而通过传说的传播回应现实的需要，在你一句我一句的附会中，表现出随意、玩笑的心理。因此，传说传播在具有一定教育功能的同时，又兼有一定的娱乐功能。

本章小结

对于传说的传播，需作动态的分析。传说的传播内容、形式、特点与功能的映现，既包含了社会变迁的因素，更体现了社会现实的需要。通过对传说传播的内容进行分析发现，庙会传说内容的构建有明显的儒家文化的印记。儒家文化在庙会传说中的运用，既有现实需求的理性动因，也有民众内心感恩的情感诉求。

通过对传说的传播过程进行观照，发现传说的传播具有口头传播、人际传播与群体传播等特点，体现传承集体记忆、促进地方社会整合等功能。传说作为一种由民间力量集体创造、修改、加工与传播的文化符号，对应着现实社会的需求。它既是维系地域认同感的文化资源，又是国家权力与民间力量对话的中介，与庙会仪式一道成为地方重要的象征资源，组成庙会文化的内核。晚近，地方政府以发展旅游和保护传统文化为契机主导了传说的走向。传说内容的表达形式在民间文化精英的整理下，逐渐向"学术普通话"样式靠近，并有切合制度安排的趋向。

同时，一般民众的传播力量也不可忽视。一方面，由于传说中蕴含民间信仰的成分，且有深刻的集体记忆，传说内容演绎了祖先的荣耀与神明的伟大，在民众内心具有较重要的位置，往往成为夸耀地方的文化资本和面子；另一方面，许多普通民众已无法完整地讲述传说，往往只知道传说的梗概或片断，对传说的具体细节并不关心，普通民众传播传说的方式也比较随意，常以闲谈的方式来呈现。从这种意义上讲，一般民众传播传说既有积极的一面，又有消极的一面。但是，无论一般民众对传说的传播是积极还是消极，都不可否认地成为传说传播的一股重要力量。一般民众以自己的方式演绎了传说在民众日常生活中的位置。

改革开放以来，民间信仰的复兴，地方社会对民间文化的需求逐渐上升，特别是为达成信仰合理性而寻求文化资源印证的需求在不断升温。在地方政府、民间文化精英与一般民众的共同参与下，传说作为一种重要的地方文化传播资源得以大规模重现。特别是20世纪90年代以后，随着主体庙宇的重建和2009年传统庙会的大规模复兴，传说、仪式与庙会等共同参与了地方社会的结构化过程。究其深层的动力，既有民间信仰和地方权力介入的原因，也有民间各阶层力量共同作用的因素。总之，庙会传说的传播蕴含了历史与社会现实中的各种支配力量和复杂的社会心理，描述了这些因素的存在形态与方式。下一章，我们将探讨庙会文化在日常生活的传播与扩散。

第四章

日常生活中的庙会文化传播

> 我们必须清醒地自觉地看到社会结构的不断变化，处在社会结构中的个人，应当承认有其主动性。我们注意到社会变化的同时，也要关注相应人的变化。社会与个人是相互配合的辩证统一体。①
>
> ——费孝通

费孝通先生晚年在反思一生学术历程时提出了以上观点。这一观点对本书的研究具有重要的启发意义。该观点提醒我们，既要关注庙会文化传播的结构性因素，也要注意不断变化的社会结构中的个体的文化传播实践，把个人与社会的互动统一起来考察，要避免"只见社会不见人"的弊端。这种取向一直影响着笔者对庙会文化传播的研究。笔者认为，要更好地探视个人与社会的互动，进入民众的日常生活世界是一个有效的路径。

在社会学领域，虽然功能主义、实证主义很长时间主导了社会学发展的趋向，但是日常生活研究也受到该学科领域学者的长期关注。齐美尔对现代都市的日常生活考察，涂尔干对日常自杀现象的分析，米德、戈夫曼、布鲁默对日常生活符号互动的探视，列斐伏尔与德塞图的日常生活理论等都说明了日常生活作为一个社会学的研究话题同样得到了关注。只不过这种关注长时间没有得到重视，正如有学者所言，"社会学的主流迷恋客观普遍社会法则的探究，很长时间没有把日常生活当作重要话题来加以关注"②。事实上，日常生活研究作为一个与社会学宏大叙事范式博弈的力量一直存在于西方社会学界。晚近，在国内诸多社会学者的呼吁下，日

---

① 费孝通：《乡土中国 生育制度》，北京大学出版社 1998 年版，第 342—347 页。

② 郑震：《列斐伏尔日常生活批判理论的社会学意义》，《社会学研究》2011 年第 3 期，第 191 页。

常生活研究也在国内引起了较大范围的关注，如刘怀玉、陶东风、李蒙、郭于华、郑震等人。许多学者在强调日常生活是一种重要社会实在的基础上，甚至提出了社会学研究的日常生活转向。值得注意的是，部分传播学者也注意到了日常生活对传播研究的启发，如潘忠党、吴飞等人通过引介和解读西方的日常生活理论，呼吁进入日常生活中去探视社会结构与过程。

应该说，以上学者的相关研究对本书的研究是富有启发的。本书无意耗费过多的精力来辩论日常生活研究在社会学的传统以及其与主流社会学取向的斗争。笔者关注的是，社会学者提出要进入日常生活细节来探视社会过程与结构的方法，对于传播研究具有重要的借鉴意义。为此，我们要重新审视西方主流的传播功能主义、结构主义的理论与范式。在传播学界，研究者们通常更加关注大众传播与社会现实的建构，往往忽视日常生活传播作为一种累积性的基础性传播力量在社会现实建构中潜移默化的作用。日常生活中的传播看似琐碎、细微、普通，甚至无关紧要，有时还界限模糊，但是，正是这种毫不起眼的日常生活的传播，这种每个个体的行动组成了人类最基本的传播心理与传播实践，是大众传播、组织传播的基础。它以一种累积性、潜藏性的方式，参与社会现实的建构。因此，有必要关注日常生活中的文化传播实践。

笔者在第二章与第三章主要论述了庙会文化传播的核心要素和机制。通过田野调查和以上两章的论述，笔者发现，仪式与传说的互动传播是庙会文化传播的核心机制，仪式传播与传说传播构成了庙会文化传播的核心内容，其传播的场合并不局限于单独的庙会事件，它们与日常生活有密切的连接，并且传播内容与形式有延伸，往往以类似"习俗、传统"的方式贯穿于社会生活。因此，本章试图进入日常生活来探视庙会文化传播的实践，追寻个体与社会的互动，以期进一步揭示以仪式与传说为核心的庙会文化传播活动在社会生活中散布的脉络，探讨庙会文化传播如何成为社会生活的重要基础。

第一节　庙会文化与村落日常生活

一　庙会文化与村落生活的节律

对从它山庙会的历史考察发现，起初庙会举办的目的是纪念修建它山堰的有功之人，具有浓重的祭祀色彩。但是，随着社会现实的需要和通过神灵的附会，庙会逐渐走向世俗与神圣的融合，成为当地民众日常生活中重要的节日，演变为具有祭祀、商贸、娱乐等多重功能的复合型庙会。赵世瑜先生借鉴巴赫金的理论，认为"中国庙会具有狂欢的精神，这种精神具有原始性、全民性与反规范性特点"①。这种观点主要是基于对中国庙会的历史考察而提出的，认为庙会的狂欢可以从日常生活中抽离出来，冲破日常生活中的阶层限制、性别束缚、身份差异等，实际上强调了庙会作为一种特殊节日与日常生活的区别。当然，也有研究者分析了 20 世纪 80 年代以来复兴的庙会认为，"狂欢精神的本质是与主流意识形态保持距离，甚至是对主流文化的颠覆与嘲弄，从这种意义上讲，当前的庙会已失去了狂欢精神"②。这种观点强调了庙会作为一种民间文化与主流意识形态的合流，否定了当前庙会具有狂欢性，承认了庙会期间所构建的世界，与日常生活是相对应的，并没有出现反规范性的、颠覆性的世界。以上两类观点，可以说是阐述庙会与日常生活关系的代表性观点。这里，我们不能简单地论辩谁的观点更正确，而应看到它们各有侧重，一个侧重于历时性分析，一个侧重于共时性分析。两种观点对于笔者的启发是，考察当前它山庙会与日常生活的联系，需要把历时性与共时性结合起来，以一种动态的眼光来加以审视。

不过，随着庙会由传统向现代的演进，社会制度与社会关系的演化，社区、群体对于庙会文化的传播实践也在发生变化。如果以狂欢理论强调狂欢精神是突破一般的社会规范的非理性的标准来考量当前的它山庙会，那么，当前的它山庙会并没有表现出狂欢精神，反而表现出与现有秩序融合的态势。与其说它山庙会具有狂欢精神，不如说它具有娱乐化精神。当前庙会往往以一种娱乐的方式来体现休闲生活，巩固现有的社会秩序。随着社会的变迁，民众对文化的多元化消费，民众的生活方式出现了较大的变化。庙会没有像在传统社会那样对他们的日常生活产生大的冲击。庙会以一种温和的方式与日常生活交织在一起，成为日常生活的一部分，沟通人与人之间的共存关系。笔者对它山堰村一位 67 岁的蔡老先生的一段访谈可以在一定程度上反映庙会与日常生活的变迁。

① 赵世瑜：《中国传统庙会中的狂欢精神》，《中国社会科学》1996 年第 1 期。
② 刘晓春：《非狂欢的庙会》，《民俗研究》2003 年第 1 期。

　　过去庙会和现在庙会形式差不多，现在有些手艺人与过去的有些不同，过去手艺人个人买卖比较多的。现在 ding 板（读音）没有看到了，打糕没有看到了，过去卖伤膏的，现在这个东西看到不多了，应该说是现在没有人来买了。现在，卫生院里正规化开处方买买，得不到需要这个行业也不要搞了。没有需要，长期搞这个东西也没有用，有些需要卫生许可证什么的很烦琐的。这个打膏也不需要，小伤膏也很方便的，过去腰肌劳损、弄伤了什么的都是用打伤膏，灵也是比较灵的。现在，卫生所和防疫部门的都要检查，这样没有收入，烦烦琐琐的都不来了，辛辛苦苦也得不到什么利润。过去什么吹糖葫芦啊，糖葫芦什么买的，买的人不多，一种沙子吹啊，不卫生。因此，这个生意不好做，过去这个东西多了，叫卖声大一点。现在，都是大喇叭了，卖的东西根据需要有些变化，以前高跷也有，这是过去多一点。现在，有些东西变了，打腰鼓现在也很好看的，跳舞像秧歌舞一样，现在都是以老年人为主，年轻人没空要干活，老年人 55 岁退休了，叫他们蹦蹦跳跳还是蛮厉害的。总之是蛮热闹的。

　　从中可以看出，随着社会的变迁，乡土生活所需的日常生活用品发生了很大的变化，庙会商品交易的种类也发生了改变。当然，以上访谈所涉及的庙会内容虽只是庙会生活的冰山一角，但从中能看出庙会与社会变迁的轨迹。许多庙会研究者都认为庙会是乡土社会重要的休闲生活方式。当然，这种休闲生活方式并不是简单、随意的娱乐化表演，其背后蕴藏着深刻的乡土社会生活规则和节律。正如研究者小田所言，"庙会能复苏神圣的存在，在生命的大部分时间里，神圣蛰伏在人们的思想深处，表现为常态的凡俗生活"①。小田的阐述指出了庙会作为日常休闲生活的根源。庙会的休闲生活体现了日常生活与信仰之间的对应关系。

　　在传统时期，它山庙会还是区域社会重要的市场形式。人们热衷于在庙会这样一个周期性的市场形式中购买农具、物资，进行社会交往等。对于区域社会而言，庙会不仅是一个文化中心，而且还是一个市场中心。施坚雅认为，农村社会中的集市、庙会等，都是以基层市场社区作为组织单

---

　　① 小田：《休闲生活节律与乡土社会本色：以近世江南庙会为案例的跨学科考察》，《史学月刊》2002 年第 10 期，第 48 页。

位。这些市场形式构成了农民实际的社会交往中心。庙会以宗教的方式把社区成员组织起来，使村民全年的娱乐达到高潮，并进行着商品的流通。① 施坚雅的观点对于分析庙会与区域社会结构的变迁具有很好的启发意义。他的观点强调了传统时期农村社会区域的边界是以基层市场区域的范围来决定的。然而，他的观点也有局限性。他过度强调农民参与庙会是以市场为中心，而淡化了区域社会基础性的文化动力。把其观点放置于当前的社会情景也有一定的局限。随着区域社会时空格局的变迁，自给自足经济模式的远去，全球化商品的高速流通，现代化市场形式的冲击，它山庙会的市场功能并没有像传统社会那样在区域社会中起到举足轻重的作用。庙会的市场功能和内涵产生了很大变化，庙会的商品不再是农村社会生产、生活的重要依赖。但是，有一点和传统时期是延续的，当前庙会作为一种民间信仰、娱乐、商贸等综合性的活动，仍是区域社会交往的重要内容。它营建了当地人特定的文化与生活空间，缔结了区域社会稳定的关系网络。

它山庙会会期的设定有着明显的规则。历史上的它山庙会包含"三月三""六月六""十月十"三次。虽然它山庙会会期的确定有深刻的历史文化因素，但在后续的社会变迁过程中，也体现了人与自然相处的能动调整。历史上"三月三"庙会的重要内容是菩萨出殿和农具交易等，"六月六"庙会举办时间的前后是农闲时节，其重要内容则是疏通河道和商品交易。"三月三"和"六月六"庙会的举办具有明显的农耕社会烙印。随着社会的变迁，这两个庙会已基本消失。如今，只留下了重新整合的"十月十"庙会。这种变化表面上看似一种自然交替或人为调整，实则体现了一种社会生活的规则或节奏。葛兰言的研究指出，古老的中国节庆具有季节性特点。它们依赖于农民的生活节律。这些节庆往往在中国农民有节律的生活中的转折时刻举行，在这些时间里，他们隐居起来等待一年中的其他季节，集合到一起重新构造他们与之休戚相关的共同体。② 在农耕时代，它山庙会的举行的时日体现了自然和社会生活的节律。当地人按照自然的

---

① ［美］施坚雅：《中国农村的市场与社会结构》，史建云等译，中国社会科学出版社 1998 年版，第 40—55 页。

② ［法］葛兰言：《古代中国的节庆与歌谣》，赵丙详等译，广西师范大学出版社 2005 年版，第 151—161 页。

原则和自身的生活节奏，选择时日举行集体的仪式与庆典，共同度过一年中那些他们认为重要的时刻。

其实，我们还可以借鉴涂尔干的观点分析其根源所在。涂尔干认为，"膜拜的周期性倾向，是社会生活节奏所致，人们的聚集体现了个体与社会的需要，从而导致了必然的交替。正是这种必然的交替，才相应带来了神圣与凡俗的有规律交替。既然膜拜的明确目的至少要首先调整自然现象的过程，那么仪式生活的节奏就带上了宇宙生命节奏的印记"①。涂尔干指出了仪式生活节奏的根源，这对我们分析庙会生活有着重要的启发。庙会会期与内容的变迁，不仅是人对自然的一种能动调整，而且是一种社会的需要，甚至是一种生命的节奏。事实上，民众不仅把自己的日常休闲生活交给了庙会，而且还把自己的生命也同时安顿于庙会的信仰体系。下面，笔者将阐述日常生活中庙会文化的生命观。

二　普堂：约定俗成的生命转折仪式

什么是生命转折仪式？简单地说，它是个体在生命或社会发展过程中的重要时段所进行的仪式，比如在出生、满月、成人或死亡等阶段所举行的相关仪式。用特纳的话来说，"世界上大多数较为简单的社会或许多'文明'社会，都有许多仪式标志着个人从生命或社会地位的一个阶段过渡到另一个阶段"②。在范内热普看来，从一境地到另一境地，从一个到另一个世界的全部仪式进程可视为"过渡礼仪"，而与死亡相关的仪式则是过渡礼仪中的"分隔仪式"。③范内热普强调了死亡相关仪式的动态过程，并和整体的过渡礼仪勾连，认为这是使个体从一种情境转换到另一种情境的阶段。而特纳的观点则强调与死亡相关仪式的"状态"，是一种相对稳定和固化的状况。受以上两位仪式研究大师的启发，笔者认为，在理解和研究相关死亡仪式的过程中，一方面要重视仪式细节在仪式实践中的作用，另一方面也要强调仪式过程的动态性，以及仪式生成的文化特性。

① ［法］爱弥尔·涂尔干：《宗教生活的基本形式》，渠东等译，上海人民出版社2006年版，第330—331页。

② ［英］维克多·特纳：《象征之林——恩登布人仪式散论》，赵玉燕等译，商务印书馆2006年版，第6—7页。

③ ［法］阿诺尔德·范热内普：《过渡礼仪》，张举文译，商务印书馆2010年版，第4—10页。

为了更直观地表达死亡相关仪式在整体仪式过程中的文化特性，笔者在此采用了"生命转折仪式"的称谓。

在鄞江地区，千百年来，一直传承着一种叫作"普堂"的风俗，有的民众也称之为"塑像"。当地人在临终之际，或生命刚好终结之时，家属均要去本庙为死者"普堂"。在鄞江镇，许多村以它山遗德庙为本庙。"普堂"仪式中，一般由家属去庙里点燃香烛，用"牵牛郎"草鞋六双，锡箔一千二百锭，其中三百锭用来打发"鬼祟"，另外九百锭存于本庙作为死者备用。在当地，许多老人在自己还在世的时候，就会进行此项仪式，目的是提前到阎王和祖先那里报个到，留好位置，以保佑在阴间平安。按照当地人的理解，"普堂"意味着另一种生命的重生，说得更直观一点就像如今小孩出生报户口一样，以这种方式把生命加以安顿。

在分析"普堂"仪式时，我们不难发现它与庙会的关联，甚至可以说它是庙会仪式在日常的延伸。在鄞江地区，"普堂"在整体生命转折仪式中扮演着重要的角色。它饱含了当地人生与死的观念，也强调了生者与死者的联系。当一个人的生命在走向终点的时候，人们以"普堂"的仪式强调生命不同阶段的转折，并把这一重要的转折时刻公开标注，加深个体在家族或社区里在世成员心中的重要性。

"普堂"仪式之所以千百年来一直在当地仪式生活中起着重要作用，很重要的一个原因是该仪式以一种告别的方式，在生者与死者之间留下了一种稳定和持久的联系。这种联系是在它山本庙内神明的主持下和家属的共同见证中完成的。那么，生者与死者之间联系的桥梁便在仪式的那一刻公开地建立起来了，庙内的神明便是生者与死者的桥梁。于是，民众对神明的供奉成为一种与祖先、逝者的交流与联系，不仅有着民间信仰的成分，同时夹杂着敬仰祖先和怀念亲人的情结。正是这种复杂的心理和特别的习俗与传统，在民众日常生活的周而复始的实践中不断演化为一种隐秘的力量，支撑着当地的民间信仰，持久地散布着庙会文化。

从本质上讲，"普堂"仪式与庙会祭祀仪式有着重要关联。"普堂"仪式以一种告别方式强化了生者与死者的联系，祭祀仪式则以一种怀念的方式回溯了死者生前在家族、群体与社区中的重要性。这种关联无形中成为庙会文化延续与传播的重要动力。"普堂"仪式所映现的生命观，反映了民众对生与死的基本心理。"普堂"仪式中家属的参与，代表着世俗社会系统中家园、家族的观念。以家园为中心的仪式实践，生成了"普堂"

独特的文化意义，成为生者与死者共同构建的神明、祖先与家园沟通的逻辑，与庙会的盛大仪式事件共同塑造了他们共同的文化。因此，可以说"普堂"仪式是庙会仪式在日常生活中的延伸和散布，而庙会仪式以集体膜拜的方式又为"普堂"仪式提供了文化认同与神圣感。它们以不同的方式共同组成了庙会文化，实质上反映了当地人复杂的祖先尊崇与神明信仰的心理。

　　在这一习俗中，我们可以看到的是，鄞江人的民间信仰具有复杂、双重的特点。这种信仰体系融合了神明信仰与祖先尊崇的双重目的。在当地人的观念里，它山遗德庙既是祭拜神灵的场所，又是联系祖先的地域。许烺光认为，相互依赖贯穿到了中国人有关与祖先魂灵与其他神灵关系的思想中，生者与已故祖先的关系是一种亲密的关系。这主要基于三种因素：一是所有活着的人把自己的幸运与不幸都归因于祖先；二是祖先生活在另一个世界，需要后人来供奉与赡养；已故祖先会在另一个世界保佑在人间的亲属，他们可以互相帮助。[①] 关于中国人的这种观念，许烺光分析得很精辟。可以说，这种观念同样存在于现在的鄞江，并影响了当地人的民间信仰、生命观以及他们的日常生活方式。当地人除了在固定的时间去它山庙祭祀之外，同时也在他们的日常生活中弥漫开来。他们往往以家庭为单位，在他们的家中默默进行。他们可以随时与他们所信奉的祖先与神灵进行交流。

第二节　庙会文化的家园观念与社会动员

一　日常生活中的祭拜仪式

　　自 20 世纪 90 年代以来，随着它山遗德庙的大规模重建，庙会的大规模复兴，家族与神明的互动在民间信仰的重建运动中出现了新的趋势。以家族为单位的祭拜活动并不多见，而村落单个家庭在日常生活的祭拜在王元暐信仰体系中发挥着越来越重要的作用。如果说庙会中集体的祭祀仪式是一个重要的信仰事件，那么单个家庭在日常生活中的祭拜则是一个累

---

　　① 许烺光：《美国人与中国人：两种生活方式比较》，彭凯平等译，华夏出版社 1989 年版，第 234—238 页。

积、持久的信仰过程。单个家庭在日常生活中的祭拜成为庙会祭祀仪式的重要延伸，并以潜移默化的方式，把信仰实践扩散在村落日常生活中。

在鄞江做田野调查期间，笔者观察到许多年轻人在家人的带领下前往它山庙进行祭拜。笔者曾问过一些年轻人来庙里祭拜的原因和目的。其中，它山堰村一位20多岁男青年小史的回答具有一定的代表性。他对笔者说："自小都是跟着父母来祭拜敬香的，父母要我来，我就来了，菩萨的具体情况我并不是很清楚，呵呵，只听大人们说很灵。"这位青年的话看起来简单，实则反映了当前民间信仰的特点，即家庭对民间信仰的传承起着重要的作用，民间信仰的维系与复兴依赖于家庭成员的共同参与。家庭成为维系民间信仰的重要单位，家庭成员的共同参与成为个体参与民间信仰实践的重要方式。笔者对悬慈村47岁裴女士的访谈可以进一步说明民众日常祭拜活动中家庭的观念和家庭的参与。

> 王老爷菩萨那很信的，一般情况下肯定会去参加庙会，它山庙的菩萨很灵的，有时候会去抽签，许愿保佑平安，一般大年三十、初一、十五肯定会去拜菩萨，我们考大学啊考高中啊都去拜的，我们家人初一月半家里都会拜的，我妈妈他们都是初一、十五去拜的。一般初一、十五还有正月里都去庙里拜菩萨的，特别过年的时候人最多，舟山、沈家门那里的人都会来的。舟山、沈家门有些，这个海里捕鱼的，特别相信菩萨，出海去可以平平安安，一般就求求平安啊，家里顺利一点。我想想现在是很满意的，赚多多用，赚少少用对嘛，生活好过就好了。我打算以后我女儿读大学去了我就退休好了，现在么希望我女儿顺顺利利平平安安读完高中三年就好了，没什么其他愿望。

笔者在鄞江调查期间观察到，在农历每月初一、十五，以及重要节日（如春节）的时候，前往它山庙祭拜的人非常多。笔者还了解到，当地许多民众在升学、婚姻、出行等重要时间节日往往会去庙里求保佑。当地民众往往是和亲人一起结伴而来祭拜神明。在它山庙里，常能看到许多民众在祭拜神明时，嘴里念叨着请求神明保佑家人健康平安之类的话语。在民众的日常祭拜中，请求神明保佑家人往往是第一要务。在神明面前，他们毫无保留地表达了"家"的重要性。他们以日常简单的祭拜仪式完成了对家、祖先、神明之间的联络。

庙会文化在日常生活中以这样的方式散布开来，以家与神明的互动为纽带，表达了他们家的观念，以及对家庭和生活的愿望。在庙会中也有相应的链接，在庙会神轿巡游仪式中，有许多民众自愿扮作犯人在行会队伍中虔诚地长久跪拜。据当地民众讲这样做能赎罪和护佑家人。笔者曾访问过扮作犯人的民众，问他们扮犯人的原因。他们有着各自的理由，有的是为了自己父母能身体健康，有的人是为了自己的爱人能平安健康。毫无例外的是，他们都是为了家人而扮。显然，在当地人的观念里，这是一种救赎的方式，这种救赎很重要的目的就是为了家人。他们正是以这样简单而朴实的行动来表达他们对家的眷顾与依赖。民众参与仪式活动是以家庭为导向的。为了家庭和亲人，人们愿意尽可能的付出，甚至牺牲自己。正如有研究者所言，中国人的生存方式和生活单位是家庭，对家庭的世代关系而言，个人往往是其中的一个环节。①　事实上，民众日常生活的祭拜仪式的运作，体现了以家庭为单位，围绕最基本的亲属关系而展开的特点。他们在神明与祖先面前，承诺并献上了自己对家庭的爱。

总体而言，民众日常生活的祭拜仪式与庙会的祭祀仪式组成了一个互动的仪式圈，以庙会的祭祀仪式为中心，民众日常生活的祭拜仪式为散点，中心与散点是相互作用的。中心仪式巩固和提醒仪式圈的神圣性，而散点仪式则发散和维系仪式圈在社会生活中的影响力和循环性，这成为当前它山庙会文化传播的一个重要特点。

二　修桥：庙会文化在日常生活中的社会动员

庙会文化大规模复兴之后，庙会文化在凝聚民心，促进地域认同等方面起着重要的作用。在地域群体心目中，庙会是一种作为具有共同祖先的文化象征。庙会文化蕴含着浓烈的祖先崇拜色彩，某种程度上隐喻了认祖归宗的情怀，对村落成员有着重要的号召力。因此，在村落共同事务中它具有较强的社会动员作用。下面以村落的公共事务——修桥为例。

笔者在本书第一章曾提到过，桥对于这个地区的民众来说是一种重要的集体记忆。它不仅是一个物理意义的建筑，更是一种心理意义的空间。在鄞江地区座立着许多桥梁，桥文化兴盛，鄞江桥就是鄞江地区代表性桥

---

① 翟学伟：《再论"差序格局"的贡献、局限与理论遗产》，《中国社会科学》2009 年第 3 期，第 156 页。

梁。在历史上，鄞江桥可以说是鄞江地区的标志性建筑，承载着一代代鄞江人的历史记忆。在过去，人们常用鄞江桥来代指鄞江。时至今日，老鄞江人的记忆里仍保留着一个重要的符号——鄞江桥。有当地老人对笔者说："小时期，姆妈带着我和兄弟几个在桥上玩耍，那时桥上人气很旺，小孩们常缠着大人要买桥上小贩们卖的冰棒和烧饼等，吃起来特别好吃，现在仍很怀念那时的味道。当然，现在的人因生活水平好了，不一定能体会到那时的味道。"可能每个老鄞江人在桥上的记忆内容有所不同，但有一点是相同的，那就是这座桥承载了他们的岁月与往事。为了更好地理解鄞江桥在当地民众心目中的文化意义，下面首先有必要回溯一下鄞江桥的历史及概况。

鄞江桥位于它山堰下游约半公里处，其前身称"大德公桥"，是以木柱为桥脚，上面铺有竹棚的简易木桥，是原光溪镇北面百姓通往句章县的必经桥梁。由于常遭洪水毁坏，历朝历代曾都有过维修和重建。北宋元丰年间，改建为石桥墩木结构屋盖式桥梁，全长三十八丈，宽三丈，分二十八间桥屋。北宋的改建是鄞江桥后来修葺和重建的重要样本。鄞江桥在传统时期的最后一次重建，是在清朝道光十四年，当时立下的碑记现存放于它山堰水利陈列馆内。碑文如下：[①]

> 赐进士出身，朝议大夫署宁绍台海防兵备道知宁波府事吕子班篆额
>
> 赐进士出身，奉政大夫翰林院庶吉士权知宁波府事叶中乡文
>
> 赐进士出身，文林郎翰林院庶吉士宁波府学教授冯登府书
>
> 鄞江源出四明山，东南奉化，西北慈溪，二江合流于鄞，古所称三江口。跨江之桥凡五，而鄞江桥实当其冲，利溥而形险，并难而败易，自道光年盛谔王汝霖等，请于前邑候程以重建通详未遑，经始周候来尹斯邑乘凋动之余甫下车，即仅仅以它山洪水鄞桥三政为急，桥尤务相授规阅四月工竣，凡石之窅溃者，木之摧朽者，屋舍之倾移崩漏者，咸鸠材选良，视者加致焉，嗟乎！桥之建在元丰间，元明以来，屡有兴替，今圮二十余年矣！谋七年而来集一旦安享其成，始欢周候之感乎于民者，捷鄞人之笃于好义，用力巨而为功速也！夫捍患

---

① 陈思光：《鄞江桥》，民间读本，1999 年版，第 11—14 页。

济众谓之惠，此数世之利也，乃相于勒石，记述用告俊之人俾，勿坏桥亘，三十八丈，横经三丈，桥上覆屋二十八间，岁收租息，以贮经弗着为今，经始于道光十四年正月间断，手于四月縻金钱六千贯有奇。

　　周侯名召棠，云南人
　　道光十四年岁在甲午　六月初吉
　　鄞邑合邑绅士刊立

　　以上碑文翔实地记载了鄞江桥在传统时期的兴替过程。1979年，由于政府认为桥身存在安全隐患，且不利于交通，鄞江桥被拆除，改建为水泥大桥。至此，传统意义的鄞江桥完全消失了。笔者曾访谈过许多当地的老人，问起有关桥的记忆，他们无不缅怀桥与过往的岁月。当地的老人们对笔者说，"这座轿，是座风雨大桥，天热时可以乘凉，下雨可以避雨，空闲时这里的人常来桥上休息聊天等，这是老祖宗留下来的功德无量的基业啊"。对于1979年鄞江桥的拆除，民众有颇多怨言，认为政府拆除鄞江桥而改建水泥桥破坏了老祖宗的基业，他们表示对此非常失望，无不流露出重修传统鄞江桥的愿望。

　　改革开放30多年来，民间的这种情绪一直在酝酿，要求重修鄞江桥的呼声很高。最近几年，随着庙会的大规模复兴，在当地政府打造文化古镇和发展旅游的语境下，民间的这种情绪开始找到释放的契机。经过长期的酝酿和准备，终于在2012年庙会前后，重修鄞江桥的计划开始呈现于台面之上，成为当地热议的一件大事。传统鄞江桥的重建，兑现了当地民众多年来的愿望，表面上看是当地社会的一项公共事务，但在民众看来，他们更愿意理解为这是一项祖宗辉煌基业的重建。在他们看来，在祖宗面前，他们找回了逐渐"失忆"的岁月和被现代性分化的位置。

　　在过去，鄞江镇每年的庙会，庙会仪式巡游路线总会经过传统鄞江桥。传统鄞江桥被拆后，每逢庙会巡游，人们往往放一张大大的传统鄞江桥图片在旧址上，来表达对这座传统鄞江桥的思念与敬畏。可见，传统鄞江桥在当地民众心目中的位置。在2012年庙会期间，重建传统鄞江桥的消息广为宣传。当地利用庙会聚集人心之时机，进行了广泛的修桥动员，并于随后的几个月正式成立了鄞江桥筹建委员会，确立了政府指导、民间参与为主的运作模式。具体情况见图4-1。

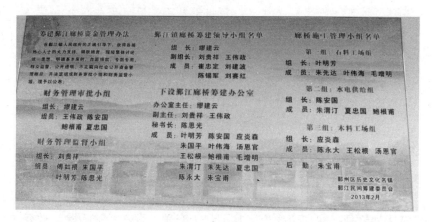

图 4 - 1　鄞江桥筹建情况简介　（肖荣春摄）

笔者对鄞江桥筹建委员会主要领导人员进行了访谈和分析，发现其成员多由先前担任过政府相关职务的退休人士来担任，可以说有半官方与半民间人士的特点。其中有两位是每年庙会运作的核心成员。这些人员有一个共同特点是，土生土长的本地人，在民间具有较强的威望，熟悉当地的历史文化脉络，热心参与当地公共事务，具有较好的人脉关系，可以说是地方精英。

重修传统鄞江桥需要一大笔资金。那么资金主要来源于哪里？此次修桥的资金，主要来源于民间。修桥资金的募集，通过民众捐款的方式来进行，具体情况可见图 4 - 2、图 4 - 3、图 4 - 4。

修桥捐款在当地得到了积极的响应。从修桥捐款的情况来看，修桥资金主要来源于民间人士的捐款，其中有一家企业的老板一个人就捐了1000 万元，成为修桥的主要经济来源。据目前中标重修鄞江桥项目施工单位的总造价，预算为980 多万元，捐款剩余资金主要用于鄞江桥后续的维护与保养等事项。当前，重建传统鄞江桥正在按照传统原貌在新址如火如荼地进行着。值得关注的是，那位一个人就捐了1000 万元的老板，出于怎样的心理？遗憾的是笔者由于种种原因，未能访谈到捐款者本人。但乡邻们的看法对分析其捐款的心理仍有一定的参考意义。在众多村民的观点中，比较流行的一种说法是，"那个老板捐了1000 万元，说明老板好啊，一个是值得，他的事迹以后可以传下去，他的子孙可以说这个桥是我爷爷造的，做点好事么。其他小老板么，铺路造凉亭，他么大老板可以造桥"。这种观点可能只反映了其捐款心理的一方面。据笔者在当地了解，

图 4 - 2　重建鄞江桥捐款情况　（肖荣春摄）

图 4 - 3　重建鄞江桥捐款情况　（肖荣春摄）

这位老板出身穷苦，后来成功自主创业，鄞江镇是他起步发家的地方，且这位老板信佛，平时好积德行善。

　　还有一个现象值得关注，有些民众以已逝亲人的名义来捐款，这又包含了怎样的心理呢？在鄞江有这样一种文化观念：家人的积德行善或救赎，留得好名声，一方面能为逝去的亲人积攒阴德，超度亡灵；另一方面能更好地保护家庭或家族的兴旺。修桥捐款在当地文化观念里就是一种重

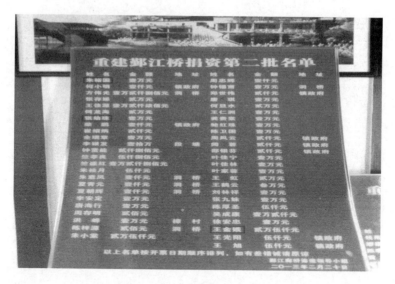

图4-4　重建鄞江桥捐款情况　（肖荣春摄）

要的积德行善的行为。因此，他们就以逝去亲人的名义捐款，以这种方式来回应他们心灵深处的冀求。当然，对他们而言，这也是一种对逝去亲人尽"孝"的表现。

王斯福认为，中国传统的公益制度除村庄的捐献外，还包括修桥、宗族组织、祠堂、庙宇组织、庙会等，当代中国乡村社会公共空间的公益活动运作具有"面子的位置"。[①] 王斯福的观点对于分析中国乡村社会公益活动的捐献动机具有一定的启发。但是，从鄞江镇修桥的实践来看，我们又不能把公益活动的捐献动机完全归结为"面子"运作的结果。综合笔者在鄞江的田野调查信息，我们似乎可以这样理解，民众捐款一方面是为获得社会声望，另一方面是积德行善和复兴祖宗基业。这中间饱含了当地人复杂的儒家伦理观念。

从表面上看，修桥事件与庙会文化并无直接关联，但透过修桥过程民众的捐款心理和行动逻辑，会发现两者有深刻的内在关联。庙会文化中的积德行善，仁、义、孝等观念为民众参与修桥培育了重要的文化心态。修桥事件充分利用了庙会这个场合和时机，广泛地动员了民众参与社区公共事务。中国人的家园观念，是以"己"的家庭为中心而不断扩展开来的。

---

① 王斯福：《面子的方位——当代中国乡村的公共空间与对公益的说法》，载王铭铭、王斯福主编《乡土社会的秩序、公正与权威》，中国政法大学出版社1997年版，第389—414页。

在共同的祖先与家乡面前，他们又是一个扩展意义的"大家庭"。特别是在盛大庙会仪式的那个时机，这种观念得到了提醒和巩固。庙会文化千百年来在这一地区的长期传播与发散，在某种程度上形塑了地方基本的文化观念与伦理规范，构成了民间力量参与修桥的重要心理基础。当地利用庙会时机动员民间共同参与修桥，正从另一个角度说明了庙会具有凝聚人心、认祖归宗与地域认同等方面的作用。因此，庙会无形中成为地方政府整合民间力量的重要平台。

在现代化进程中，高度市场化机制下的老板、官员、工人、农民等阶层在日常生活中的对话与联络在一定程度上出现了断裂。当地社会出现了阶层复杂、行动取向多元的社会特质。庙会的大规模复兴为各阶层的交流与对话提供了一个重要的契机。因为，在庙会面前，他们有着共同的祖先，都是伟大祖先的后代，有着相对平等的位置。国家权力（地方政府）通过对庙会的指导与组织，成功地传承和改造了庙会的文化功能，使其成为新时期基层社会整合的重要力量。庙会文化成为当地社会统合多元化取向和争取多重力量的重要舞台。就修桥事件而言，庙会在实际上扮演了调和国家与社会关系的重要角色，而庙会文化在本质上起到了社会动员的作用。

第三节　庙会生活中的交换与人际关系的维系

一　庙会生活中的交换

中国的地方社会网络向来以血缘与地缘关系为基础。关于这方面的观点，人类学家和社会学者有比较详细的描述。费孝通先生在阐述"差序格局"的理论时曾提道，"以己为中心的亲属关系和地缘关系组成了中国社会结构的基本特征"[①]。实际上，中国地方社会网络是具有差序的，往往注重关系亲疏之分，内外有别。而这些亲属关系网络往往是通过社会交换得以维系和巩固，如日常生活中的"人情往来"。尽管庙会生活中处处有"交换"，但本节的目的是想通过透视庙会生活中个体、家庭之间关系所形成的脉络，进而分析庙会文化如何渗入地方社会的日常生活。因此，笔者将侧重考察庙会生活中亲属内部之间的交换。

---

① 费孝通：《乡土中国　生育制度》，北京大学出版社 1998 年版，第 26—27 页。

在西方社会学中，交换常被理解为理性的价值互换。西美尔认为，"人与人之间绝大部分关系都能作为交换的方式去解释，这一交互过程是互惠的，它规范了人们的生活"①。显然，西美尔强调人与人之间交换的进行是基于回报与给予的等值均衡。而霍曼斯则将注意力集中在了交换的情境上。他从行为心理学出发，提出了交换的"理性命题"，主张个人层次的交换过程与社会层次的交换过程是一样的。当然，他也承认社会层次具有更高的复杂度。②而布劳则把交换看作一个在社会生活中极其重要的过程。他认为，"交换是群体之间的关系、权力的分化和同辈群体关系、对抗力量之间的冲突和合作、亲密的依恋和一个没有直接社会接触的社区中的关系疏远的成员之间的联系"③。可以看出的是，布劳在西方社会学界普遍强调交换理性的氛围中，注意到了交换行为中的"非理性"。然而，这种"非理性"的提出并不彻底，仍把"非理性"定位于理性追求下的终极价值，或称为价值合理。

在检视西方的交换理论的过程中，我们发现，这些理论对我们看待中国问题的视角固然能带来启发，但在阐释中国社会复杂的交换行为时，却显得异常乏力。这里需要指出的是，庙会中所出现的交换行为涉及关系的因素。关系在这种看似不等值的交换行为中起了重要的作用。其实，西方的人类学家很早就注意到了交换行为中的关系因素，如布朗在研究安达曼岛人的社会交换时指出，所有人类社会都有一个普遍基础，社会中的个人对其所属群体或社会分支都必定有一种强烈的依赖感，而社会道德力量通过社会影响个人，散布在人体的社会体验中，形成一种普遍情感、心理及观念，进而描述社会的存在。④布朗提到了社会交换中的情感、道德等方面，强调了关系的维持是社会交换的重要方面。

与西方社会强调理性与契约不同的是，中国社会素来有注重感情、名声与人情的传统。正如翟学伟所言："中国家庭内部的交换，往往指向于

---

① ［德］西美尔：《货币哲学》，陈戎女等译，华夏出版社 2002 年版，第 23—24 页。

② ［美］乔治·瑞泽尔：《当代社会学理论及其古典根源》，杨淑娇译，北京大学出版社 2005 年版，第 139—142 页。

③ ［美］彼得·M. 布劳：《社会生活中的交换与权力》，李国武译，商务印书馆 2012 年版，第 39 页。

④ ［英］拉德克利夫·布朗：《安达曼岛人》，梁粤译，广西师范大学出版社 2005 年版，第 296—298 页。

感情支持。同类交换之所以会在血缘和地缘范围内出现，是出于家人之间为了建立长久情感或提升凝聚力的结果，比如人情换人情，以至于互相请客吃饭最为常见。"① 它山庙会中的交换行为就充满着这样的特质。下面，笔者将描述它山庙会生活中的一种重要习俗——"陪饭"，以期通过庙会生活中的一种交换行为，来探视庙会文化影响下的人与人之间关系的维系。

二　陪饭：情感的礼物

在中国社会，请客吃饭是最平常的一种社会交往活动。这种活动往往讲究"礼尚往来"的规则。受请者往往有一种回请的压力与义务。用莫斯的观点，社会生活中的日常宴请可以看作一种社会交换的"礼物"，回礼具有绝对的义务，礼物交换的规则明显地受契约和制度的制约。② 然而，在鄞江地区传承了一千多年的"陪饭"习俗，并没有出现如莫斯所言的绝对义务。尽管礼物的交换存在于所有的社会之中，然而，中国社会情境中的礼物交换实践与规则，却与西方社会有明显的差异。正如学者阎云翔所言，中国人的礼物交换具有与其他社会所不同的实践特色，中国人的礼物交换已嵌入"人格之文化"的建构之中。在现代中国社会，礼物仍是一种重要的交换方式。③ 阎云翔的观点颇有见地，指出了礼物交换实践对中国人的人格形成具有微妙作用。实际上，礼物的交换早已根植于中国悠久的历史文化传统。礼物交换在人际交往、关系的维持和巩固等方面的功能，一直为中国人所重视。中国人的为人处世、道德伦理规则，往往在礼物的交换中呈现出来。鄞江地区的"陪饭"，实际上就是一种馈赠亲友的礼物。时至今日，"陪饭"仍在当地延续和传承。

中国社会"礼尚往来"的传统，基于赠礼往往意味着对方回礼的观念。赠回双方具有一种默契的义务。然而，笔者在田野调查中发现，乡土社会的礼物交换却不全是围绕互惠的方式而进行。鄞江地区流传的"陪

① 翟学伟：《中国人的关系原理——时空秩序、生活欲念及其流变》，北京大学出版社2011年版，第249—250页。

② ［法］马塞尔·莫斯：《礼物：古式社会中交换的形式与理由》，汲喆译，上海人民出版社2002年版，第16—18页。

③ 阎云翔：《礼物的流动：一个中国村庄中的互惠原则与社会网络》，李放春等译，上海人民出版社2000年版，第14—15页。

饭"，不存在明显的"礼尚往来"的互惠规则。那么，这种交换为什么会在当地长期存在？它的动力何在？为了更好地回答这个问题，笔者认为有必要回溯下这一习俗的历史变迁过程。由于历史文献的限制，我们现已无法对古代社会鄞江地区的"陪饭"习俗作具体的了解。但是通过对老一辈鄞江人的访谈，我们仍然能对近现代以来鄞江地区"陪饭"习俗的变迁过程，作出简要回顾。

所谓"陪饭"，是指在它山庙会举办期间，四面八方的亲戚都会来鄞江赶庙会。在此期间，离家较远的亲戚一般会去家住鄞江的亲戚家吃饭和串门。不管血缘关系亲与疏，鄞江人一般都要尽自己所能好酒好菜招待上门的客人。据光溪村66岁的张老先生讲，"在过去，人民生活很苦，一年到头赚不了多少钱，家人平时都很省吃俭用，但是亲戚来了就一定要尽力招待好，有的亲戚一来就好几个人，甚至还带着好几个小孩。并且，过去庙会一年有'三月三''六月六''十月十'共三次，招待起来负担很重。"笔者追问张老先生，"亲戚来时会带什么礼物吗？或者在其他时间亲戚会回请吗？"张老先生回答说，"不会"。同时，笔者还访谈了当地的其他老人，回答的情况和张老生大体一致。

当地89岁的杨存阳老先生的描述，对我们了解过去的"陪饭"习俗亦有帮助。他说："庙会的时候来串门的亲戚多了。因为三月三，六月六，十月十的时候相当忙，还有三月十六，二月六半，二月六半就是在下江塘做戏文，这叫'冲发戏'（音译），鄞江人做戏文一年到头不大会断的啦，所以说做鄞江媳妇很苦的，因为人要来做客嘛，做戏文的时候客人就过来了，那媳妇不是要做菜招待客人了嘛，这些菜相当讲究的，用油氽、红烧、清蒸等。菩萨绕会了的时候，老百姓都拿供桌，把东西都放上去，把桌子放好，放猪头啊，鹅啊，供着。菩萨走过的时候，门口都放着。在鄞江，过去有这么一句老话，'只做鄞江桥的女儿，不做鄞江桥的媳妇'。"可见，在过去，"陪饭"给鄞江人带来很大的负担和压力。其实，这些情况映射了过去"陪饭"习俗的某种道德伦理约束。

以上两位老先生的访谈有助于我们了解过去鄞江的"陪饭"习俗。那么，现在鄞江的"陪饭"习俗又是怎样了呢？下面两位民众的访谈则更多地反映了现在的"陪饭"习俗。

据悬慈村47岁的裘女士说："庙会的时候会请亲戚朋友的，现在人来的少了，以前么山区的啊乡下的啊都来这里赶庙会啊，如果是十月十的话，初八开始，他们初七晚上就来这里过夜，初八、初九、初十、十一还要逛过去，要过夜啊要吃饭啊。现在么交通方便了，很多人家里汽车都有了，现在来的客人没有以前多了，来的多是比较亲的亲戚了。以前是来的亲戚很多很多的。现在招待他们没什么讲究的，有什么吃什么好了，你家里条件好么吃好一点奥，这种东西没关系的。"

鄞江村 77 岁的钟奶奶则说道："它山庙会，亲戚要来呀，比较亲的个么都来呀！庙会是三月三、六月六、十月十，上头人是很多嘞！一般逛庙会逛好，就到家里来吃饭了，菜又不用太讲究的，喜欢吃什么就做什么了，对胃口就好了。么人到处有，路噶好，多么方便，现在，我和你讲，也不要到家里来操劳的，外头有快餐、饭店很多，买点吃吃方便，有些亲戚非常亲的，就到家里来了，个么菜去买去，现在生活条件也很好的！饭菜讲究个么要很好的！鱼肉样样要的，个么是耶！好点的菜！一个亲戚和自己都喜欢吃的，都好点！现在大家生活都很好。"

笔者在鄞江的田野调查中发现，"陪饭"习俗中招待亲属的范围方面出现了变化。过去，"陪饭"主要是招待远道而来赶庙会的亲戚，在关系上并未有明显的亲疏之分，血缘关系较远的亲戚也同样招待。现在，"陪饭"主要是招待血缘关系较近的亲属。一般而言，关系较近的亲友在庙会期间才会来家里吃饭。"陪饭"招待的对象由"大家庭"成员向"小家庭"成员转变。也就是说，招待对象趋向于亲属的内圈，即与自己关系较亲近的人。庙会过程中的"陪饭"成为"小家庭"团聚的重要场合。关于这一转变，笔者认为主要有以下三点原因：

其一，现在鄞江地区交通体系四通八达，传统意义上"远"的地理位置概念已经逐渐消解，许多来赶庙会的亲戚能较方便的乘坐私家车、公共汽车等现代化交通工具，无须在庙会现场逗留太多时间，亲戚之间在地理位置意义上的远近格局得到了极大改变。在现代化交通网络的格局下，传统意义的"远"与"近"实际已经连成一体。因此，地域时空关系的演变促使"陪饭"的功能和意义也出现了转变。其二，现代化进程中，传统的宗法制与家族观念等受到较大程度的冲击与压缩，改变了民众在庙会期间"陪饭"的心理取向，以及人们对家庭观念和亲属观念等方面的理解。实际上，时至今日，民众的家庭观念更趋向于内圈化、小型化与个体化，即以己为中心的近亲才是当前关注和重视的"家"。血缘关系较远的亲戚之间在庙会期间的交往，在某种程度上已缺乏足够的动力。其三，现代生活方式的转变加剧了"陪饭"习俗的转型，经历过先进的现代化生活体验之后，人们对于"陪饭"的方式与理念发生了较大的变迁，人们往往趋向选择较方便、快捷的方式来招待亲属，如访谈中民众所说的餐馆、饭店等地方。

在回溯了"陪饭"习俗的历史变迁及其演变的原因之后，笔者尝试回答先前提到的问题："陪饭"习俗没有明显的"礼尚往来"的交换规则，它为什么会在当地长期存在？它的动力何在？通过对田野调查资料的分析，笔者认为，"陪饭"习俗长期存在的主要原因是，在当地的传统观念里，"陪饭"是一种情感的礼物，是一种约定俗成的道德伦理。它可以维系亲属之间的交往与联系，但又不是一种单纯的人情维系，且包含了社会互动的文化意义。它把人们的人情、面子、荣耀、伦理等复杂地糅合在一起。这种看似简单而平常的吃喝，在表面上并不求理性等值的回礼，却在社会生活中形塑了一种心理图像，与庙会、仪式、传说等共同营建了一种亲属的荣耀和情感的交流。久而久之，在共同观念与情感的作用下，这种没有等值的交换竟然在世世代代的维护下形成了区域社会大型而又根深蒂固的传统与风俗。所以，在过去，即使民众生活很艰难，仍要竭尽所能来招待远亲。因为在民众看来，"陪饭"意味着道德、伦理、情感等方面的义务。这种习俗也在一定程度上反映了庙会文化生活中，人与人之间的关系以及他们看待亲属关系的心态。

马林诺夫斯基把库拉看作土著人中一种大型的族际关系，认为这种关系对群体成员有明确的社会约束力量，有着广泛的社会性共同关系网及文化影响网。他区别了库拉中的纯粹礼物交换和物与物的贸易。他强调了礼物交换的实际规则是"酬报等价"。① 然而，用这种观点来解释庙会生活中的"陪饭"是行不通的。因为"陪饭"中并无明显的等值交换规则，且不存物与物的交换。但它同样成为区域社会人与人之间的关系网络。不同的是，这种关系网络主要体现在亲属之间。然而，并不是说"陪饭"是完全没有回报的，被招待的亲戚常以夸赞、传颂等方式来回报招待他们的人。招待的人也往往由此在亲属圈内获得了名声、面子与威望。然而，在西方学者布劳、霍曼斯等看来，这种名声、面子等的符号回报，虽没有

---

① ［英］布罗尼斯拉夫·马林诺夫斯基：《西太平洋的航海者》，张云江译，中国社会科出版社 2009 年版，第 56、420 页。

实际物质的交换，但本质上并没有不同，都是有价值指向的理性计算。虽然，他们或多或少地承认关系、情感、道德等因素存在于社会交换之中，并对社会交换有着某种影响。但是，这些观点都强调社会交换的终极理性诉求。

需要指出的是，中国社会的许多社会交换往往是很难以等值的规则来衡量的，且多系情感与观念之因素，蕴含了中国人复杂的交换心理与交往伦理。林南提出"关系理性"的概念，强调"宣传恩惠"与"社会认可"是维系不等价社会交换的重要动能，这样可以使"吃亏"的一方获得名声，使其在社会网络中更加引人注目。为此，行动者愿意承受交换的损失。① 林南的观点对我们理解"陪饭"作为一种不等值的社会交换之所以存在，提供了重要的启发。这使我们注意到社会交换中关系因素的重要性。通过社会交换而获得的名声，有利于促进持久的社会联系。中国人向来把关系、名声等看作一种至关重要的东西，这也成为中国社会交换的一种重要的伦理、道德的表达与实践。由此看来，"陪饭"牵涉到当地人的观念、情感、名声与面子等复杂因素，是不得不加以认真对待的事情。特别是在过去，"陪饭"中的主人以责无旁贷、竭尽所能的方式向他们的亲属馈赠了情感的礼物。事实上，阎云翔的研究某种程度上回应了中国人礼物交换的动力与规则。按照他的观点，礼物交换存在一种人情伦理体系：在理性计算、道德义务和情感联系中，道德情感更有可能主导中国人的交换行为。② 当然，这里并不否认社会交换过程中行动者为了维持或加强关系等方面的理性因素。由此看来，我们在分析乡土社会中的交换行为时，同时要关注理性与情感的因素，或者它们之间的融合。就本书所关注的"陪饭"而言，它比较多地呈现了乡土社会中的人情伦理的情感因素。当然，"陪饭"同时蕴藏了社会交换中行动者追求关系利益等方面的理性心理。

这里描述的"陪饭"习俗，折射了区域社会中交换行为背后的群体心态，以及在此基础上而形成的群体情感、观念、道德与伦理。因此，我

---

① ［美］林南：《社会资本：关于社会结构与行动的理论》，张磊译，上海人民出版社 2004 年版，第 153—154 页。

② 阎云翔：《礼物的流动：一个中国村庄中的互惠原则与社会网络》，李放春等译，上海人民出版社 2000 年版，第 141—142 页。

们在认识到社会交换中的理性因素之外，同时也要关注关系作为一种重要因素在社会交换中的作用。社会生活中的道德、情感等因素不容忽视。并不是所有的社会交换行为都是绝对理性的。西方传统的社会交换理论虽或多或少地承认关系在社会交换中的作用，但他们却难以指出不同社会中的关系是如何通过社会交换而形成的，以及情感、道德与伦理等，又在多大程度上维系和促进了社会交换。

本章小结

日常生活看似琐碎、平常且微不足道，但却蕴藏着丰富的社会事实。乡土社会的文化与观念牢固地镶嵌在日常生活的各个角落，无形中凝聚为一种促进社会互动的支配性力量。日常生活中的庙会文化传播实践似乎印证了许烺光所言，中国人的生活方式与美国人强调自我依赖的以个体为中心的生活方式不同，中国人看重相互依赖的以情境为中心的生活方式。①事实上，庙会文化传播实践中参与者的行动始终与其所属的社会关系，如亲友、家庭等紧密地联系在一起。从本章描述的与庙会文化相关的"普堂"生命转折仪式，我们能够看出当地古老而深刻的生命意识。家庭成员的密切参与，个体家庭的日常祭拜，无不投射了人们对待庙会文化的基本心态：这是一种祖先、神明、个体与家园等之间交流与联系的传统。显然，对于当地民众而言，庙会文化以一种化繁为简的方式，裹挟进了日常生活的方方面面。这种固有的文化与观念已根植于社会，融入他们的生活，以至于他们更愿意认为这是一种习俗或者传统。

同时，庙会文化还以一种认祖归宗、积德行善的方式动员了当地民众参与公共事务。本章谈到的修桥便是其中的一例。从中可以看出的是，庙会文化的价值观念早已在长期的日常生活中得到积聚和酝酿，在关键的时刻以一种感召的方式来凝聚人心，共同参与公共事务。庙会文化通过日常生活的感化，在某种程度上起到了联络各种社会阶层和促进国家与社会对话等方面的作用。

社会中的交换，往往以理性为准则。然而，庙会期间的"陪饭"却

---

① ［美］许烺光：《美国人与中国人：两种生活方式比较》，彭凯平等译，华夏出版社 1989 年版，第 132 页。

以不求回报的方式在当地社会经久流传。在过去，"陪饭"是当地民众竭尽所能要认真做好的事，因为事关主人的道德、伦理、面子、名声。这种"陪饭"折射出当地人复杂的情感与观念。随着社会的变迁，"陪饭"的对象与形式有了较大的变化，当地人更加注重内圈的小家庭成员，现代性的影响不可阻挡地渗入了"陪饭"习俗。当然，无论是过去的还是现在的"陪饭"，都很难以等值交换的规则来衡量。在民众看来，"陪饭"是一种情感的礼物，包含了社会互动的文化意义，联系着一位位亲属。

通过对日常生活的观察与检视，我们可以看到的是，庙会文化以一种隐匿的、长久的方式赋予地域空间约定俗成的价值、情感与观念。正如威廉斯所言，"一个鲜活的文化不仅会营造空间，而且也会积极鼓励所有人乃至所有个体，去协助推进公众所普遍需要的意识的发展"①。庙会文化具有类似的特点。庙会文化通过渗入日常生活的方式，建构起一种普遍存在的社会事实，传递一种道义的力量，营建起独特的社会空间，鼓励每个社会成员参与其中。当然，这里有民间信仰、祖先崇拜、家园崇拜、仪式等多重复杂因素的作用。但是，我们透过日常生活可以看到的是，这种神秘而又普遍、分散而又凝聚的力量，把区域社会中的个体与群体无形的联结在一起，使他们各有所为，各有所思，就像一张无形的网，把社会中的每个人统合起来。

2009年以后，随着庙会的大规模复兴，当地政府清楚地看到了庙会的经济与文化价值，对庙会做出了较大的支持，并体现了相当高的组织热情。然而，这种支持与组织，一方面为传统庙会带来了复兴的希望，另一方面又造成了许多问题。下一章，笔者将讨论庙会文化传播背后的政治经济网络。

---

① ［英］雷蒙·威廉斯：《文化与社会：1780—1950》，高晓玲译，吉林人民出版社2011年版，第345页。

第五章

庙会文化传播的政治经济体系

政治经济和传播相互作用，自社会与文化实践中建构产生，两者都是交换过程，存有差异但都由共享的社会与文化实践决定。①

——文森特·莫斯可

传播政治经济学的研究者通常关注的是大众传播系统背后的政治经济因素，以及这些因素对传播资源的生产、流通与消费等方面的影响与宰制，而往往忽视群体传播、人际传播等背后的政治经济体系分析。尽管如此，传播政治经济学的相关观点，对本书关注的庙会中的群体传播、人际传播仍有重要的启发。因为传播政治经济学提出了一个明确的理论指引，即倡导把具体传播实践放置于具体的社会情境与历史变迁之中，进而审视传播活动如何在结构因素的影响下分配传播资源。

结构因素是一个必须加以关注的问题。米尔斯在批判抽象经验主义时提出，社会生活的"重复"或"规律性"植根于既定的结构之中，社会科学的研究不能只偏爱情境问题，而避开结构问题。② 事实上，对于"社会结构"的重视向来是社会学的重要传统，孔德、涂尔干、帕森斯、吉登斯等一代代社会学巨匠都曾深入研究过"社会结构"的问题。在此，我们有必要客观认真地对待有关"结构"的问题，把庙会文化传播背后的结构与情境同时纳入研究的范畴，既关注情境的因素，也注重结构分析。其实，社会结构早已内化于人们的日常生活实践，并在日常生活中不断地

① ［加］文森特·莫斯可：《传播政治经济学》，胡正荣等译，华夏出版社 2000 年版，第72 页。

② ［美］C. 赖特·米尔斯：《社会学的想象力》（第 2 版），陈强等译，生活·读书·新知三联书店 2008 年版，第 65—66 页。

被组织和生产。实际上，前面几章已涉及结构问题，只不过把结构因素融合于情境中考察罢了。当然这一章不是说要剥离社会情境因素，只不过是说要侧重对结构问题的探讨，期望通过剖析庙会文化传播背后的政治经济体系，探视此类文化传播如何在社会中建构，庙会文化传播行动者之间的互动如何形成，国家、社会、组织、个体等之间的结构关系如何在庙会文化传播实践中协调并稳定下来。

第一节　庙会的组织与资金的来源

一　庙宇的供养与管理

它山遗德庙是当地香火最旺的庙宇，无论是在平时还是一年中重要的时节，常看到许多前来敬香的民众。他们往往以 5 元、10 元、20 元不等的钱来购买香火，有的民众还会在敬香之后在庙里的功德箱里另外捐钱。庙里的香火钱等收益，均由庙宇右侧的"文管会"管理。"文管会"属鄞州区文广局的一个下属机构，设有负责人 1 名，出纳 1 名，主要负责辖区内的文化保护与管理工作。散落在中国农村里的大大小小的庙宇、宗祠等，往往设有看守人。它山遗德庙也常设 2 名当地村民担任庙宇看守人，主要负责庙宇的日常看护和香火的售卖等。

一直以来，它山遗德庙的供养得到了当地民众的大力支持。在庙宇左侧，如今还竖立着许多块石碑，记载着资助它山遗德庙的恩主名单。在历史上，它山遗德庙是有恒产的，并不单纯依赖民众的乐善好施。据《鄞县志》记载，"它山庙有庙田近 200 亩，用于庙宇维修和三月三、十月十庙会的祭祀和演戏，伏头会有会田 20 亩，摇铃会有会田 60 亩，九如会有会田 17 亩，河台会有会田 30 亩，有的会另有现金储蓄，不足者则拉赞助、兜会解决"[①]。可见，历史上的它山遗德庙曾有大量恒产，具备较好的经济基础。新中国成立以后，国家实行土地改革，庙宇田产被政府没收，至此庙宇的恒产消失。如今，它山遗德庙的供养主要有三个来源：一是国家的拨款（它山遗德庙已被纳入文物保护的范畴）；二是香火钱收益；三是民众的捐献。

---

① 浙江省鄞县地方志编委会：《鄞县志》（下），中华书局 1996 年版，第 1892 页。

二　庙会的正式组织与民间自组织

（一）正式组织

自 2009 年庙会大规模复兴以来，地方政府在多方面介入了庙会的组织与管理。2009 年以来的它山庙会均由鄞江镇政府牵头，并专门成立了"庙会暨它山文化节组委会"，由镇长亲自组织领导，由镇政府直属的文化、旅游等相关部门，镇文化站、它山文化研究中心等机构协同的组织机构，对庙会的运行进行领导与管理。"庙会暨它山文化节组委会"一般在每年的上半年就开始启动协调和筹备庙会的相关事宜。从笔者对近五年它山庙会运作的调查来看，它山庙会已成为当地政府每年的一件重中之重的大事，全镇上下投入巨大的精力与财力。用当地官员的话讲，"它山庙会是鄞江镇的一张文化名片，这张名片能引导各方朋友来鄞江观光旅游"。鄞江镇成立"庙会暨它山文化节组委会"的目的可见一斑。

从庙会的具体运作与管理来看，该组委会分工如下：镇政府负责庙会的总策划与总指导，协调各部门之间的配合，如庙会期间的安保、宣传等。这里必须指出的是，鄞江镇文化站（鄞州区文广局下属的一个机构）和它山文化研究中心（镇政府牵头设立的半官方半民间的一个研究机构）两个机构在庙会对接和利用民间力量方面起着重要的作用。文化站主要负责庙会期间神轿巡游仪式的人员招募、培训和庙会所需道具的管理等，是庙会举办的重要执行单位。而它山文化研究中心则是在庙会举办过程中起到智囊团的作用。镇政府每年会委托该中心进行前期的策划，对庙会服装、道具、流程等进行前期的设计。在这一过程中，该中心会部分听取民众有关办庙会的相关意见，最终形成总体策划方案提交镇政府，由镇政府作最后的决策与规划。镇政府在最终确定庙会的总体方案后，会把庙会部分具体事务以招标的方式（如庙会的开幕式、庙戏等娱乐活动，以及商品展销会）外包给相关的公司。下面是其中的一份中标公告。①

鄞州区鄞江镇"十月十"庙会商品展销会承办项目评标结果公示

项目编号：YJ－ZB（2012）－027

---

① 宁波市鄞州区公共资源交易中心网站：http://www.ggjy.nbyz.gov.cn/TSPB/web/index.jsp。

建设单位：鄞州区鄞江镇综合执法大队

开标时间：2012 年 10 月 30 日 9：30

预中标单位（第一名）：宁波市鄞州它山堰庙会文化服务有限公司

项目负责人：叶伟海

预中标价：320000 元

展销会时间：2012 年 11 月 22 日（初九）—25 日（初十二）

公示时间：2012 年 10 月 31 日至 2012 年 11 月 2 日

如有异议，请拨打投诉电话：28851066、88035835

这里需要指出的是，当地镇政府对庙会总体策划方案的最终确定与实施具有主导权，意味着庙会方案由镇政府决策。根据以上情况，我们可以清晰地看到，当地镇政府成立的"庙会暨它山文化节组委会"是庙会具体运作的核心组织，它利用文化站、它山文化研究中心等组织来吸纳民间力量参与，采用多种方式和手段，牢牢地掌控着庙会，使之按照既定的轨道来运行，从而实现了政府对庙会的有效控制与管理。另外，民间力量的参与也不容忽视。民间在参与庙会的过程中逐渐形成了一定的独立性，经过漫长的探索与尝试，出现了庙会的民间自组织。

（二）民间自组织

20 世纪 90 年代以来，政府层面认定它山遗德庙是它山堰的附属工程。它山遗德庙作为全国重点文物保护单位——它山堰的附属工程，在政府的支持下得到了大规模的重建与复兴。经过一段时间的酝酿与准备，以它山遗德庙为依托的它山庙会在纵深方向得到复兴与发展。随着时代的发展，传统庙会"乡绅主事"的运作体系已经在历史的变迁中消失。庙会的具体运作和民间力量的召集，急需一个组织来承担。于是，为了更好地运作和协调庙会的具体事务，一种民间自组织——"庙会委员会"[1] 应运而生。

有研究表明，改革开放以来，民众能否顺利地实现自组织，很大程度上取决于乡村精英。[2] 笔者在鄞江的田野调查发现，"庙会委员会"这种

---

[1]　其实，在笔者的田野调查中发现，这个民间自组织并没有固定的称谓，为了便于指称，笔者在此姑且把这种民间自组织称为"庙会委员会"，特此说明。

[2]　戴利朝、杨达：《民间宗教信仰复兴及"理事会"与基层政权的和谐互动——基于江西 X 县的考察》，《江西社会科学》2012 年第 5 期，第 206 页。

自组织的有效运行，很大程度上取决于该组织的一个核心人物，"庙会委员会"的负责人钱女士。她早年在供销社工作，现已80多岁，具有丰富的社会阅历。自1998年以来，她一直担任"庙会委员会"负责人和负责庙会祭祀事务等，在当地具有颇高的威望。笔者在前往钱女士家进行访谈的过程中曾向当地民众问路，一路上当地民众向我介绍了很多关于钱女士的事迹。在许多民众眼里，钱女士是非常热心、善良的好婆婆。她非常熟悉它山庙的具体情况，十多年来庙会的事务都由她来一手操办（实际上主要限于庙会的祭祀事务）。钱女士在当地民众心目中具有较高的威望和影响力。田野调查还发现，钱女士与当地的政府机构，如文化站等部门保持着良好的联系与沟通。他们评价钱女士是一个"能办实事的人"。事实上，钱女士无形中充当了它山庙会复兴过程中庙会民间代理人的角色，并主导了"庙会委员会"这一民间自组织的有效运行。

根据笔者的调查，"庙会委员会"主要成员有5位，均为女性，1位80多岁（钱女士本人），2位60多岁，2位40多岁。60多岁的成员1位是当地的退休教师，1位是普通民众。40多岁的2位成员均是当地的小老板。可见，"庙会委员会"形成了以钱女士为核心，其余4人为主要成员的稳定的管理组织。调查中钱女士对笔者讲，"我今年已84岁了，虽现身体还康健，但庙会的事务很烦琐，年纪大了，慢慢觉得有点吃不消了，已经在物色得力的成员来接替自己的工作，但要让其他人一下子全权负责'庙会委员会'的工作也很难，所以现在还没有人真正来接手，我也只能自己先撑着，因为很多事情要亲自经手和协调才好，希望趁着这几年自己身体还好，在背后还可以帮助接手的人一起做好庙会的相关事务"。可见，钱女士对"庙会委员会"有很深的感情，并在探索"庙会委员会"新老交替的机制，以"传帮带"的形式来实现自组织的有序交替和自我更新。"庙会委员会"这一民间自组织目前主要负责庙会的祭祀事务（如供品的采购、请法师、坐夜）和祭祀所需款项的筹集，并参与庙宇日常的维护，如庙里灯盏的加油等。事实上，庙会的顺利进行和民间力量的凝聚都离不开这个组织。民间能对庙会进行有效的自组织，在某种程度上体现了民间社会对庙会文化的重视与关切，其动力来自民间社会内部。自组织的建立与发展体现了庙会文化的强大生命力。

三　庙会资金的来源及构成

历史上，它山庙会有良好的经济基础。据当地文史资料记载，"自邵家平水潭起至界牌下的光溪河和南塘河的水产收入统归庙会使用。它山庙界下有田产 200 余亩，庙会的祭祀演戏等费用均由此开支。其他如伏头会有田产 20 亩，其他小会有田产数十亩不等。有的会有现金积蓄，不足部分也有乡民乐助和界下弟子兜会解决"①。可见，历史上它山庙会的运作具有良好的经济基础作为保障。新中国成立以后，国家实行土地改革，庙田被认为是封建迷信的产物被国家强制没收。至此，庙会恒产消失。在经历了新中国成立初期的破除封建迷信，以及"文革"十年的变动之后，庙会资金一度出现困难，庙会也一度停顿。这一方面有政治高压的原因，另一方面也有民间信仰危机的因素。如今，庙会的资金主要有两个来源：一个是政府及公共资源，另一个是民间。

（一）政府及公共资源

当前它山庙会的主要资金来源是政府财政。近年来，地方政府通过庙会期间商品展销会等方面的招标与外包，以公共资源交易的方式盘活了资金。以 2012 年的它山庙会为例，地方政府可以从中获取 32 万元的收入，这部分收益成为当年办庙会最重要的来源之一。另外，地方政府又通过直接注入资金的方式来进行庙会的运行与管理。据鄞江镇政府一位负责庙会相关事务的工作人员介绍，"庙会所需的资金比较大，如 2012 年庙会期间单是晚上放烟花的费用就达 20 万元左右，1 箱烟花就要 2 万元左右，这对镇政府来说是一笔很大的支出，但是为了把庙会办得热闹，镇政府支持力度还是很大的"。实际上，庙会期间的娱乐、接待、仪式安排、安保等方面都需要大量的投入。以 2012 年的它山庙会为例，除了商品展销会等方面的招标与外包获得 32 万元的庙会运作资金，地方政府还另外投入将近 40 万元。以下的一份庙会演出经费单，可部分反映庙会所需要的经费情况。

表 5 - 1　　　　鄞江它山庙会暨文化节开幕式演出经费发放单

项目	初九	金额（元）	签　名
舞龙队	金陆村	500	
舞龙队	悬慈村	500	
舞龙队	居民会	500	

---

① 陈思光：《鄞江桥》续编（三），民间读本，2010 年，第 19 页。

续表

项目	初九	金额（元）	签 名
舞龙队	大桥村	500	
舞龙队	建岙村	600	
舞龙队	蓉峰村	600	
腰鼓队	它山堰村	500	
腰鼓队	悬慈村	500	
腰鼓队	居民会	500	
大头娃娃	鄞江村	200	
舞狮队	光溪村	500	
文艺节目	居民会	300	
新蕾越剧团	文化局天天演（补助费）	10000	
外请节目	越剧演唱（变脸）	800	
外请节目	快板	800	
外请	唢呐	500	
合计	壹万柒仟捌佰元整	17800	

资料来源：鄞江镇文化站。

显而易见，它山庙会的运作资金依赖政府的有力支持。地方政府在它山庙会的具体运作中，一方面通过公共资源交易的方式获取庙会运作资金，另一方面，又通过地方财政直接投入的方式，来对庙会进行资金支持。当然，除了政府方面的资金支持，民间资金筹集对于庙会运行的作用也不容忽视。

（二）民间资源

庙会民间资金的筹集主要依靠"庙会委员会"执行。每年农历的六月初一、十五和七月初一、十五，是"庙会委员会"重要的工作日。在这几天，"庙会委员会"的全体成员要聚集一起，在它山遗德庙门口进行一项叫作"写菩萨"的工作。所谓"写菩萨"，是指"庙会委员会"号召前来敬香的民众捐献资金，一般每人捐30元。届时，"庙会委员会"会向捐献的民众提供捐款收据，并赠送一副敬神用的蜡烛。这个时间段筹集的资金主要用于农历七月十八日至二十二日庙宇外请僧人做法事所需的费用。为什么选择这个时间做法事，笔者曾问过"庙会委员会"的负责人钱女士。她说，"选择这个时间段主要是考虑阴人（指已逝的祖先）和菩萨都可以同时拜，因为民间七月也有拜阴人的习俗"。而十月十庙会（现它山庙会）祭祀仪式所需的费用，主要由"庙会委员会"在农历十月初十的前一段时间来筹集，一般每位民众捐 10 元钱，都是自愿捐款。在庙会举行期间，"庙会委员会"会把捐献人的名单公示于它山庙的后殿墙上，当地人称之为"节"，如图 5 - 1。

图 5 - 1　庙会祭拜的"节"　（肖荣春摄）

据钱女士讲，2012 年"庙会委员会"共筹得庙会祭祀仪式资金 3.5 万元，其中购买祭祀仪式的供品花费 2000 元，购买抬阁和为菩萨做披风等花费近万元，剩余资金则留做下一年祭祀仪式用。在有神轿巡游仪式的年份，庙会还专门设有当地人称为"做头"的项目，即由捐献钱财多的民众来担当请神人，具体形式参见图 5 - 2。

在鄞江，能担任请神人是一项很荣耀、很光彩的事情，同时还意味着能得到神明更多的护佑。在 2013 年的它山庙会上，笔者看到大约有 20 余位民众担任了请神人。笔者对部分请神人进行了访谈。据请神人讲，庙会一般按捐献钱财多少排序，选拔出若干民众"做头"。就 2013 年的庙会，所选的 20 余位"做头"的民众，一般每位捐献了 5000—10000 元不等的钱财。据笔者调查，"做头"的人中，老、中、青都有，青年人大都是由家人出面捐献，由青年人"做头"并担任请神人。这样做的目的，是家人希望青年人能更多地得到神明的保护，事业飞黄腾达。以上不同的民间资金募集方式都为它山庙会仪式的盛大展演提供了重要的保障。

从民间捐献资金的总量来看，虽然看起来不多，但从参与捐献的人的数量来看还是比较大的，可见当地民众参与庙会事务的热情。它山庙会有着深厚的民间信仰的根基。

图 5－2　身穿黄丝带的"做头人"在参加请神仪式　（肖荣春摄）

总之，当前它山庙会的资金以政府为主，民间为辅。从庙会资金的投入来看，官方与民间似乎都有默契，把庙会当成当地社会的头等大事。为此，官方与民间都投入了巨大的热情，两者共同支撑了庙会的运作。

第二节　庙会文化的控制与再生产

一　政府在场：它山庙会文化的开发与传播

自它山庙会大规模复兴以来，当地政府加大了对它山庙会的开发与宣传。在地方政府的组织下，2009 年 11 月召开了它山文化研讨会。2010 年地方政府专门牵头，成立了它山文化研究中心，并设立它山慈爱文化基金100 万元，每年拨款 10 万元用于庙会的相关活动。此外，地方政府还设立专职管理人员，专门收集、整理、讲解与宣传有关它山庙会文化的内容。地方政府积极组织申报非物质文化遗产，使它山庙会于 2010 年入选宁波市非物质文化遗产名录，2012 年入选浙江省非物质文化遗产名录。它山庙会的顺利入选，为其合法性生存与发展提供了重要依据，并使它山庙会彻底摆脱了过去的"迷信"形象，正式以国家认可的身份取得合法的政治庇护。这进一步坚定了地方政府开发与传播它山庙会文化的决心。

于是，地方政府理所当然地把开发与传播它山庙会文化和弘扬传统文化、发展地方经济、提升政绩水平等多重目的联系起来。

根据近五年来笔者对它山庙会的观察，地方政府非常重视开发它山庙会文化，并把其开发纳入地方城镇崛起与发展规划。当地政府认为，传统庙会的复兴和发展，有利于通过历史文化寻找发展契机，吸引人气，提升鄞江镇的影响力与竞争力，带动旅游、文化、休闲产业发展。分析近几年当地政府的相关文件和具体举措，在新型城镇化建设中，鄞江镇已明确地提出以庙会文化为依托，挖掘历史文化资源，发展商贸旅游的思路，把鄞江镇建设成历史文化名镇。该镇的发展思路正如镇长黄列所言，"我们要不断传承和弘扬它山文化、庙会文化和山水文化，整合上化山、卖柴岙水库、晴江岸古树林、断坑岩古道等旅游资源，依托历史文化，促进旅游商贸发展，让鄞江成为宁波又一个'后花园'"。由此可以看出，地方政府开发与传播它山庙会文化的基本动因。地方政府一方面希望通过庙会文化的开发与传播提升本地影响力，实现文化产业化，从而发展经济，另一方面想借助全体民众的庙会文化参与和实践，还原庙会文化活动的传统气息，探寻庙会发展的根基。

这里需要指出的是，一方面，要注重分析地方政府发展庙会过程中政治经济的理性因素，另一方面，不能忽视当地普遍的社会心态因素。从社会历史变迁中，我们知道鄞江镇在历史上曾长期作为州治或县治，是区域的政治、经济、文化中心。关于鄞江镇的历史变迁，本书在第一章已有探讨，这里不再赘述。如今由于时空格局的剧变，其当初的区域政治、经济和文化中心的地位已经成为历史。据宁波市统计局的调查统计报告显示，2002年鄞州区所属的邱隘镇、五乡镇、姜山镇、高桥镇、古林镇、集士港镇、东钱湖镇、云龙镇等8个镇位居宁波市社会经济发展综合实力最发达的20强。[①] 从当前区域社会空间的实际情况来看，鄞江镇作为鄞州区经济发达区域的一员，在发展过程中地位并不醒目。当前，区域社会经济发展的格局基本没有大的变化。市场经济条件下，区域社会之间的竞争与资源争夺，加剧了各乡镇在多方面的较量。

正是这种现实，强化了鄞江镇当地社会空间对皇朝时期地方辉煌的想象。这种情绪不仅弥漫于民间，同样存在于官方。于是，作为反映鄞江镇

---

① 宁波市统计局：《我市最发达20名乡（镇）社会经济发展综合实力评价分析》，详见 http：//www.nbstats.gov.cn/read/20030910/15181.aspx。

辉煌历史的庙会不约而同成为官方与民间共同的大计。对辉煌历史的集体记忆，在当前并不如意的社会现实中变得更加活跃。正如哈布瓦赫所言，社会记忆与当前的社会现实有关，我们的想象也仍会受当前社会环境的影响，它可以帮我们逃离社会。现代社会的每个人都处于复杂多样的关系包围之中。只要愿意，我们可以从过去当中自由选择我们希望沉浸其中的各个时期。① 当然，我们可以看到，这种社会记忆在帮助逃离社会现实的同时，也激发了对于地方过往辉煌的想象和复兴地方辉煌的意愿。这种社会心态其实是一直存在于当地社会空间的、根植于民众内心的，只不过它的萌动依赖于具体的时间、地点与机会罢了。于是，当前该镇的历史文化名镇建设成为一个重要的时机，人们借此找回过往的辉煌，努力复兴古镇的地位。如今，在地方政府任职的很多人都是土生土长的鄞江镇本地人，他们从小就生长于庙会文化的环境中，对庙会文化耳濡目染。他们一方面以政府工作人员的身份出现于庙会文化的开发与传播实践中，另一方面又以一名普通的庙会文化传播者与受传者的身份，置身于具体的社会空间中。因此，在一定意义上，他们和普通民众一样对庙会有着某种特殊的情结。每当介绍到当地辉煌的历史时，他们总是充满自豪。

需要指出的是，庙会文化正成为一种重要的政治文化资源被当地政府利用和展示。在经济全球化背景下，随着市场化竞争在区域社会间的加剧，在经济结构调整和提升的探索中，各地都在寻求一种代表本地特点、可持续发展且能吸引更多资源注入的发展途径。作为"非物质文化遗产"符号的庙会文化理所当然地成为地方政府推广和宣传地方的重要手段。一种文化展示的需求在政治经济发展的想象中浮现出来。为此，地方政府有步骤地重建了许多与庙会文化密切相关的设施与景观。

正是在地方政府发展经济的需求和官方与民间有关古镇复兴的共同想象的作用下，庙会文化传播理所当然地成为官民合作的重要事项。对地方政府而言，庙会文化传播既弘扬了传统文化，又发展了经济，抚慰了民心；对民众来说，庙会文化的传播既重演了地方的辉煌，固化了民间信仰，又回溯了集体的记忆。对于地方身份的强调是官方与民间的共同需求。迪克斯指出，"全球化突出了各地的经济竞争，经济全球化不是削弱

---

① ［法］莫里斯·哈布瓦赫：《论集体记忆》，毕然等译，上海人民出版社 2002 年版，第 82—88 页。

了对场所身份的要求，而是令其成为政策干预当地经济管理的主要工具。"① 对于鄞江镇而言，庙会文化的展示与传播成为推广和强化场所身份的重要途径，并与当地的政治经济管理密切勾连。因此，在开发与传播庙会文化事项中，官方与民间有着共同的需要。他们在庙会实践中的合作，体现了这种契合。

政府过多地干预庙会文化传播也带来许多问题。当前，由于政府过多的在场和干预，庙会文化传播被注入了"可参观性"和实现政治经济发展的目的，庙会文化的神秘性和神圣性在过度的文化消费过程中正逐步受到破坏。因此，要警惕和慎用庙会文化展示和传播来达到政治经济目的。在创造政治经济发展空间的过程中，需合理展示和传播庙会文化，以及适度制造庙会文化消费场所。同时，需注重庙会文化的仪式感，维护庙会文化的神秘性和神圣性，以避免庙会文化遭到新一轮的破坏。

二　庙会文化的再生产

传统人类学、社会学往往对历时性的文化研究感兴趣，很少关注当下文化生产的机制与动力。然而，生活在当代社会的个人，随着现代性和后现代性的大量渗入，其人文环境发生着剧烈的转变，使得当代人所依赖的生活世界与社会系统更加复杂化，迫使其不断改造其生存环境，由此演化出文化再生产的逻辑与社会结构变迁的动力。这一问题直到 20 世纪 60—70 年代才在大范围内得到重视，引起了布迪厄、吉登斯、博德里亚等一批西方学者的关注。特别是布迪厄的文化再生产理论具有很强的代表性。布迪厄认为，当代社会的文化因素已深深渗透于整个社会生活的各个领域和部门。这是当代社会与传统社会的重要区别。现代社会的政治、经济问题不能像传统社会一样，用单一手段就可以解决，而需要依靠大量文化因素的介入。他甚至认为，文化实践及其不断再生产是当代社会运作的基本动力。② 事实上，自 20 世纪 60—70 年代起，布迪厄、吉登斯等一大批社会学家与人类学家纷纷关注当代社会中的文化再生产问题，对传统社会学与人类学有关文化研究的理论进行了猛烈的批判。在这里，笔者无意于对

---

① ［英］贝拉·迪克斯：《被展示的文化：当代"可参观性"的生产》，冯悦译，北京大学出版社 2012 年版，第 37 页。

② 高宣扬：《布迪厄的社会理论》，同济大学出版社 2004 年版，第 14—15 页。

西方的文化再生产理论做全盘的解读与整理，那会耗费太多的精力，分散研究的主题。我们关心的是，根植于资本主义社会的文化再生产理论能给庙会文化研究带来怎样一种看问题的视角，或者启发？

文化再生产理论提醒我们，要关注当代社会情境中文化再生产的实践，这有利于我们揭示现存的社会结构与权力关系如何在文化再生产的实践中维系和保存下来。那么，庙会文化的再生产如何在国家认可的文化制度中延伸出维系现存社会制度的力量与观念？这是一个值得探讨的话题。其实，本书的前几章已经谈到庙会文化的再生产现象，如庙会开幕式、庙会仪式变迁、传说的流变等，只不过没有加以集中讨论。在这里，笔者试图对庙会文化的再生产作一番集中探讨。布迪厄关于文化再生产的核心观点强调，"当代社会的象征性权力斗争对于文化再生产活动的介入，以及当代社会文化再生产具有对调整和重构社会阶级结构、个人生活方式、心态、思想风格、文化资源再分配、社会权力再分配和实现政治权力正当化程序的特殊功能"[①]。从它山庙会的历史变迁过程中，我们看到，庙会的发展一直注重借用国家权力符号，从发端的那刻起，便与相应的社会制度和国家权力密切地联系在了一起。历代皇朝以不同的形式参与和见证了庙会文化的再生产过程。这种文化再生产一直贯穿于整个庙会的变迁之中，对应着相应的社会结构。不同时期的庙会文化再生产所表现出的策略，以及它与相应社会的互动关系，铸就了庙会文化旺盛的生命力。

在非物质文化遗产光环的庇护下，当地政府加快了对它山庙会文化的开发与传播，庙会文化的再生产与当前的社会情境密切联系在一起。在政府主导下，当前每年的它山庙会都要经过地方政府及其智囊团"深思熟虑"的策划，无一例外要与当地的"大政方针"联系在一起。如在庙会期间，会同时举办旅游文化节等事项，以吸引当地民众、旅游观光人士、媒体人士等不同人群参与，体现了当地政府"文化搭台，经济唱戏"的总体思路。事实上，当地政府为了进一步复兴庙会，提升影响力，还在庙会的仪式、开幕式等方面融入了现代元素，以使庙会更热闹，更好看。可以说，当前的它山庙会蕴藏了文化实践与社会治理、神圣与世俗、传统与现代等多重元素的融合，成为当地各方力量竞相参与的重要场域。庙会文化的再生产以传承非物质文化遗产、发展地方经济等形式体现出来，并与

[①] 高宣扬：《布迪厄的社会理论》，同济大学出版社 2004 年版，第 17 页。

民众形成了一定的默契。因为在官方与民间看来，庙会文化符号对各方而言都是有利的事情，久而久之，便形成了一种结构性的力量，认同政府目前的做法和现行的运作机制。这些因素构成了当前它山庙会文化再生产的重要语境，并成为左右当前庙会文化再生产的重要力量。

　　然而令人担忧的是，庙会文化的大规模开发与传播，一方面使得庙会文化得到了一定程度的保护与传承，另一方面又可能带来新一轮的破坏。过度开发与盲目利用可能会在很大程度上影响庙会文化的再生产过程，使庙会文化偏离原有的内涵与本质。笔者曾访谈一位当地居民，80多岁的杨大爷，他的回忆在一定程度上可以体现庙会文化再生产过程中所面临的问题。

　　　　过去庙会呢，就是三月三，六月六，十月十也有的。十月十，三月三，六月六共有三个会头。这个会头很热闹的呀，做戏的有五六个班子啦。六月六就是在河里面用手搭起来的台子，也有一个班子做戏的，那这个班子做戏有什么意义呢？就是人家来这里赶庙会的，没有休息的地方，过去乱，没有现在这么先进，没有地方过夜嘛，那么这个班子就做"两头红"（音译），我们过去叫"两头红"，从太阳落山做戏做到第二天太阳出来，叫做"两头红"，那人家没有地方住的，就到这里休息下，就是这样子的。过去6班班子一个会头，过去王元暐菩萨出殿要人家团团跟着，那么六月六早稻可以割了，最早的先割过来，把谷子分出来，到菩萨面前供一下，过去的意思就是，菩萨看过以后呢，稻子以后就会长得更大更好。

　　　　这几年的庙会兴起来了，菩萨也出殿了。但这个王元暐菩萨啦，我们知道，过去也看到过的，不应该造成这种样子的。现在这个王老爷菩萨一来，我们就提意见。为什么呢？因为这个菩萨身上穿的衣服啊，头上戴的帽子啊都是木头雕出来的。那抬也抬不动啊，汽车装过来那是十多个人扛上去啊。过去菩萨啦，外面可以穿袍，像做戏文一样啦，袍和帽子都是穿上去的，那是要出殿了，过去那个庙造得很好的，现在造得不好了。原来的都烧掉了，没有了。原来的菩萨里面，木头雕的，是可以活动的，手腕啊脚啊都是可以活动的，都是用榫卯，这样向上向下都可以动的，脚上这么一按，菩萨就会立起来的，帽子再戴上去。过去这顶帽子啦，现在都毁掉了，过去它山庙菩萨的帽子有九根金子做的龙，像手指大小的用金子打造的龙，叫作九龙抢珠。上胡山（音译）那里有九条龙，这个山现在也开始建设了，要做成旅游圈，鄞江桥修桥用的石头也是从那里运来的，那里有九条龙，说这九条龙都是头朝它山庙的方向。就说龙抢它山庙这颗珠。

以前那是多么热闹，那是人挤人的，在以前，我们当地人的观念里摸到菩萨脚运气都会好三年的，我们那时候人还小了。当初庙会是相当热闹的。这些庙会呢就是为了王元暐菩萨办的，办六月六庙会啊，就是为了提高他的威信这样的意思啦。过去像王元暐菩萨出殿那是像模像样的，崭新的帽子啊，平常不戴的，都是以前老人藏着的。现在都毁掉了，这些东西在谁手上藏着也不知道了。

农耕社会生产、生活方式和自然村落的消失，在很大程度上动摇了传统庙会生存与发展的根基。现代社会中，它山庙会面临着生存、转型与适应发展的危机。以上的访谈记录从一定程度上反映了它山庙会发展过程中文化再生产的危机。过度地开发、商业化利用和采用不合理的现代元素取代传统，势必加快对传统庙会文化的破坏。当然，这里并不是说完全反对庙会吸纳新的元素来发展。事实上，庙会文化的变迁过程中都无一例外地与当时的社会情境发生过密切的勾连与互动，并产生过一定的变异。

需要指出的是，合理的变异是可以的，因为它不会伤及庙会文化的主体内容。正如有的研究者指出，"对于民俗的变异，人们无须持尖锐的反对态度，因为民俗文化本来就是由民众共同创造和享受的，这种创造、享受决不会放弃对新鲜文化的吸纳"①。庙会文化与现代生活具有相关性才能更有效地保证庙会文化持续地得到传承与弘扬。但是，必须引起注意的是，随着农耕社会的远去，当地高度发达的市场经济，以及高强度的城镇化建设，使城市文化大量地渗入当地社会空间，传统意义的村落不断终结，庙会文化原有的根基与基础性动因发生了剧烈的变化。费孝通先生晚年的时候曾谈到文化转型的问题。他说："文化是人为的，也是为人的，文化转型是当前人类的共同问题，后工业时期势必发生一个文化大转型，如何转及转向何处，是一个人类文化前途的关键问题。"② 当前，它山庙

---

① 庹继光、刘海贵：《民俗传播要素简论》，《新闻大学》2012 年第 4 期，第 12 页。
② 费孝通：《文化与文化自觉》，群言出版社 2010 年版，第 190 页。

会文化就面临着转型的问题。

因此，如何在保护传统庙会文化的过程中，挖掘当下庙会文化传承与发展的动力，成为无法回避的问题。传承与发展要同时平衡，不可或缺。庙会文化传播中如何延续传统文化的精髓，并切实回应时代的需求和风尚，这些关键问题都与当下的庙会文化再生产密切地勾连在一起。

第三节　庙会文化传播中国家与社会的关系

一　统合主义视角下的庙会运作

时至今日，庙会已经成为地方政府、民众、商业机构等竞相参与的空间，无形中成为多重机构利益的协调组织，映射出国家与社会的关系，成为联系国家与社会的中介。从近五年它山庙会的实际运作来看，出现了统合主义（Corporatism）的明显趋势。统合主义有着深远的历史渊源，其思想根源可以追溯到《圣经》、古希腊和古罗马的传统，以及中世纪的天主教会和行会的影响。该思想一直关注国家与社会的联合与协作，认为国家与社会是没有界限的有机统一体，与多元主义强调的国家与社会分立的观点有明显的区别。① 统合主义又译作法团主义、组合主义、社会合作主义等②。长期以来，对于统合主义的核心要点一直存在争论。施密特的观点在学界具有代表性。他认为，"统合主义是一个利益代表系统，由一些组织化的功能单位组成，它们被组合进一个有明确责任的、数量限定的、非竞争性的、有层级秩序的、功能分化的结构安排之中。它得到国家的认可（如不是由国家建立的话）并被授权予本领域内的绝对代表地位。作为交换，它们在需求表达、领袖选择、组织支持等方面，受到国家的相对控制"③。可见，施密特把统合主义看作国家与社会利益调整与协调的一种机制，并指出了这种机制与社会结构的联系。

戴慕珍研究中国农村治理的过程中指出，乡镇政府使用行政权力动员所在辖区的资源，对地方集体所有制企业直接注入资金，重新分配了资金

---

① 陈家建：《法团主义与中国社会》，《社会学研究》2010 年第 2 期，第 30 页。

② 本书把 "Corporatism" 统一译作 "统合主义"。

③ 转引自张静《法团主义》（修订版），中国社会科学出版社 2005 年版，第 25—26 页。

和合营的风险。① 戴慕珍用统合主义的视角强调了地方政府在发展地方经济中的主导作用，甚至把地方政府比作统管一切的"企业家"或"董事长"。她还提出了地方性国家统合主义等概念。她强调了地方政府在发展经济中的干预作用，却较少关注统合主义作为一种政治文化和体制类型在维护社会稳定与团结方面的影响。自 20 世纪 90 年代以来，学术界对采用何种理论视角来研究中国社会团体一直争论不休，主要有两大阵营，一方认为应该用公民社会的理论来研究中国社会之团体，另一方则认为中国社会的团体实质都是国家统合的产物。安戈对中国社会各种中间团体进行了研究。他认为，"公民社会站在社会的角度去发展自治社团，维护'公共领域'的能力，以界定和制约国家权力；统合主义则相反，从国家的角度，为实现政府自己的目的，与选定的社团发展一种特殊的关系。统合主义是以国家力量主导的利益协调中介与机制"②。安戈对于中国社会情境的统合主义研究是一针见血的。他强调了统合主义的理论本质，提出了要超越国家、社会和统合主义以及公民社会的框架，这些都富有启发意义。

从现在的中国国情来看，统合主义有广阔的研究前景。有研究者就指出，"中国研究引入统合主义不仅是一种学理探讨，更表达了对中国社会转型与发展的立场与主张，为理解中国社会的政治与经济、国家与社会等多重关系提供了新的可能"③。事实上，统合主义由于其思想传统主张建立和谐一体的社会秩序，与中国目前的社会现状有着高度的契合，因而受到国内诸多学者的关注，常作为一种合理的解释工具来描述中国社会的现状与变迁。有研究者就直接指出，与自由主义和多元主义相比，统合主义更适合中国国情。统合主义模式下培育的民间组织，能将社会的组织化利益联合到国家的决策结构中，从而确保国家的和谐与稳定。④ 本书所关注的它山庙会，既是一种文化活动，又是一种社会组织，其运作包含了国家与社会的合作，演绎了统合主义的思维。笔者认为用统合主义的视角来分

---

① Oi Jean Chun. Rural China takes off: institutional foundations of economic reform. University of California Press Berkeley and Los Angeles, California, 1999, 95 - 96.

② Jonathan Unger：《中国的社会团体、公民社会和国家组合主义：有争议的领域》，《开放时代》2009 年第 11 期。

③ 刘倩：《统合主义与中国研究：文献综述》，《学海》2009 年第 4 期。

④ 邓伟志、陆春萍：《合作主义模式下民间组织的培育与和发展》，《南京社会科学》2006 年第 11 期。

析当前它山庙会的具体运作是合适的。它山庙会的祭祀仪式等依赖于民间自组织"庙会委员会"，而庙会的总体策划与协调则依靠庙会的正式组织"庙会组委会"来具体协调与运作。在这里，地方政府通过把庙会的部分事务下放到民间自组织"庙会委员会"的方式，使得"庙会委员会"发挥了重要的社会功能。同时，地方政府还通过组织与协调，把镇文化站纳入庙会的具体运作中，把庙会仪式的具体筹备、人员安排等分发给它，由文化站来具体吸纳一般民众参与庙会的抬轿、行会队伍等具体事务。

根据以上的分析，我们可以看出，庙会已在默契中成为官方与民间合作的领域，是一个利益代表系统，是一种国家与社会沟通的桥梁。它通过多方协调与合作的方式，默契地达成了对于稳定和谐社会秩序的认同。庙会的具体运作充分地体现了统合主义的模式与思维。近年来，它山庙会的发展出现了官民融合的态势。庙会通常在多方合作的前提下，吸取官方与民间的多重资源，同时满足官方与民间的双重需求，在国家力量的主导下灵活地运行。可以说，当前它山庙会的运作印证了统合主义的观点。因此，用统合主义的视角来研究当前它山庙会的具体运作是合适的。

二　传统时期庙会文化传播的"界下制度"

庙会文化传播的制度历来是与当时的社会制度联系在一起的。传统时期，它山庙会的文化传播资源主要由乡绅、宗族领袖等民间精英人士掌控，实质上体现了宗法制度和家族制度的影响。每个宗、族、家中都有自己的宗庙、祠堂等祭祀场所，由此作为他们与神明、祖先联系的空间。时至今日，这种情况还在中国的许多村落中延续。传统时期，鄞江镇的各个家族、村落为了建立自己祭祀和信仰中心，以及体现本家族、村落在区域社会中的影响力，往往造成各个家族、村落对庙会文化传播资源的争夺。

对区域社会来说，庙会文化传播资源是一种稀缺性资源，谁能获取更多的部分，往往意味着能带来更多的好运和神明的护佑。因此，在当地人看来，庙会意味着一个巨大的象征权力体系，能强化和巩固村落、家族乃至个人在区域社会空间中的地位。当地的文史资料就记载了许多关于各村落、家族之间对庙会文化传播资源争夺的事例，这些前文已有阐述，这里不再重复。长期以来，为了平衡区域社会各村落与家族之间的利益，当地建立了庙会的"界下制度"。"界下制度"明确地规定了它山庙会的界限。

它山庙界下设有四大堡，十二小堡，下有十五个自然村落。这是它山庙会地理版图，意味着这些区域由它山庙来保护，并且意味着这些区域具有共享它山庙会文化传播资源的权力。

传统时期的庙会"界下制度"一方面规定了其地理的势力范围，另一方面还专门设定了具体的运作机制，即在每村设一位庙会柱首，柱首由各村、各堡推选贤能者充任，并设立一名总柱首，担当总负责人的角色。为了进一步细化和明确各村、各族的庙会文化传播责任与义务，还专门设立十会一社，以掌管具体的庙会事务，如伏头会、摇铃会、火符会等。其中的柱首、会、柱就是各村落、家族的利益代表，由他们共同商量与决定庙会的具体运作和管理。这种制度的设立是以血缘与地缘关系为基础的。其特点类似有学者所说的"乡约"，即"一种以血缘、地缘和人情为纽带建立起来的基层社会关系，而不是单纯在皇权之下由行政官僚实施的法规秩序"[①]。"界下制度"把地方社会的家族、血缘、地缘、道德、伦理等观念作用下的利益表达与既定的秩序平衡在一起。

中国社会自古有"内""外"观念，正是这种观念的影响下，庙会"界下制度"划分了庙会的保护范围和平衡了界下的各种力量，建立了村落共同体的认识，形成了一个"内"的生活空间。但是，需要指出的是，这个"内"是相对的，在与离自己更近的家族或村落有利益冲突时，他们会毫不犹豫地维护离自己更"内"层的利益。由此看来，庙会"界下制度"实际上是以"己"为中心的。也就是说，庙会文化传播资源的控制与分配可以理解为费孝通先生所说的"差序格局"，或者许烺光先生所说的"情境中心"。从传统时期庙会文化传播资源的争夺事件中就可以说明这一点。

当然，经过长期的约定与形塑，庙会界下通过共同举办庙会，促进和巩固了庙会界下作为一个共同体在区域社会的存在与影响。他们为了维系共同体的力量，往往会强调内部人际关系的互动，以及相互利用婚姻资源、相互支持区域公共事务等方式来强化"内外"有别的观念。刘晓春在研究"灵官庙会"的"轮值制度"中也有类似的发现。他认为"灵官庙会"是对村落共同体的仪式性认同，这种仪式加强了各个家族对资源占

---

① 汪晖：《现代中国思想的兴起》（上卷），生活·读书·新知三联书店2004年版，第285—286页。

有的同时，也充分认识到村落共同体的内外有别。① 它山庙会的"界下制度"通过对保护范围的划分和对界下利益的平衡，实现了仪式共演和对庙会文化传播资源的控制与管理。

这里要特别指出的是，它山庙会的"界下制度"之所以能在传统时期长久运行，很重要的一个原因在于，它山庙会具有大量的庙田，具备良好的经济基础。关于这方面前文已阐述。良好的经济基础决定了它山庙会运作的相对独立性。庙田作为一种界下集体财产，保证了庙会所需物资等方面的有效供给。当然，宗法制和家族制等中国传统文化也在很大程度上影响了它山庙会"界下制度"的形成与运作。

当下，鄞江地区正轰轰烈烈地进行着城镇化建设。鄞江地处沿海发达地区，其城镇化程度较高，传统意义的村落在不断的"终结"，城市文化的大量涌入与消费，加剧了区域社会的型变。庙会"界下制度"的根基产生了巨大变化。随着社会的变迁，现代性的生成与扩散，市场经济的高速发展与冲刷，传统家族的观念与力量在很大程度上被削弱。加上传统时期庙田的消失，庙会文化传播制度的变迁成为必然之事。

三　当前庙会文化传播的统合主义制度

它山庙会在经历新中国成立初期的迷茫和"文革"期间的停顿之后，在 20 世纪 90 年代开始较大程度地得到政府的支持。特别是在 2009 年以后，庙会作为当地重要的传统文化资源得到大规模的复兴。当地政府加大了对庙会的"输血"。新中国成立以来，长期困扰它山庙会的经济供给和政治庇护问题得到了较好的解决。地方政府作为国家权力的代表，已大量地渗入庙会之中。为了更好地开发、保护和传播庙会文化，地方政府统合了一般民众、文化团体、民间自组织等多种力量，通过长期的尝试与探索，逐步摸索出一套体现各种力量与利益的联系通道，即统合主义制度。当前它山庙会的运作具有明确的制度化联系，其中，庙会的文化传播资源被纳入国家（地方政府）的统一管理，规避了其他各种力量由于争夺庙会文化传播资源而产生失序的风险，建立了一种共享庙会文化传播资源的秩序与规则。

---

① 刘晓春：《仪式与象征的秩序——一个客家村落的历史、权力与记忆》，商务印书馆 2003 年版，第 134—142 页。

正如有研究者指出，"统合主义制度的中心任务是有序地将分散的社会利益，组织、集中、传达到国家的决策体制中，以促进国家与社会团体的制度化合作"①。当下它山庙会的具体运作充分体现了这样的机制。国家（地方政府）一方面通过"庙会组委会"等形式，加强了其对庙会文化传播资源的控制与管理；另一方面国家又吸纳民间组织"庙会委员会"等多种民间力量参与庙会事务，以吸纳参与的方式赋予了这些组织和民间力量合法地位。

从当前它山庙会的具体运作来看，其中饱含了统合主义的思维与模式。地方政府把庙会当作一个大的集体"公司"来管理，地方政府是总负责人，对庙会的具体运作具有管理与决策权，并对庙会的具体实施提供多方面的行政资源；参与庙会事务的一般民众则是这家大"公司"的员工，在组织化的要求下各司其职，完成分配的具体任务；而前来赶庙会的群众则是捧场的观众和顾客。事实上，人们通过这样一种合作，各自互换了利益。地方政府通过"放权"民间的方式，从具体事务中摆脱出来，把庙会纳入地方整体的政治经济体系中运作。地方政府对庙会具有实质性的管理权，并具有从中分配和提取利益的能力，如利用庙会来发展地方经济等事项，从而最终实现了政绩和地方经济利益的转化。对地方政府而言，庙会又是一项联系民情、回应民心的"民生工程"。从短期看，即使庙会并不产生实际的经济利益回报，也需要认真操办。因为在一般民众心中，庙会犹如地方的"春晚"，演绎着民众对于地方辉煌与团结的想象。庙会的隆重揭幕，能向地方人民宣告本地的繁荣与稳定，以促进认同与团结，从而内化和巩固和谐稳定的社会秩序。因此，对地方政府而言，庙会既是一项有利发展地方经济的举措，又是一项维护地方和谐稳定的重要内容。

对于参与庙会事务的一般民众而言，他们在庙会中既是员工又是演员。每年庙会，民众积极参加庙会的具体事务，为此当地专门设定了选拔的细则，具体情况可参见下表。

各村抬轿和工作人员安排表

人员素质和年龄要求：抬轿人员年龄30—55周岁，身高1.7米

---

① 张静：《法团主义》（修订版），中国社会科学出版社2005年版，第24—26页。

左右，必须要身体健康。（无高血压和心脏病）社会影响良好。

会队工作人员年龄要求：25—65周岁，身体健康（无高血压和心脏病）社会影响良好。

各村分配人员数如下：

村名	抬轿人	备轿人	会队工作人员
它山堰村	8	8	9
悬慈村	8	8	9
光溪村	8	8	9
鄞江村	8	8	9

各龙队人员不能参加抬轿。

各村将抬轿和会队工作人员：年龄、姓名、（有什么特长）请10日之前上报文化站。

鄞江镇文化站

民众通过参与庙会具体事务，一方面体验了"公司"强大的组织力量和"自己人"的荣誉感；另一方面，通过表演体验了地方的"辉煌"。他们把这样一种"荣耀"迫不及待地展示给前来赶庙会的本地人以及外来人。当然，这里也有民间信仰的因素，因为在民众的观念里，参与庙会是做好事，是积德。多重复杂的心理促动了他们的积极性。从每年踊跃报名参加庙会事务的情况来看，他们乐在其中。

对于前来赶庙会的群众而言，庙会既是敬神念祖的一件要事，又是休闲娱乐的活动。他们往往以主人的心态来检视一届庙会举办的成功与否，往往会对每届的庙会评头论足。对于他们来说，评判一届庙会成功与否，与是否办得热闹、体面、有排场，有着莫大的关联。他们甚至认为，庙会办得成功与否，是衡量地方政府能否为百姓办实事的重要标志。有民众对笔者说："这届政府不错，能为老百姓做事，你看庙会办得这么热闹，很多外地人都来参加了。"可见，在民众心里，庙会是地方非常重要的大事。有镇政府的工作人员对笔者坦言，"庙会其实也众口难调，老百姓都有不同的看法与想法，这都难以全部兼顾"。随着庙会的大规模复兴，最近几年赶庙会的外来人大量涌入，更加强化了这种心理。人们从赶庙会、观光旅游人群的好奇与敬慕的眼神中，体验了地方的自豪感，感受到了地方曾经的辉煌。这种情绪与心理广泛存在于当地。而对赶庙会的当地人来说，他们在盛大的场面中完成了敬神念祖的仪式，在热闹中体验了休闲与娱乐，在检视中分享了荣耀与辉煌。

需要说明的是，传统时期的"界下制度"也在一定程度上被整合进了现行的"统合主义制度"之中。地方政府作为"大家长"操办庙会，联合了全镇的力量，巩固了庙会作为全镇共同的重要文化活动的印象。事实上，笔者在田野调查中发现，不属于庙会界下的民众参与庙会的态度并没有庙会界下的民众那样积极。他们甚至认为，这不是他们的事。但是最近几年，地方政府加强了去"界下"化的运作，力图把庙会办成整合全镇力量的平台，当成事关全镇人民共同发展的大事。这一做法一定程度上促进了民众参与庙会的积极性。

另一方面，在庙会神轿巡游仪式的路线安排上继续遵循传统的"界下制度"，即只经过原有界下的村落，地方政府对外的解释称是，"这是一种传统习俗，不好改"。

从以上的分析可以看出，它山庙会之所以能大规模地复兴，很大程度上依赖地方政府的组织与支持。地方政府的"统合主义制度"有效地分配了庙会文化传播资源，统合各种力量，形成了一种利益代表系统，在国家与社会之间建立了制度化联系，实现了各方的利益。这一制度在某种程度上保证了它山庙会持续的生命力。

本章小结

从它山庙会文化传播的变迁来看，社会结构与空间的转型对其意味深远。本章通过对它山庙会文化传播背后的政治经济关系的探讨，意在揭示结构性力量对于它山庙会文化传播的渗入及影响。庙会文化的实践过程，其实也是庙会文化的传播过程。庙会文化以何种面目、何种形式展现于世，与支撑它的政治经济体系有着莫大的关联。这种体系在很大程度上左右了庙会文化传播的内容与形式。

在传统时期，庙会由于具有大量庙田，具备良好的经济基础，有条件相对独立运作。然而随着社会的变迁，土地制度的变革，资金来源成为困扰庙会发展的重要因素。根据当前的庙会资金来源与结构的分析，地方政府通过公共资源交易及财政资金的直接注入，成为庙会最主要的资金来源。另外，民间通过捐献等手段募集资金，成为庙会仪式的又一主要资金来源。到此，庙会的资金形成了政府为主、民间参与的总体性结构。当地政府在成功申报非物质文化遗产之后，加快了对它山庙会文化的开发与传播，庙会文化的再生产与当前的社会情境密切联系在一起，成为发展地方经济的重要资源。然而，令人担忧的是，地方政府过度参与庙会文化的再生产，一方面有利于庙会的复兴，另一方面可能导致对庙会的新一轮破坏。

　　在历史上，"界下制度"一直是它山庙会文化传播约定俗成的重要制度。然而随着社会的变迁，国家力量（地方政府）的大量介入，国家成为庙会文化传播实践的主导性力量。国家把庙会当作集体"大公司"来进行管理与控制，同时吸纳文化团体、民间自组织等社会力量。庙会的文化传播实践出现了统合主义的趋向。地方政府通过不断地探索，在国家与社会之间建立起利益沟通的桥梁，以及制度化的联系，从中协调各方的利益，促进了国家与社会的合作。统合主义制度成为当前它山庙会的文化传播制度，保证了它山庙会持续发展的生命力。庙会背后复杂的政治经济关系，为我们演示了庙会文化传播的结构性因素。从庙会文化传播背后的政治经济体系分析中我们可以看到，庙会作为一种地方共同文化观念，把个体自发的信念和组织所支持的观念聚合在一起，并在长期互动中生成了一种特定的社会关系，规范了国家、组织、社会、个体等在庙会文化传播中的相应位置。因此，在认识到庙会文化传播的结构性力量的同时，还要重视庙会文化传播中个体与社会的动态性关系。如果我们能够把两者结合起来，对中国社会的庙会文化传播会有更深刻的认识与理解。下一章，笔者将在整体的层面上把这些因素综合起来加以考察。

第六章

庙会文化传播的逻辑与社会意义

> 中国人心目中的脸皮，并不指头部前面那薄层，却是一个综合的名词，中间包括许多的意思……中国人之于脸皮真可以说是保护周至，无所不用其极。①
>
> ——潘光旦

人类的存在与发展依赖于相互关系的建立。自原始社会以来，人类就利用社会传播手段将人与人联系起来，共同交流与协作，维系生存，促进发展。可以说，传播向来与关系有着天然的联系，是人类本能的需求，成为人类社会赖以发展的机制。传播把人与人、人与群体、人与社会等联系在一起。他们之间相互作用与影响，在互动中形成社会动力。个体也在互动中了解了自我和他人。因此，传播研究常常关注人类是如何通过传播活动建立关系的。西方的人际传播理论对这方面有持久的关注。

西方传播学者认为，"关系总是同传播紧密联系在一起，所谓关系是传播双方相互作用的方式基础上各自对对方行为的一种期望，关系是人际传播理论的核心之核心"②。自帕洛阿尔托学派开始，西方传播学者们对人际传播的关系即有长期的论述，他们甚至认为关系就是人际传播，人际传播就是关系。西方传统人际传播理论中有关关系的论述，过分强调人际传播中的目的与动机。如罗洛夫认为，人际传播的动力是自我利益，双方

---

① 潘光旦：《民族特性与民族卫生》，载潘乃穆、潘乃和编《潘光旦文集》（第3卷），北京大学出版社1995年版，第109—111页。

② ［美］斯蒂文·小约翰：《传播理论》，陈德民等译，中国社会科学出版社1999年版，第451页。

均能给对方带来利益回报是关系维系的关键。① 然而，过分强调理性的分析传统，使得西方的人际传播理论忽视了传播中的深层文化因素，如道德、情感、伦理，对于阐释非西方社会情境的人际传播实践具有明显的局限性。在中国社会，人们对于关系的理解往往超出了西方学者所说的范畴。面子、名声、人情、伦理，也被看作"关系"，纳入了个人、群体间的传播。有中国传播学者关注到了这一点。如王怡红所言，作为传播者个体，我们无法走向关系的反面。在这个世界上，"我"不能独创没有"你"的生活，"我"的本质只能是与"你"的共在。人际传播研究要关注人与人之间的真正"接触"和共在的、合一的、相遇式的传播关系。② 事实上，从它山庙会文化传播中人与人的相遇或群体的"接触"来看，他们的传播关系已经超越了个人与集体的二元结构，"我"与"你"的互动是在亲属、朋友、老乡等关系的发散中展开的，并与人的关系世界复杂地纠缠在一起。

从本书的研究来看，庙会文化传播实践包含了关系的逻辑与运作。庙会文化的散布主要依赖于人际传播和群体传播的方式，当然也夹杂了自我传播、组织传播，甚至大众传播的成分。在这里，我们没有必要把这些类型一一割裂。事实上，人类的文化传播活动是一个错综复杂的综合体，往往聚合了多种传播类型。因此，笔者并不着眼于讨论某种单一具体的传播类型，而是把庙会文化传播实践中所浮现的传播观念加以综合考察。

令人遗憾的是，一直以来，传播学的关系研究仅在人际传播的狭小范围内产生影响。然而最近几十年中，国际范围内的关系研究却在社会学、心理学界引起了一股研究的热潮，并取得了丰厚的成果。特别是华裔学者在这方面取得了重要的研究成果。笔者认为，要更好地理解庙会文化的传播实践，有必要梳理中西方关系理论的演变，特别是理解有关中国社会的关系理论的学术脉络。毕竟西方人所说的关系，与中国人所谓的关系有着很大的区别。合理把握中国关系理论的演变脉络，对于我们理解中国社会情境中的庙会文化传播将会有很大的帮助。事实上，庙会文化传播实践处处呈现了中国人的关系脉络与逻辑。因此，笔者认为有必要对此进行分析

---

① ［美］迈克尔·E. 罗洛夫：《人际传播——社会交换论》，王江龙译，上海译文出版社1991 年版，第 3 页。

② 王怡红：《人与人的相遇——人际传播论》，人民出版社 2003 年版，第 45—46 页。

总结，通过中国本土传播实践的考察，审视庙会文化传播的关系脉络，从而为探讨中国人的传播观念提供必要的论据。时至今日，中国的传播学研究仍深受西方理论的宰制和束缚，我们应该有所反思，走向觉醒。

第一节　庙会文化传播的面子

一　中国社会的"关系"理解与研究

在中国社会，脸皮、人情、面子等往往统称为"关系"。翟学伟认为，大量研究证明，"关系"无论是在中国的传统社会还是现代社会都非常盛行，其中包含个人在现有的紧密的社会网络内借用机会主义方式进行互惠活动之意，义务性（儒家思想）与紧密性（血缘与地缘）相结合，行动上又具有人情（情理社会）的特点。[①] 翟学伟的"关系"概念强调了中国社会里关系的工具性、情感性、伦理性等特点。然而，关系是一个极其复杂的概念，很多学者试图将它解释清楚。

早在 20 世纪 30 年代，中国的学者们就开始为社会科学的"中国化"呐喊，涌现出一批从中国社会情境出发研究中国"关系"的学者，如林语堂、梁漱溟、胡先缙、林耀华、费孝通、许烺光等人。他们为中国关系理论的形成起到了奠基的作用。特别如费孝通的"差序格局"理论，在国际学术界产生了巨大的影响力，成为理解中国社会的一个重要理论工具。由于时局变动剧烈，对关系的研究在很长一段时间处于停顿状态，直到 20 世纪 80 年代这一情况才得到扭转。翟学伟长期从事关系研究，是中国大陆关系研究的积极推动者。他在 1995 年出版了《中国人的脸面观》，成为接驳 20 世纪 30 年代以来兴起的"关系"研究的一位重要大陆学者。1997 年，佐斌出版了《中国人的脸与面子》，通过对中国人典型的脸面事件的分析，探讨了脸面与中国文化之关系。此后的十几年里，关系的研究引起了学者们的持续关注。

在"关系"研究方面，港台学者和海外华裔学者成果卓著，成为研究主力。这些学者大都在西方接受过高等教育，受过良好的社会科学理论

---

① 翟学伟：《中国人的关系原理：时空秩序、生活欲念及其流变》，北京大学出版社 2011 年版，第 94—100 页。

与方法训练。在大陆"关系"研究处于停顿的几十年里，他们一直持续探讨中国社会的关系问题；在研究中国问题时，又反思了西方理论的适应性，提出要以"关系主义"作为指引，建构本土理论。特别是自20世纪80年代以来，集中涌现了一批"关系"研究的港台学者和海外华裔学者。其中的代表人物黄光国，1983年，他在香港中文大学举办的"中国文化与现代化研讨会"上宣读了《人情与面子：中国人的权力游戏》，随后于1987年将该文发表在国际顶级社会学期刊《美国社会学刊》，在学界产生了巨大的影响。黄光国认为，"中国社会与其他类似的社会所遵循的法则与西方迥然不同。这些社会十分重视'报'的规范，这些规范又因人们在差序性'关系网'中所处的相对位置、彼此间'义务'的性质以及双方长期刻意操作面子及其他观念所造成的义务不同而有所改变"①。

中国台湾学者杨国枢1988年主编的《中国人的心理》一书收入了"关系"研究代表人物的代表作，其中包括李亦园的《中国家族与仪式：若干观念的检讨》，杨国枢的《中国人之缘的观念与功能》，金耀基的《人际关系中人情之分析》及《"面"、"耻"与中国人行为之分析》，乔健的《关系刍议》，朱瑞玲的《中国人的社会互动：论面子的问题》等。1991年，华裔学者何友晖在国际顶级社会学期刊《美国社会学刊》发表《论脸面观》一文，探讨了面子的定义及脸面与尊严、声望、地位等的区别。1998年，何友晖和彭泗清还提出了作为方法论的关系论的基本观点，并阐明方法论的关系论在中西文化中的适应性。② 最近几十年，不断有新的研究成果出现，代表人物有林南、边燕杰、翟学伟、张文宏等人。这些研究成果为关系理论的影响与扩张提供了新的可能性。

在西方，关系常被看作"社会资本"。布迪厄认为，所谓社会资本，是借助所占有的持续性社会关系网而把握的社会资源或财富。社会资本并非天然生成，而是要经过行动者长期的劳动与经营才能形成。③ 然而，中国社会的个体自出生之后，便与他们的家庭、门第、亲属等关系网络联系在一起，个体天然地成为这一网络中的一员，是没有选择性的，他们的行

---

① 黄光国、胡先缙等：《人情与面子：中国人的权力游戏》，中国人民大学出版社2010年版，第1页。

② 何友晖、彭泗清：《方法论的关系论及其在中西文化中的应用》，《社会学研究》1998年第5期。

③ 高宣扬：《布迪厄的社会理论》，同济大学出版社2004年版，第150页。

动常受这一关系网络的影响与制约。可见，中国人所谓的关系含义与社会资本概念有着明显的不同。西方的社会资本概念，往往以市民社会为预设，承认个体的独立性，认为关系完全是利益获得和协调的工具。翟学伟的研究认为，血缘与地缘积淀成为中国人的交往基础。中国人的强关系往往不具有选择性，弱关系才具有选择性。社会资本对应着西方的公民社会而展开，而关系对应的是中国家庭本位社会的展开。① 翟学伟的观点很有见地。然而，中国人关系网络中的弱关系，其自主性经营的机制与脉络又是怎样？中国人的强关系又在多大程度上迁延于弱关系之中，或又在多大程度上影响行动者在社会中的位置？这是一个复杂的命题。事实上，中国社会中的强关系和弱关系早已错综交织在一起，成为一种辩证统一的综合体。关系概念本身就具有复合性、反思性和动态性的特点，只能表达出其具体的构成与运作，而难以准确地下定义。

华裔学者林南注意到了中国社会的关系特质，对社会资本理论进行了新的整合与诠释。他把社会资本回报分为两种类型，一种是工具性的行动（如经济回报、政治回报等），另一种是表达性的行动（身心健康、生活满意等）。② 实际上，林南以社会资本为概念，承认了关系具有非对称性的特质，工具性行动只是一种手段，维持和拓展关系才是目的。这为社会资本理论与关系理论的对话增添了更多的空间。张文宏认为，近 30 年来，中国社会网络与社会资本的研究取得很大进步，被应用到社会学、政治学、经济学等学科，"关系社会学"成为新的学科增长点。③ 张文宏的判断是敏锐的。关系理论可以说是中国几代学者对国际社会科学界的重要学术贡献。有众多学者注意到了关系理论对中国社会科学发展的重要意义。如华裔学者边燕杰认为，关系社会学是中国社会学学科的重要突破口，是中国加强国际学术交流的新渠道。④ 边燕杰对中国社会的关系研究有持久的关注与研究，并且成果丰厚。他对关系理论的总结具有代表性。他认为，关系主义的理论模型主要有三种："第一种是将中国的关系主义的本

---

① 翟学伟：《中国人的关系原理：时空秩序、生活欲念及其流变》，北京大学出版社 2011 年版，第 82—89 页。

② ［美］林南：《社会资本：关于社会结构与行动的理论》，张磊译，上海人民出版社 2004 年版，第 233—235 页。

③ 张文宏：《中国社会网络与社会资本研究 30 年》（上），《江海学刊》2011 年第 2 期。

④ 边燕杰主编：《关系社会学：理论与研究》，社会科学文献出版社 2011 年版，第 4 页。

质特征定义为家族亲情伦理的社会延伸，代表人物有梁漱溟、费孝通、金耀基等人；第二种是将中国关系主义的本质特征定义为特殊主义的工具性关系，代表人物有杨美惠、阎云翔等人；第三种是将关系主义的本质特征定义为非对称性的社会交换关系，代表人物是林南。"① 边燕杰长期以来一直致力于关系或社会资本的研究，先后于1999年②、2009年③在中国大陆采用实证的手段进行了相关研究，以中国经验为蓝本推动了关系研究的国际化。

近些年来，还有一批学者为关系理论体系的建构做出了重要的努力，如翟学伟、罗家德、张文宏等人。在学者们的长期努力下，关系理论逐步形成了一个较为明确的学术指向，即如边燕杰所言，"关系理论的本质特征是伦理本位、关系导向。关系理论同时承认个人利益与集体利益，其理论出发点是，利益诉求的行动个体并不像个人主义理论所假设的相互独立，而利益诉求的集体也不像集体主义理论所假设的硬性统揽个体"④。翟学伟也有类似的看法，认为中国人的关系模式是淡化集体主义和个人主义的二元对立。⑤ 两者的观点有异曲同工之妙。从关系理论的核心观点来看，个体利益和集体利益是动态的，这些利益的实现依赖于个体与集体的动态联系，工具性行动与情感性行动（或林南所说的表达性行动）共存于关系行为的规则之中。

通过简要回顾和阐述关系理论的脉络不难发现，关系理论已成为探讨和研究中国问题的重要视角，对中国社会科学的发展与国际化交流具有重要意义。中国日常的文化传播实践丰富多彩，很难用西方某一理论或理论体系来集中解释。为此，传播学有必要及时吸收其他学科本土理论的资源，为研究中国本土的传播实践提供必要的动力。有传播学者提出，"我们的目标不应该是去寻找一种标准化的模式，如果这种几乎不可能出现的

---

① 边燕杰主编：《关系社会学：理论与研究》，社会科学文献出版社2011年版，第4—6页。

② 边燕杰：《城市居民社会资本的来源及作用：网络的观点与调查发现》，《中国社会科学》2004年第3期。

③ 边燕杰、王文彬等：《跨体制社会资本及其收入回报》，《中国社会科学》2012年第2期。

④ 边燕杰主编：《关系社会学：理论与研究》，社会科学文献出版社2011年版，第3页。

⑤ 翟学伟：《关系与中国社会》，中国社会科学出版社2012年版，第49—59页。

状况真的成为现实，那么传播学就成了一个停滞不前的领域"①。对此，我们应该有所反思。

在这里简要阐述关系理论的脉络，最重要的目的是，期望相关研究以中国问题为导向，寻找合理的理论指引，形成学术自觉，在本土理论的启发下，发展一种阐释中国文化传播问题的视角与方法，关注中国本土传播内在的文化与心理根源。实际上，通过对中国关系理论的检视，笔者发现，与西方传统的传播理论相比，关系理论在阐释中国问题上具有更强的适用性，有助于我们更清楚地了解中国本土传播实践的复杂性与多元性。西方传播理论从西方的社会情境出发，认为个体是独立的，强调理性是所有传播活动的动力根源。这或许可以解释西方社会的问题。但是，中国人的文化与心理，不同于西方。中国社会向来讲究和谐统一，传播活动亦是如此。据此检视庙会文化的传播实践，将有利于我们进一步探讨中国人的传播观。翟学伟认为，"关系视角既包容个体，但更突出'关系'，不是二元对立的建构方式，而是一种连续性的方向，关系构成上的结构性探讨对具体研究中国人际传播是很有启发的"②。他倡导人际传播研究采用本土关系视角与理论，体现了学术前瞻性。笔者认为，本土其他传播类型，诸如群体传播、组织传播，也可以批判地继承关系理论的视角，扩展传播中的"关系"认识与理解。在行进中，传播学需要更多地借助多学科的"关系"理论资源。下面，笔者将从整体的角度探讨它山庙会文化传播实践中的"关系"呈现。

二　仪式庆典与面子

西方学者对"面子"有过研究，如戈夫曼认为面子是一种由行动者在社会生活的舞台上表演而产生的社会认可的自我形象，个体以这种方式来参与社会互动。③ 然而，戈夫曼所认为的面子是情境事件下的产物，面

① ［美］斯蒂芬·李特约翰：《人类传播理论》（第 7 版），史安斌译，清华大学出版社 2004 年版，第 13—14 页。

② 翟学伟：《本土的人际传播研究："关系"的视角与理论的方向》，《新闻与传播研究》 2008 年第 3 期。

③ ［美］欧文·戈夫曼：《日常生活中的自我呈现》，冯钢译，北京大学出版社 2008 年版，第 212—214 页。

子是人们每天用以维持其真实社会情境的技术。① 戈夫曼所说的面子类似于日常生活的交际礼仪。这与中国社会所说的面子有很大区别。黄光国认为，面子是儒家伦理的体现，具有明显的关系取向。② 虽然学者们对面子有长期而深入的研究，但很难对面子下一个准确的定义。正如林语堂所言，为中国人的面子举个例子很容易，但给它下定义的确很难，脸面这个东西无法翻译，它像荣誉又不像荣誉。③ 面子很难作一个统一的定义，它是一个复合体，既有社会赞许的成分，又有伦理、道德等因素。总而言之，它反映了中国人的文化与心理。

2013 年农历十月初十，天下着雨，我再次前往鄞江镇参加庙会的神轿巡游仪式。阴冷的天气似乎一点也没有妨碍民众参与的热情，一大早就有从各村、各乡赶来敬香的大量民众，冒雨簇拥在道路的两旁，绵延数公里。他们手里捧着香，默默地等待神明的到来。爆竹声响后，仪式会队随即经过，民众欢呼雀跃，集体拈香叩拜。豪华耀眼的抬阁，金碧辉煌的神轿，富丽堂皇的服饰，规模宏大的会队，仿佛又使人穿越于皇朝的辉煌。我再一次被这种场景深深地震撼。相比而言，2013 年它山庙会仪式的整体规模比前几届大。笔者在想，一个有着现代文明的社会里，民众竟然如此热衷于此，其中必然有着一股神秘的力量。

事实上，它山庙会的仪式庆典，既是一种民间信仰，对祖先与神明高礼遇的回敬，同时又是一种巨大的隐喻。当地人以民间信仰为主题，在盛大的场面中表演了地方的辉煌。他们以一种混搭的方式，理直气壮地表达了这一主题，借用的是国家符号，绘就的是地方、家园想象。这里所谓的地方，对家园而言是一个外圈，家园才是这种想象的中心。当地人对庙会仪式想象是差序的，即以家园为中心圈，地方为中间圈和国家为外圈的格局。这种逻辑在庙会仪式的持续表演中不断重现，成为社会行动的重要规则，实际上反映了当地人家园崇拜、祖先崇拜的心理。

笔者在第二章描述了它山庙会仪式的具体过程，没有对其内在原因作深入分析。在此，笔者把庙会仪式当作一个整体再加以分析。从笔者近五

① ［美］欧文·戈夫曼：《日常生活中的自我呈现》，冯钢译，北京大学出版社 2008 年版，第 214—217 页。

② 黄光国、胡先缙等：《人情与面子：中国人的权力游戏》，中国人民大学出版社 2010 年版，第 71—76 页。

③ 林语堂：《中国人》（全译本），郝志东等译，学林出版社 1994 年版，第 203—204 页。

年对它山庙会的观察来看，每年的庙会仪式安排都略有不同，主要是庙会神轿巡游仪式上的道具有所不同。笔者曾经问庙会的总策划陈思光先生其中的原因，他的回答是，"老百姓希望庙会仪式富丽堂皇、气派大一点，因此会添加一些这方面的东西"。事实上，据笔者在现场的观察和与民众的交谈也有同样的发现，他们更重视仪式的形式是否隆重体面，而对于仪式内容本身并不是特别关注。民众普遍认为，庙会仪式应该有大的气派。为此，还有不少民众专门向负责庙会策划的有关人士提意见。

笔者在田野调查中还发现，当下它山庙会仪式非常注重形式。如庙会神轿巡游仪式上的道具安排，体现高规格的特点，原来只有封建王朝皇家才可用的全副銮驾，现已运用在当下的庙会仪式中。同时，神轿巡游仪式会队中还增加了舞蹈表演、车载大鼓等现代元素。笔者曾经问过好几位负责庙会的人员其中的原因，他们几乎都有类似的回答，"老百姓要热闹，这样弄能把场面搞得体面热闹一点，大家都喜欢"。这似乎可以理解成乔健先生所说的中国文化中的"计策"了。他认为，所谓计策是社会所允许一个人或一群人用以获取较好生存条件的办法，是了解中国社会实质的重要材料。[①] 这一现象实际体现了庙会的主办者与参与者追求"热闹、大场面、有面子"的心理。在这一点上，他们有着共同的目标和心理基础。因为，对他们而言，"热闹有面子"是办庙会的一个重要原则。

庙会的仪式庆典以辉煌的形式隐喻着一种含蓄的逻辑：面子意味着地位。可以说，这是民众为什么那么痴迷于庙会仪式的热闹与体面的一个重要心理根源。格尔茨对巴厘的仪式生活曾有精彩的表述，"地位即是一切，那种迷狂，还有围绕它所激发的那些信念和姿势，把全部的人群卷入到尼加拉的事务当中去"[②]。它山庙会也有类似的迷狂。与尼加拉不同的是，这种迷狂的表达更加含蓄，虽在辉煌和热闹的场面中进行，但需要主办者与参与者的默契合作表演，面子与地位的需要才在顶礼膜拜中逐渐显露出来。

---

① 乔健：《中国文化的计策问题初探》，载杨国枢主编《中国人的心理》，桂冠图书公1988年版，第415—419页。

② ［美］克利福德·格尔茨：《尼加拉：十九世纪巴厘剧场国家》，赵丙祥译，上海人民出版社1999年版，第121页。

三　传说中的夸耀

在此，我们再次回到庙会传说的传播现场。在鄞江的许多公共空间中，如杂货店的门口、它山庙前、大树下等，常看见聚在一起的人群。他们的闲聊中常浮现出传说的内容，有时只是片断，甚至出现许多不同的版本。笔者在第三章已经描述过传说的具体场景与内容，这里尝试对其加以综合分析，也就是说，在此不再叙述传说传播的具体内容和过程，而是要着重分析民众进行传说传播的动力与意义。

从第三章我们已经知道了它山庙会传说主体的内容。地方官王元暐领导十兄弟和当地先人共同抵御水患，修建它山堰。以此悲壮事迹为梗概，形成了一系列的传说。当前鄞江地区关于它山庙会的系列传说都含有神明附会的内容，说的是十兄弟以自身血肉之躯镇住妖魔，以保大堰建成，造福百姓。笔者想要讨论的是，庙会传说经过长期的社会变迁和漫长的传播，如今又以何种方式进入当地人的社会生活，对人们又有何种意义？如今，虽然许多民众已无法讲出完整的庙会传说了，但为什么他们还是乐意在只言片语中重复过往的事迹，难道仅仅是为了追溯过往苦难的岁月和集体的记忆？

笔者在鄞江地区的田野调查发现，原因不止于此。在鄞江人心中，本地曾长期作为区域的政治、经济与文化中心，这一历史事实已经在他们心中累积成一种充满地方优越感的心理情结。布朗在研究安达曼岛人的传说中曾提道，"心理情结最重要的因素之一是一种认知——个人的安全与幸福取决于社会的活跃性。只要个人能够感觉到自己是活跃社区的活跃成员，他就觉得自己可以拥有可以依赖的支持力量（精神上和物质上）"[1]。事实上，这种认知在文明社会同样存在。在近现代很长一段时间里，鄞江地区在区域社会空间地位不彰，原有的区域中心位置早已成为过眼烟云。在充满异动与浮华的现代社会中，这种现实是很压抑的。官方与民间一直都在寻找改变的时机，以便以一种新的姿态重新活跃在区域社会空间。随着国家权力把它山庙会认定为非物质文化遗产，以及庙会的大规模复兴，庙会传说增添了传播的动力。传说的传播又与这些因素持续互动，互相协

---

① ［英］拉德克利夫·布朗：《安达曼岛人》，梁粤译，广西师范大学出版社 2005 年版，第 246 页。

作。在庙会复兴的过程中，仪式与传说得到了广泛的传播，民众似乎看到了鄞江重新活跃与兴盛的迹象。这种想象与期望对他们来说是一种重要的力量。庙会传说无形中成为一种不能忘却的历史佐证的材料。

于是，庙会传说在官方的组织下，编印成民间读本，向前来赶庙会的以及来旅游、观光等方面的人做宣传。民间读本在当地的广泛传播，也在很大程度上唤醒了一般民众的集体记忆。当地的一般民众，在地方整体社会环境的影响下，自觉地修复了传说的相关记忆，于是有了笔者在第三章所谈到的一幕幕场景。庙会传说化作一种闲话、话头等形式，活跃于人们的日常生活空间。然而，有趣的是，民众对于传说的传播并不满足于平铺直叙的讲述，总会有许多不同的"添油加醋"。虽有个体记忆的差别，但却有更多人为策略的原因。如今，许多民众更愿意把传说看作一个地方曾经辉煌的佐证。他们自然而然地把传说看作一种重要的文化资本，从中可以找到力量。无论在民间，还是在官方，夸耀往往成为传说传播的修辞手段。

在当地人的观念里，这是一种对神明与祖先的颂扬与尊重。然而，夸耀虽然只是人们日常传播中一种常见的方式，但却隐藏着中国人的面子心理和一荣俱荣的心理逻辑。一般民众在传说传播中的夸耀内容往往包含了与自己相关的东西。他们通过夸耀自己祖先与所信奉神明的事迹，既获得了面子，又在无形中提高了自己的地位。传说的传播过程实质上折射了当地人对现有生存环境的一种能动性反应与适应，表达了他们对当下社会生活的看法与愿望。其实，这类传播活动早已超越了形式本身。无论传说如何变身为一种随意的闲话，或者仅仅是一个话题，传说的传播内容，以及群体背后所包含的矛盾心理，既构成了他们对过往的阅读与回忆，又形成了他们对当下的解读与思虑。通过对传说传播的整体分析，我们看到了传说传播的心理逻辑。

第二节　庙会文化传播中的情感、伦理与权力

一　人与人的相逢

庙会文化传播实践镶嵌于当地人的社会交换实践之中。无论是在日常生活中，还是在庙会事件中，总呈现出当地人社会交换的方式与特点。在

第五章的论述中，我们已知"陪饭"作为一种流传千年的庙会习俗，至今影响着当地人的交换实践与规则。"陪饭"在传统时期是鄞江人维系人际关系的重要方式。王怡红认为，人际交往过程中存在一个重要的知觉领域——"境遇"，指的是人处身于人际交往的整体传播环境，包括了一些可能对人的传播活动或事件产生影响的外在因素。① 借用王怡红关于"境遇"的观点，我们可以较为清晰地看到，它山庙会其实可以理解成一种人际交往的整体传播环境，其间的"陪饭"就是一种人与人之间交流与沟通的方式或手段。"陪饭"在庙会的整体传播环境中，使人与人之间感受到了爱和温情，并在热情好客的"你"和"知恩图报"的"我"之间缔结了关系。庙会中的这种"境遇"，为当地社会亲友之间的交往提供了共同的生活经验与体会。在这种体验中，他们彼此交换了认识与理解，并成就了中国文化所说的"名""人情"与"恩"。

在总体上说，"陪饭"是一种社会交换。它山庙会传统时期的"陪饭"，可以说是林南所说的"不对称交换"。因为，交换双方并没有明显的等值交换或互惠原则，甚至"陪饭"还体现出某种非理性的特点。因为，在过去鄞江人的观念里，庙会期间有亲戚来家里吃饭，生活即便再清苦，主人也要竭尽所能招待。然而，这种招待并没有回请的习惯，因为一般招待的都是地域较远的亲戚。当然，主人的热情招待往往也能受到客人在其人际圈中的赞扬与夸奖。有观点认为，这种赞扬与夸奖隐含了交换中的理性原则。"在明显不均衡的交换中，对'吃亏'一方的回报可能是另一方的赞同、尊敬、喜爱或吸引。在这种情况下，这些符号性的报酬虽不是物质性的报酬，但仍是有意义的报酬，因而也都属于理性的部分。"② 事实上，在西方社会交换理论看来，无论报酬是物质还是符号，只要它们代表着某种价值，就意味着理性的规则。

但是，从庙会的"陪饭"这一社会交换实践来看，客人的赞扬和夸奖并不是主动追求的结果，而是人情、义务与道德驱使下的一种行动。在过去鄞江人的观念里，"陪饭"不仅关系到主人的名声，还是一种道德或义务，是一个做人的问题，和古人所讲的"行出于己，名生于人"的意

---

① 王怡红：《人与人的相遇——人际传播论》，人民出版社 2003 年版，第 192—197 页。

② ［美］林南：《社会资本：关于社会结构与行动的理论》，张磊译，上海人民出版社 2004 年版，第 149 页。

思差不多。从这种意义上讲，"陪饭"具有理性的部分，但更有情感的因素。西方社会交换理论明显忽视了这一点。这些理论偏重于社会交换的结构分析，缺乏对文化情境因素的具体观照。特别是把这些理论放在非西方社会，其局限性就明显体现出来了。笔者认为，黄光国的人情与面子的关系模型对阐释"陪饭"具有较强的启发意义。他把中国人的关系分为三类：第一类是情感性关系，指长久而稳定的社会关系，主要满足关爱、温情等情感需要，像家庭、密友等的人际关系；第二类是工具性关系，主要指与陌生人之间的交往，讲究童叟无欺的公平法则，关系维持的目的是获得利益；第三类是混合性的关系，是指个人最可能以人情与面子来影响他人的人际关系范畴，如亲戚、邻居、同乡等。① 按照黄光国的观点，它山庙会传统时期的"陪饭"是一种混合性的关系。如今，它山庙会的"陪饭"习俗的招待对象已逐步缩小到了家庭、至亲等内圈。那么，当下的"陪饭"习俗也可以说是一种情感性关系，它是家庭、至亲等团聚的时机与场合。因此，"陪饭"所呈现的人与人之间的交往或交换可以说是一种复合、动态的关系，很难单纯用某一类型的关系来划分。实际上，庙会中所呈现的社会交换可以说是多种关系的动态性综合。

黄光国的观点为我们理解中国文化情境的社会交换提供了一个非常好的视角，看到了中国社会的人情与面子因素，认清了中国社会中关系的"非理性"的一面。然而，笔者注意到黄光国的关系三分法，也具有一定的局限。和其他分类法面临着同样的一个问题是，划分的标准和界限具有含混性，具有静态的结构化特点。然而，中国人的关系又具有动态性运作的逻辑，这一点不能忽视。这里需要说明，并不是说这种动态性可以改变既有的关系结构，而是说它可以影响行动者根据社会环境变化来操作关系的策略。在它山庙会"陪饭"社会变迁的过程中就体现了这种动态性。民众在社会环境的变化中自然而然地把关系的类型从混合性过渡到情感性，当然也可能是过渡为混合性与情感性的复合体。"陪饭"习俗的社会变迁映射了地方社会交换中的"非理性"的人情因素。因此，笔者在前文中使用了"情感的礼物"用以描述"陪饭"的运作特点。

其实，民众参与庙会的方式也体现了文化传播实践中的情感因素。在

---

① 黄光国、胡先缙等：《人情与面子：中国人的权力游戏》，中国人民大学出版社 2010 年版，第 7—12 页。

它山庙会期间，常看见一起结伴而来赶庙会的人们。他们的结伴方式主要是以家庭、亲友为单位，也就是如黄光国所说的情感性关系为主体的团体。翟学伟的研究认为，中国人际关系的基本模式是人缘、人情、人伦，其中人情是核心，体现了传统中国人以亲情（家）为本的心理和行为样式。[①] 在他看来，中国人的人情，主要是指关系中产生出来的一种情面。[②] 笔者认为，在它山庙会文化的传播实践中，人际传播、群体传播等多种方式并存，情面与感情同时并存，于是主要采用"情感"一词来论述庙会文化传播中的关系因素。当地人以情感性关系为主要方式参与了庙会文化实践，拥有了共同的经历与体验。于是，这种经历与体验成为一种情感的种子，日积月累地在一代代人心中孕育，后来慢慢成长为一代代人的集体记忆，酝酿成为庙会文化传播一种力量。当然，人情、面子等关系的运作处处发散在当地人的日常生活之中，同时包含了理性的因素，从而构成了庙会文化传播实践的总体社会情境。

二　人与祖先、神明的相遇

庙会文化之所以在当地得到推崇，这与当地的祖先和神明信仰有很大的关联。在剖析庙会文化传播的运作规则时，民间信仰因素不容忽视。以祖先与神明一体的民间信仰体系早已牢牢根植于当地的文化土壤之中，并广泛地影响和支配着民众的心理与行为。在当地人的观念里，祖先与神明是真实存在的，只不过它们生活在另一个世界，个人与家庭的兴旺和祖先、神明的护佑有着很大的关联。因此，对于当地人而言，关系的运作并不仅限于人与人之间，同样存在于人与祖先、神明之间。他们在人生的许多重要时刻或遭遇困难之时，总是渴望得到祖先与神明的帮助。

在当地人的信仰实践中，我们既能看到他们感恩祖先与神明的一面，又能看到寻求祖先与神明保佑与帮助的工具性的一面。他们感恩王元暐与十兄弟等为造福百姓所作的贡献，感恩先祖们勤劳与努力开创的丰厚基业。同时也期望祖先与神明能一如既往地提供帮助，护佑他们一切如意，美满幸福。乌丙安认为，中国民间信仰的多功利性是民间信仰动机与行为

---

① 翟学伟：《中国人的行动逻辑》，社会科学文献出版社2001年版，第236—238页。

② 翟学伟：《中国人的脸面观：形式主义的心理动因与社会表征》，北京大学出版社2011年版，第334页。

目的的显著特点，民间信仰行为中的人神之间的"许愿"与"还愿"是一种功利交换。① 乌丙安的观点阐明了中国民间信仰的功利性特点。事实上，鄞江地区的民间信仰体系也体现了这样的特点。

当地人为祖先、神明献上许多供品，目的是祈求平安、发财、多子多福等心愿。他们寻求祖先与神明的保佑往往与"己"有关。笔者在鄞江做田野调查期间，常看到带着求子、求身体健康、求平安等不同目的而前来祭拜的人们，他们在愿望实现之后往往提供一定的献祭用以还愿。从这一角度看，这种民间信仰实践是具有功利性的。当地人把在人际交往中"报恩"的观念运用到人与祖先、神明之间。在他们的观念里，人与人的交往规则同样适应于人与祖先、神明之间的交往。在中国社会，报恩的观念一直是中国人行为中的一个重要准则。自古就有俗语"滴水之恩，涌泉相报""知恩图报"等，讲的就是这个意思。它山庙会的祭祀仪式中以高规格的供品来祭神也体现了"报恩"的观念。如果有人"有恩不报"或"恩将仇报"，是会被认为可耻、不道德的。杨联升认为"报"是中国社会关系的基础。② 在文崇一看来，恩惠不论大小都是必须回报的，尽管可以有不同的回报方式，报恩是一种与名利道德相关的行为。③ 然而，我们在分析这种回报时，虽然看到了其中的功利性预期，但也不能忽视其中的情感因素。

从庙会文化传播的实际情况来看，在当地人的观念里，祖先与神明的经历是一种历史记忆，代表着共同的经历。对于这种共同经历，现世的人们不仅有追求祖先与神明护佑的功利因素，还有对其事迹广为颂扬的感恩义务。因为对他们而言，这是个体与社会的一种延续。中国人具有重情的一面，正如梁漱溟先生所言，"西洋人个人彼此之间界限划得很清，西洋人要用理智，中国人是要用直觉的——情感"④。在鄞江人与祖先、神明的交往实践中，这种情感是存在的，他们透过这种情感追忆了过往，从而认识了自我。

---

① 乌丙安：《中国民间信仰》，上海人民出版社 1996 年版，第 7—8 页。

② 转引自翟学伟《中国人的行动逻辑》，社会科学文献出版社 2001 年版，第 239 页。

③ 文崇一：《报恩与复仇：交换行为的分析》，载杨国枢主编《中国人的心理》，桂冠图书公司 1988 年版，第 352 页。

④ 梁漱溟：《东西文化及其哲学》，载《梁漱溟全集》（第 1 卷），山东人民出版社 1990 年版，第 479 页。

需要指出的是，传说与仪式传播中所呈现的面子与夸耀，以及人与人之间、人与神之间的交往规则，并不能简单地认为是行动者为追求社会赞许而付诸的行动，这里面还包含了道德、伦理与情感等多重复杂因素。林语堂认为，中国社会的运行法则存在阴性的三位一体：面、命、恩，即面子、命运、恩惠。① 从它山庙会的个案来看，这种运行法则在当今社会仍然存在，只不过转换了形式和范围。在面子问题上，其运用范围在当今社会有了更多的制度约束；在命运问题上，人们不仅认为要"顺应天命"，更要"事在人为"；在看待恩惠上，人们施于恩惠的对象越来越内圈化，即更倾向于自己最亲近的人，远亲、外戚等与自己关系较疏远的人往往被划出伦常之外。

三　关系与权力的融合

马克斯·韦伯认为，权力是处于特定社会关系的某一行动者按照自身意志不管有反抗等因素，为获取一定的社会位置而采取的一种行动机会。② 韦伯的权力概念带有明显的强制意味。福柯在分析惩罚技术时提出，权力更多表现为一种社会关系，它与社会生活中政治、经济、文化等因素联系在一起，往往以符号或思想的方式来影响社会与个体，这种方式比强制的酷刑和处决有效得多。③ 福柯的权力概念，指出了具体历史文化条件下权力的具体表现方式，它与相应的社会关系联系在一起。福柯的观点把权力引入了一个更为深层的理解，权力不都是强制或压迫的，它还具有技术性或温和性，甚至可以对社会生活和制度本身进行再造，有时可以理解为"微型权力"。

这里需要说明，福柯的权力概念对本书的研究具有重要的影响，特别是福柯提出的权力不常是强迫与压制，以及"微型权力"等观点对本书具有重要的启发意义。格尔茨认为权力存在于社会生活的一整套象征体系之中，权力的符号投射到社会生活的方方面面，并影响着个体的行

---

① 林语堂：《中国人》（全译本），郝志东等译，学林出版社1994年版，第199页。

② Max Weber. *The Theory of Social and Economic Organization*. New York, Oxford University Press, 1947, 152.

③ ［法］米歇尔·福柯：《规训与惩罚：监狱的诞生》，刘北成等译，生活·读书·新知三联书店1999年版，第111—114页。

动方式。① 格尔茨对于权力的分析对本书亦有启发和影响，特别是他提出的"剧场"等概念对本书在考察庙会文化传播中各种力量的分布与作用等方面有启发。

如果说福柯和格尔茨的权力观点是笔者对于权力理解的根源性启发，那么杜赞奇的"权力的文化网络"观点对笔者而言则具有直接的启发与影响。杜赞奇认为，"权力是各种无形的社会关系的合成，难以明确分割，权力的各种因素存在于宗教、政治、经济、宗族甚至亲朋等社会生活的各个领域、关系之中。文化网络为社会成员提供认同的象征和规范，从而赋予文化网络一定的权威，统称为'权力的文化网络'"②。杜赞奇对于权力概念的理解可以说是一种中性的。他敏锐地注意到中国乡土社会权力运行的复杂性和独特性，并揭示了这种权力关系是通过商业团体、经纪人、庙会、宗教等渠道渗透到社会生活的各个方面。杜赞奇的观点和研究路径对于本书的研究有着重要的启发。当然，笔者也注意到其观点的局限性，即该观点强调了国家权力对地方社会的渗透，并没有论述地方社会如何影响国家权力的运行，缺乏双向互动性。

对于权力的理解，学术界有长期的争论。事实上，权力问题一直是文化研究的核心论题。我们注意到福柯观点的启发意义的同时，也要重视其反面的观点，即认为权力包含权术和利益。在分析庙会文化传播中的权力问题上，有必要结合庙会文化网络的具体地域性与历史性等因素来综合审视。就本书的庙会文化传播的权力分析，关键在于进入具体的权力实践场域，从中理解和探视其运行。

它山庙会的核心祭祀对象——王元暐是被神化了的一位唐朝的治水英雄。在后来的1000多年中，官方的加封、修庙、立碑、加冕以及民间的膜拜，通过庙会传说与仪式的反复传播，使王元暐的事迹以一种超自然力量的形象散播在鄞江及周边地区。经过漫长的累积和固化，王元暐成为当地社会供奉最多的神灵，被调查村落中分布着众多供奉王元暐的庙宇可以证明这一点。王元暐作为当地最重要的保护神，象征着家园、国家、个

---

① 〔美〕克利福德·格尔茨：《尼加拉：十九世纪巴厘剧场国家》，赵丙祥译，上海人民出版社1999年版，第121—122页。

② 〔美〕杜赞奇：《文化、权力与国家：1900—1942年的华北农村》，王福明译，江苏人民出版社2010年版，第4—5页。

体、村落与祖先的相互联系。

唐宋以来，王元暐得到了历代皇朝的加封，特别是在南宋和清代，加封的频率和规格得到最大化。从中可以看出一个规律，王元暐得到加封的时代往往是皇朝中央集权逐渐衰落的时期。当时的统治者为了加强中央对地方的控制与联系，采用了对地方保护神加封的策略，进而把加封纳入皇权统治体系之中。这种加封实际上映射了国家与地方社会的复杂关系。同时皇朝统治者通过这种方式在民间社会安插了重要的皇朝象征符号，以褒奖功臣和抚慰民众心理的形式影响了民间社会对神明、国家、地方以及家园的认知。这种影响过程是累积和相互作用的。一方面，官方需要通过神化功臣形象来强调皇朝的存在和统治的秩序；另一方面，民间渴望得到官方权力的认可，以正统的光宗耀祖形式证明地方的荣耀，进而在护佑家园的神明面前找到某种心理的归宿。因此，它山庙会文化的形成与传播蕴含着复杂的政治、历史、社会心理等多重因素。可以说，它山庙会文化作为一种潜在的权力，自其产生的那一天起就深深地吸引了中央与地方统治者的注意。据清代《小溪志》记载："每岁春秋，守土官具祝文，香、帛、羊，一豕一尊一爵三陈设，祠内正官一人朝服诣祠行礼。"[1] 皇朝统治者对它山庙会文化的重视由此可见。诚然，随着社会的变迁，统治者根据具体需要在不同的历史时期采取了不同的利用策略。

历代官方对王元暐的加封在很大程度上促进了当地对庙会文化的尊崇。一直到现在，庙会文化在当地民众眼里依然是关乎地方荣耀与形象的重要文化资本。在历史上，庙会的筹办是地方领袖权力伸展的重要舞台。它山庙界下共有四大堡，十二小堡，下有十五个自然村落，每村坊设一柱首，柱首要经过严格的挑选，往往由各村、堡推选有声望的贤达组成。由此而形成的庙会民间自组织机构决定着庙会运作的具体事务。在历史上，乡绅在它山庙会的具体运作中起到了重要作用，长期扮演着庙会组织者与操办者的角色，成为国家权力与地方社会连接在一起的中介力量。

在传统时期，庙会作为一种象征权力得到了民间社会的高度重视，是家族凝聚和势力扩张的重要场合。在庙会神轿出游仪式期间，各村族长往往会提前要求本族青年后生，尽快尽早地抢抬神轿过线，多留神轿在境

内，以保本族平安好运。据当地民间读本记载，"民国二十八年，神轿出游，在光溪村山王殿前毛姓和钟姓交接处，发生了两姓宗族之间的纷争"①。从依稀的历史记载中看到，庙会作为一种文化资源，对当地的家族有着重要的象征意义。他们之间对庙会文化资源的争夺，映射了区域社会空间利益的层次性。

王元暐的事迹向来是以"公"的形象受到民众的推崇和信仰。但是在中国的乡土社会里，信仰与实际行动往往是两码事，行动的逻辑看重的是与"自己"的关系。就是说对"公"的推崇，实际上暗含着"私"的行动，只不过民众往往把"私"的行动也理解为"公"罢了。费孝通先生对中国乡土社会结构特征有过经典的阐述，"中国社会是一个差序格局的社会，以'己'为中心，像石子一般投入水中，和别人所联系成的社会关系，像水的波纹一样，一圈圈推出去，愈推愈远，也愈推愈薄"②。当地民间社会对庙会文化资源的争夺就体现了这样的特征。在民众心里，利益的认识与理解是相对的。正如梁漱溟先生所说，中国人向来倚重家庭、家族，就家庭关系推广发挥，以伦理组织社会，中国社会本质上是一个"伦理本位"的社会。③许烺光先生则把中国人的这种行为原则阐述为"情境中心。"实际上，这种原则被扩展到中国社会生活的许多方面。当血缘关系为基础的家族利益与村落利益冲突时，家族利益是第一位的；当村落利益与外界利益发生冲突时，村落利益又转换为第一位。一般而言，民众总是以"己"为中心的行动逻辑来认识和维护利益。

时至今日，随着社会制度的变迁与宗族势力影响的减弱，庙会文化权力的作用机制也随之发生了转变，庙会文化权力以微型化与潜藏化的特点运行于地方社会空间之中。近年来，庙会文化得到国家权力的认可，演变为非物质文化遗产。地方政府一方面利用庙会所积累的文化资源开展文化创意、旅游等以发展经济，提升政绩；另一方面通过修葺庙宇和组织庙会等活动，来开展与民间的对话与交流，拉近政府与民众的距离。在当前的庙会文化传播过程中，民间参与庙会文化传播权力的生产有上升的趋势。民间往往以仪式与传说为核心传播机制，对庙会文化进行生产、改造与传

① 陈思光编：《鄞江桥》续编（三），民间读本，2010 年，第 28—30 页。
② 费孝通：《乡土中国 生育制度》，北京大学出版社 1998 年版，第 27—30 页。
③ 梁漱溟：《中国文化要义》，上海人民出版社 2005 年版，第 70—73 页。

播。民众也往往自觉地利用国家权力符号来实现自我对祖先与神明的信仰。庙会文化的符号常作为民众的日常生活话语来传播，并形成一种自我夸耀与地方认同的文化资本。当然，庙会文化符号也包含了民众具有情感意义的集体记忆。

事实上，庙会文化传播实践过程中处处体现了关系与权力的融合。正如翟学伟所言，"所有的社会都有信仰的权力系统，无论是神权、天威、祖宗，还是巫术等，这些为现实当中的权威构成了合法性"①。庙会文化传播实践正是以民间信仰的方式构建了一套权力的系统。官方与民间在利用和传播庙会文化资源时出现了一种共谋的趋势，一方面官方实际上控制了庙会举办的经济、政治等核心资源，另一方面又放开了限制，吸收民间的力量来参与庙会运作，如庙会的供祭多采用由民间操办的方式。地方政府在解释和传播庙会文化的过程中采用了"折中"的方式，往往借用地方文化精英的力量。这些地方文化精英熟悉当地的政治、经济、历史、文化等脉络，其掌握的庙会文化资源明显高于一般的民众，而他们平时又活跃在民间的日常生活空间，与一般民众在物理空间与心理空间上都有较近的距离，因而具有较强的"意见领袖"作用。当然，地方政府对地方文化精英编撰传播庙会文化的要求，又在很大程度上把地方文化精英与国家权力牵扯在一起。但地方文化精英在与一般民众互动的过程中，又积累了经验和感情，因而在庙会文化的解释与传播过程中体现出一定的独立性，既体现了国家的权力意志，又表达了民间社会的愿望。由此看来，权力是以一种潜藏的、温和的、循序渐进的方式散布在庙会文化网络中，并且关系与权力又是可以相互融合的。

在庙会文化传播实践中，民众与家人一起敬香，与家人一起祭祀神明与祖先，与家人一起逛庙会，通过仪式的参与和体验共同追忆了神明与祖先的事迹，从而分享了荣耀。个人、家庭、群体之间的相遇，就大的范围而言又是一种共同的接触，他们是共同祖先的后人，他们是息息相关的乡亲。总之，庙会文化传播总是围绕着人的关系世界来进行。

---

① 翟学伟：《关系与中国社会》，中国社会科学出版社 2012 年版，第 84 页。

第三节　庙会文化传播的社会意义

一　促进文化与地域认同

通过对它山庙会的考察，我们已经知道它是国家与社会之间交流与对话的第三领域。在这一领域，文化传播的效率非常高，一方面规避了传播者特定身份的影响，另一方面又通过地方政府、乡村精英、一般民众统合传播的方式，使得庙会始终没有溢出日常生活的边界，使得庙会文化传播成为既是国家的重要事项，又是民间的头等大事。这种巧妙的传播连接，让我们看到了社会转型过程中，中国城镇化建设的社区文化营建与地域文化认同的新的希望。从它山庙会的个案来看，当前高度的市场化加剧了地域间的利益竞争，而庙会的复兴使民众有了找回和强化文化与地域认同的可能。

最近几十年，中国各地庙会的复兴，很大程度上体现了以地方为基础的文化共同体的复兴。笔者并不认为庙会文化的复兴完全是地方抗拒全球化与城市化的结果。弗里德曼指出，世界市场和文化认同之间、地方的和全球的过程之间是相互作用的，地方、族群文化的多元化与现代主义的同质化构成了全球现实的两个基本趋向。① 他看到了全球化与地方化的辩证关系。从本书庙会文化的考察来看，传统文化被文化策略以一种过去的、辉煌的且重要的文化资本整合进了现代社会之中。在现代社会，庙会仪式与传说的广泛传播不仅仅是吸引人气的文化表演，更是一种宣示，为了使他们的认同能够在更广阔的空间里得到认可。事实上，他们以文化再生产的方式重新获得了过去，但这种获得的目的并不是复活以往的生活方式，而是把传统的庙会文化实践整合进现代生活之中，通过对祖先与神明的共同信仰，积累一种生存与发展的力量。为此，他们需要紧密团结在一起。

从它山庙会文化传播的实践来看，庙会文化的复兴与城市化是交织在一起的，相互融通与弥合。当地快速的全球化工业生产，资本与市场的力量解构了传统乡土社会人与人之间、人与社会之间的关系。人们在激烈的

---

① ［美］乔纳森·弗里德曼：《文化认同与全球性过程》，郭建如译，商务印书馆2003年版，第152—153页。

区域社会、人与人的竞争中变得茫然与焦虑。正如卡斯特所言，"人们将会抗拒个体化和社会原子化的过程，而更愿意在那些不断产生归属感、最终在许多情况下产生一种共同体的、文化认同的共同体组织聚集到一起。"① 事实上，庙会的复兴也使他们开始找到了代表辉煌与荣耀的文化资本。民众在参与庙会文化活动的实践中，找到了彼此的共同利益。他们之间在祖先与神明的名义之下重新共演了过往的辉煌，分享了过往的记忆与当下的生活，从而获得了全新的经验与意义。

这样一来，文化与地域的认同似乎给城市化带来了一种悖论。因为城市社会学的学者们向来认为城市化会加快共同体的消失。然而，笔者的田野调查却看到了另一番景象，地方的城市化与共同体同时并存于社会空间，且相互作用。地方社会以认同为基础，一方面动员社会成员保护地方文化与传统，另一方面又利用地方文化的认同力量推动地方城市化。文化与地域的认同构成了城市化与营建共同体的双向力量。地方社会在具体的文化与空间之中进行着相应的社会互动。当地通过庙会文化传播重新形塑了社区的存在和再造了社区的样式，从而巩固了社会成员对于社区的认识。于是，当地人对于社区的想象成为这样一番描述：我们这个地方有悠久的历史文化，有中国古代四大水利工程，是四明首镇等。这种认知与想象成为一种惯性的力量在日常生活中弥漫开来，通过庙会文化传播的提醒与巩固，形成了一种长久的文化与地域认同感。

地方政府如今已认识到经济发展与环境、文化、生活方式等多方面紧密联系在一起，并有相互推动的作用。庙会文化越来越被纳入促进地方认同与地方自豪感的"文化软实力"来看待。正如周星所言，"中国政府包括各级地方政府，通过其文化行政而展开的'非物质文化遗产'的保护工作，在某种意义上，其实也就是对民间文化的'征用'与'提升'，这意味着要将民间的'小传统'升华到'国民文化'的高度"②。由此可见，国家权力机构对诸如庙会以及其他民间文化所形成的认同力量的重视。值得注意的是，过度的重视又会引来负面的后果。特别是庙会文化过

---

① 〔美〕曼纽尔·卡斯特：《认同的力量》（第 2 版），曹荣湘译，社会科学文献出版社 2006 年版，第 65 页。

② 周星：《乡土生活的逻辑：人类学视野中的民俗研究》，北京大学出版社 2011 年版，第 355 页。

度地被开发与"借用"，容易偏离民间文化的本质。

改革开放以来，中国乡村社会发生了剧烈的转型。随着城市化与现代化的进程，市场、资本等要素在区域社会空间快速流动，城市文化迅速渗入乡村社会生活。传统文化在国家与社会等多方面的追忆下快速复兴。与此同时又带来积重难返的后果，那就是文化往往被过度包装、展示，常被当作产业来改造与消费。过度的文化开发与传播，以及商业行为在传统文化中的滥用，势必影响民众对传统文化本身的认知与体验，进而从根本上危及群体对文化与地域的认同。值得关注的是，旅游业的过度渗入，很可能使得庙会文化沦为一种商品表演，使传统文化完全成为现代化的工具。弗里德曼有关阿夷努人与夏威夷人的文化研究给我们提出了警示，过分的消费主义和旅游业取向似乎是文化自杀，会导致文化认同的消失。① 对此，我们应该引起足够的重视。

二　塑造共同体

庙会文化是一种社区成员在日常社会实践中自然生成的认同，庙会文化传播则是全体社区成员共同协作的事项，主要目的和功能是在一个个分散的个体之间，造就一个可以对话与交流的机制，形成一种共同的心理基础，使之在漫长的社会互动中形成一个共同体。血缘、地缘和民间信仰等因素在这一共同体中交融在一起。滕尼斯认为，血缘共同体、地缘共同体和宗教共同体等作为共同体的基本形式，不仅仅是各个组成部分加起来的总和，而且密切联系与结合，浑然一体地有机生长在一起，最终走向最高形式的共同体——精神共同体。② 滕尼斯对于共同体的论述具有一定的启发性。他把共同体看作人的真正持久的共同生活，认为默认一致是一切共同生活的本质。

当然，滕尼斯的观点产生于19世纪80年代。受时代所限，其观点难免有其局限性。在本书研究的它山庙会的个案中，共同体的运作方式更加体现动态性和想象性特点。安德森主张把民族看作一种想象的共同体，民

---

① ［美］乔纳森·弗里德曼：《文化认同与全球性过程》，郭建如译，商务印书馆2003年版，第168页。

② ［德］斐迪南·滕尼斯：《共同体与社会：纯粹社会学的基本概念》，林荣远译，商务印书馆1999年版，第65—67页。

族的存在是以民族成员相互联结的意象而活在每一位成员心中。① 安德森指出了想象是共同体存在的一种形式。实际上，现代社会中鄞江地区的共同体也体现了这样的特点。随着城镇化的不断深入，加剧了时空观念的演变，社区成员之间真正共同的生活经验已非常有限，往往是处于"熟人社会"与"半熟人社会"之中。"半熟人社会"是由贺雪峰提出的一个概念，他认为如将自然村人与人之间相互熟悉称为"熟人社会"的话，那么行政村的村民之间相互认识但不熟悉，可称之为"半熟人社会"。② 行政村的情况尚且如此，以镇为单位的社区更是"熟人社会"与"半熟人社会"的复合体。社区成员之间彼此熟悉，又彼此陌生。在现代社会，他们已经很少有共同行动的机会，对共同体的认识也往往处于想象之中。当然，庙会为他们的共同行动和想象提供了可能。

结合滕尼斯和安德森的观点，笔者认为鄞江地区的共同体是以血缘、地缘和民间信仰为基础，突破了时空束缚，把不同时空的人连接在一起的关系共同体。现代生活中，上述因素结合与演变，形成一种动态的关系共同体。这种关系共同体包含了血缘、地缘、民间信仰、情感、伦理等方面，是一个更加倾向于文化意义的概念。这一动态的关系共同体具有动态性和想象性的特点，在具体社会情境中动态运作，并维持其内在稳定性。在现代当地社会中，关系的动态连接是这种共同生活的本质。

庙会文化在社区的广泛传播与扩散，使得社区成员因为共同关心的事项和利益而紧密联系在一起。无论是在传统时期，还是现代社会，庙会都是当地最重要的公共活动之一。他们通过庙会的举办找到了共享经验与意义的时机与场合。在地方社会，这是一种有效的信息传递与交流的方式，社会成员在固定的时空聚集在一起，以祭祀神明与祖先为名义，共同进行着商品交易、娱乐活动以及人与人的交往等事项，分享着他们各自的生活，维系着共同体的内在稳定性。维纳认为，任何一个组织之所以能够保持其内稳性，是由于它有取得、使用、保持和传递信息的方法，无论是文明社会还是原始社会，小而紧密的社会都具有极大的内稳性，因为此类社

---

① [美]本尼迪克特·安德森：《想象的共同体：民族主义的起源与散布》（增订本），吴叡人译，上海人民出版社 2011 年版，第 6 页。

② 贺雪峰：《论半熟人社会——理解村委会选举的一个视角》，《政治学研究》2000 年第 3 期。

会的社会成员能直接相互接触。① 就鄞江地区而言，庙会就是一种能够提供时机与场合让社会成员相互接触的领域。他们以共同协作、共同参与的方式传播了共同的文化，通过核心的仪式，宣示了他们之间的联系。

三　维护秩序的稳定

在传统时期，庙会文化传播的权力长期受地方的宗族、乡绅等势力的控制。在当地，庙会文化是一种重要的象征资源，在村落生活与乡村治理中具有重要的地位。历代的地方政府与中央政府都非常重视对这一象征资源的利用，如前文提到的历代皇朝对王元暐的加封和派正印官主持庙会祭祀等，都体现了中央与地方通过渗入庙会文化权力的方式建立自己的权威，巩固既定的统治秩序。封建国家通过加封将权力进一步加之于这种象征资源之上，地方政府则以具体管理者的角色，联合地方乡绅等势力强调了其领导地位。对于一般民众来说，庙会是一种共同生活方式，它需要借助国家的符号来加以维护。传统时期的庙会文化传播实质上把国家权力、地方精英与一般民众联络到一种秩序之中。中华人民共和国成立之后，新的国家政权急于和过去的文化资源划清界限，试图在短时间内建立全新的政治体系。在强大的意识形态力量的作用下，庙会文化被认为是封建的、迷信的产物被国家权力打击或抛弃。这种情况在"文革"时期被演绎到极致。其结果，正如杜赞奇所言，解散庙会（香会）不仅削弱了乡村民众与乡村精英之间的关系，而且疏远了民众同国家政权之间的联系。② 这种情况，在改革开放以后得到改观。

20 世纪 90 年代以来，地方政府和地方精英对政治与社会环境作出了准确的判断，找到了复兴庙会的策略，通过把庙宇的重修植入文物保护的范畴、以庙宇为依托复兴庙会等一系列文化策略，庙会文化得到较好的复兴与传承。2009 年，地方最高领导以现场主持庙会祭祀仪式的方式重新宣告了庙会的大规模复兴。国家权力的到场，使得庙会文化传播有了明确的政治庇护。对于民众而言，民间信仰的生活得到了认可，他们又重新找到了自我与心灵，开始以一种合法、自信的面貌活跃于地方社会之中。

---

① ［美］诺伯特·维纳：《控制论》，科学出版社 1962 年版，第 160 页。

② ［美］杜赞奇：《文化、权力与国家：1900—1942 年的华北农村》，王福明译，江苏人民出版社 2010 年版，第 210 页。

如此一来，民众认为地方政府为百姓做了实事，为恢复和发展祖宗基业做了好事。因此，他们对地方政府以及地方领袖为举办庙会而做的行动有明显的积极性评价倾向。地方政府也明显地感受到，能否体面地办好一届庙会已成为是否得民心的一个重要标志。事实上，地方政府通过统合的策略，成功地把庙会运作为名利双收的重要工程，既提升了政绩，又迎合了民心，满足了政府、民众等各方的利益与需求。庙会文化活动传播了乡土社会普遍认可的伦理、道德、社会规范，使国家与社会联系在一起，重新铺设了断裂已久的民众与国家政权的联络通道，使得庙会成为现代社会中国家与社会的第三领域。并且，庙会通过交流与对话的方式，使得民众更加活跃地参与社区公共事务，既协商了各自利益，又巩固了既有的秩序。

从它山庙会的个案来看，现代社会的庙会文化传播高度依赖于地方政府这类政治机构，其组织为庙会的运作提供了庇护和资源，也为建立共同的秩序提供了力量。如亨廷顿所言，在复杂的社会里，社会成员不断增多，结构日趋复杂，活动越发多样化，共同体的维系依赖于政治机构。[①]它山庙会的具体运作体现了这一点。滕尼斯认为，一种共同生活的秩序，只要它是建立在意志的协调一致、基本上是建立在和睦的基础之上，并通过习俗和宗教产生和改良，它就表现着同另一种共同生活秩序的对立。[②]滕尼斯的观点强调了共同生活秩序的对立性特点，意味着共同体的生活对违反共同体规则行为的排斥。然而，在现代复杂社会里，这种共同生活秩序并不是天然形成的，而是在政治机构与民众等多方力量的共同作用下逐步形成的。庙会文化实践以民俗和民间信仰为形式，通过人人参与和人人传播，以示范、协作、劝服与感化等传播手段，在地方社会形成了一种普遍认可的习俗、道德、伦理、规则，为全体社会成员构建起一种共同生活的秩序。

晚年的梁漱溟先生曾讲过这样一段话，发人深省。他认为，人类面临三大问题："人对物的问题；人对人的问题；人对自身的问题。三者先后

---

① ［美］塞缪尔·P. 亨廷顿：《变化社会中政治秩序》，王冠华等译，上海人民出版社2008年版，第9页。

② ［德］斐迪南·滕尼斯：《共同体与社会：纯粹社会学的基本概念》，林荣远译，商务印书馆1999年版，第328页。

各成为人生的主要问题，而一旦求得基本解决之后，人类生活的主要问题便势必由前一个转为下一个了。"① 在它山庙会个案中，所在区域的人们关于人对物的问题已解决得较好。改革开放以来，这一地区人们的经济生活有了很大改善。然而，在现代化进程中，人们又面临种种关于人对人、人对自身的困惑。庙会文化形塑的宗教（民间信仰）、道德、伦理为处理这些问题提供了方法或路径。这种方法或路径对于人们对待外在世界和内心世界有着重要意义。

本章小结

纵观庙会文化传播的事件与过程，庙会仪式与传说的传播，其中包含了地方社会的人情、面子、情感、道德、伦理等因素。仪式传播的荣耀、体面、隆重等，亲友之间的陪伴与交往，以及传说传播的夸耀，都体现了一种基于人情、面子等因素的关系逻辑。关系和权力融合在一起。费孝通的"差序格局"、黄光国的人情与面子模型等关系理论，为剖析庙会文化传播的关系脉络提供了有益的视角。立足中国社会情境的关系理论强调关系是以血缘与地缘为基础，具有工具性与情感性的运作特点。这与西方的社会资本理论具有相同性，又有明显的区别。

西方的理论往往是从个体出发来研究社会，认为个体是独立的。当然，中国社会的以"己"为中心的观念似乎也体现了个体。但是，中国社会的个体往往是与所处的关系网络联系在一起，如个体所依赖的亲人、朋友、同学、同事、老乡等，中国人的行动也往往与这些关系交织在一起。从实质上讲，中国的个体是一个具有连带关系的个体，中国人依赖关系而存在，依赖关系而行动。它山庙会的文化传播实践体现了动态性的关系运作，关系是庙会文化传播的逻辑。

改革开放以来，国家权力的下放，地方为寻求自治有了更加广阔的空间。地方政府在"非物质文化遗产"的国家权力符号的支持下，大张旗鼓地把庙会文化的实践纳入社会治理的层面上来，重新诠释了国家与社会、人与社会、人与人之间等多方面的关系。在全球化背景下，当前的鄞

---

① ［美］艾恺采访，梁漱溟口述，一耽学堂整理：《这个世界会好吗：梁漱溟晚年口述》"后记"，东方出版中心 2006 年版，第 342—343 页。

江地区，资本和市场等要素在社会空间中高速流动，城镇化、信息化等方面的力量加剧了关系的演变，影响了人们的关系观念。大型的传播活动为人与人之间的交往与沟通提供了契机与平台。庙会文化传播成为构建关系，分享共同经验与意义的重要途径。在利益分化的格局中，人们以祖先、神明的名义共同体验了荣耀与辉煌，释放了现代化进程中的种种焦虑。庙会文化传播在促进文化与地域认同、塑造共同体和维持秩序稳定等方面产生了重要的作用。

结论与展望

一 它山庙会的文化传播与社会变迁

在传统时期，庙会文化传播的权力长期受地方宗族与乡绅势力的控制。一直以来，庙会文化在当地都是一种重要的象征资源，在村落生活与乡村治理中具有重要地位。历代地方政府与中央政府都非常重视对这一象征资源的利用，封建国家通过加封、立碑、建庙等方式，将权力进一步强加在这种象征资源之上。地方政府则以具体管理者的角色联合地方乡绅等势力强调其领导地位。

唐代以来，皇朝以"远绩禹功"之名，对它山庙会所依托的神明（也是历史人物）进行不断加封，赋予庙会神圣与权威的色彩。国家与社会共同参与庙会活动。庙会成为国家与社会之间合作与对话的"第三领域"。这种合作在清代以来得到了进一步巩固和强化，国家与社会在"第三领域"的相互渗透不断加强，使庙会的活动日益丰富，在治水、修桥、修路、救济等村落公共生活方面发挥了重要的作用。它山庙会文化传播的社会整合、秩序维护、文化认同和共同体经营方面的功能得到进一步体现。庙会在漫长的历史演变过程中，总在企图挣脱束缚，寻求生存与发展的独立性。然而事实上，无论庙会的起源、兴盛、衰落甚至中断，都无法摆脱国家与社会的形塑。正如吴凡所言，"民间庙会是一个在'成人'——国家为父、社会为母的不断说教与管制下，具有个性与自我生长、调节能力的'顽童'"[1]。就它山庙会发展的过程而言，可以清晰地看到国家与社会的层层烙印。这里，不妨简要总结一下晚清民国以来它山庙

---

[1] 吴凡：《秩序空间中的仪式乐班——阳高庙会中的阴阳与鼓匠》，博士学位论文，中国艺术研究院 2006 年，第 37 页。

会的变动过程。

　　20 世纪初至 1949 年以前的它山庙会具有明显的国家和地方乡绅协作的特点。据陈思光先生的口述史记载，光绪二十八年，许家桥刚好重建竣工，当地官府为庆祝竣工典礼，在鄞江镇接连举行两次庙会巡游，"红脸菩萨"和"大菩萨"均出殿。人们等候了半夜，天还没亮，就被三眼铜铳的巨大响声惊醒。人交"关交关多（当地方言，人非常多的意思）"，只知道会队前驱已到许家桥北塅转弯，神轿才抵达许家桥顶部，官池塘上还有零星的客串灯会。[①] 当时庙会盛况由此可见。传统时期，庙会的祭祀仪式一般由鄞县正印官来主持。正式历史文献虽对这一时期的庙会情况缺乏具体描述，但仍然可以通过民众口述、地方志、民间读本等方式来探视当时的庙会情况。20 世纪初至 1949 年以前的它山庙会在很大程度上依赖于国家权力在地方的代表——地方官或地方政府和地方乡绅的协作与推动。因此，这一时期的庙会仍然具有国家和地方乡绅协作的特点。

　　1950—1978 年这一段时期，它山庙会的发展呈现出暧昧的去国家化特点。据当地老人回忆，新中国成立初期，随着人口的增多，附近的乡民纷纷赶往鄞江镇，参加庙会，非常热闹。但是到了"文革"时期，它山庙会曾中断十年，直到"文革"后期，才逐渐恢复。但是，在政府指令下，庙会名称演变成"鄞江镇物资交易会"。直到改革开放以来，才重新出现传统庙会的字样。在对当地老人进行访谈的过程中，有许多民众就对1939 年以来，官方不再主持庙会祭祀仪式颇有怨言。这是一个有趣的现象。一方面民众想摆脱国家的控制，倡导庙会的独立的策略性生存；另一方面民众又想借助国家权力的符号，巩固庙会的崇高与神圣。1950—1978年这一段时期是国家政权建设的高度集期，庙会常被贴上封建迷信的标签，受到国家强制性的监视与管制。在这一时期，社会生活呈现出高度政治化倾向，所有经济、文化活动等都要围绕政治需要进行。国家一方面推进庙会的去国家化，另一方面加强对庙会的控制，为整体政治、经济、文化体系服务。这一时期的庙会呈现出暧昧的去国家化特点。个体的文化实践以及参与文化活动的能动性受到压制。

　　1978 年改革开放以来，它山庙会的发展呈现出国家与社会合力支持，官方和民间统合运作的趋向。国家加强了对庙会的软性控制，即不再单纯

---

　　① 陈思光：《鄞江桥》续编（三），民间读本，2010 年，第 29—86 页。

依赖强制力量，而是采用了更为有效、灵活的统合方式，牢牢地控制了庙会的实际运作。特别是1993年，可以说是它山庙会的重要转折点，当地政府以全国重点文物保护单位——它山堰为切入点，把它山遗德庙纳入它山堰附属工程申请了保护。于是，地方政府以保护、开发、利用文物与弘扬民族文化为名，主导了它山遗德庙的大规模重修。同时，重修得到了民间社会的积极响应与热情支持，当地民众纷纷捐款，庙内的石碑至今还详细记载了当时民间的捐款盛况。应该说，在权衡庙会经历"文革"时期"政策强压"的教训之后，地方政府对庙宇这一民间信仰空间仍然非常谨慎。但是，随着改革开放的深入和市场经济的发展，地方政府开始试探着进一步迈开步伐。在国家政策允许的空间内，地方政府以开发、利用文物和顺应民意为名，一方面寻求庙宇重建和庙会发展的政策支持或政治庇护，另一方面引导民间力量参与庙会活动等相关事项。

1993年它山遗德庙得以顺利重建，之后庙会得到大规模复兴，这都可以看出当时地方政府的策略是成功的。这次重建，使政策压制的阴霾自然退去，为庙会的大规模复兴奠定了基础。庙宇和庙会重新回归村落生活，其合法性身份得到了佐证。当地民间力量受到了极大的鼓舞，积极参与到庙会的具体运作之中。庙宇重建的策略与方式，为它山庙会后来的组织、运作积累了重要经验。进入21世纪，地方在发展旅游、休闲与文化产业方面有很大的需求。经历了长期的试探与实践之后，它山庙会在政府推动、民间呼吁与市场需求等多重因素作用下，开始寻求转型与自治，到2009年达到了一个高潮。2009年当地庙会仪式得到了大规模复兴。此后，它山庙会仪式的官祭与民祭同步进行，庙会运作中官方和民间力量都积极参与，进一步宣告了这一时期它山庙会的运作官方与民间通力支持、国家与社会统合运作的新特点。

有学者认为，"作为第三领域类型之一的庙会，具有超出国家与社会之影响的自身特性及逻辑的存在和价值"[①]。笔者认为上述有一定道理。但是，通过对它山庙会的整体考察，有一点需要进一步指出，作为"第三领域"，庙会在和国家、社会进行对话的过程中，力量对比仍是不均衡的，并且国家与社会对庙会文化的形成与传播存在隐性的支配力量，民众

---

① 吴凡：《秩序空间中的仪式乐班——阳高庙会中的阴阳与鼓匠》，博士学位论文，中国艺术研究院2006年，第40页。

对国家与社会共同作用下的庙会活动往往是一种无意识接纳。当笔者向当地民众问起如何评价当下的庙会时，很多民众都给出了几乎相似的答案："很是闹热（当地方言，即为热闹之意）"。殊不知，当下的庙会已经发生了很大的转变，但大多数人仍仅留恋于"热闹"的场景。他们对庙会仪式的传播更加注重形式感，对庙会文化渊源和走向并不关心。一言以蔽之，庙会在与国家、社会进行对话的过程中缺乏必要的动力，其自治空间仍非常有限。进入21世纪，国家权力极大地渗入庙会文化传播领域，庙会开始以"非物质文化遗产"的符号活跃于当地社会空间，被统编入国家认可的传统文化或习俗的范畴，并被地方政府加以大规模的开发和利用。与此同时，庙会的民间自组织"庙会委员会"也以民间代理人的角色参与了庙会仪式传播的实践。

伴随现代化进程快速发展的科技与经济并没有摧毁民间文化传统。相反，在改革开放后的多方需求作用下，鄞江镇境内的庙宇、祠堂、庙会等地方仪式与象征得到了大规模复兴，特别是在地方经济精英（当地人称老板）和一般民众的捐助下，旧的庙宇、祠堂等得到重建或翻新。民间文化传统的复兴得到国内相关学者的重视。如王铭铭在福建塘东村的研究指出，民间文化传统的复兴不仅是官方提倡的结果，更有民间自发的因素。他还认为民间宗教仪式在现代化过程中起着联络地方社会关系和操演社会竞争的作用。① 笔者在鄞江镇的研究也有类似的发现。庙会的大规模复兴，使得地方经济、文化、社会关系等网络重新聚合在一起，形成了一种地方认同的力量。现代化进程中各种力量被裹挟进来，渗透进庙会的具体运作之中。本是民间传统文化的庙会，演变为蕴含着现代政治、经济、文化因素的"操练"与展示。传统与现代并不是二元对立，而是相互交错、融合在一起。可以说，无论在庙会文化圈的圈内，还是圈内与圈外之间，庙会所连接的社会关系与竞争都是同时存在的，地缘、血缘以及经济实力等因素在庙会文化传播中得到集中展演。

20世纪80年代以来，由政治力量为主导的公共生活迅速弱化。国家力量在公共生活中大幅度撤出之后，一方面导致了地方社会私人生活的兴起，另一方面导致了公共生活的消失。由国家或集体出面组织的公共文化

---

① 王铭铭：《村落视野中的文化与权力：闽台三村五论》，生活·读书·新知三联书店1997年版，第135—142页。

活动逐步销声匿迹。特别是随着电视、手机、互联网等新兴信息传播媒介的普及，以及村民居住空间的改变，这些因素在很大程度上削弱了民众参与公共生活的热情。村落的文化、休闲生活开始以个体家庭为中心。民众更多地选择待在自己家中进行相应的文化、休闲生活。事实上，民间自组织很难在失去国家力量援助的情况下组织村落的公共生活。正如阎云翔所言，集体化终结、国家从社会生活多个方面撤出之后，非集体化后的农村出现了道德与意识形态的真空。① 高度发达的市场经济加速了地方社会生产、生活方式、价值观等方面的改变，并逐渐渗入了全球化的消费文化。

然而，在现实需求和民间信仰需要的促动下，民间要求复兴传统文化与公共生活的愿望逐渐显露出来，庙会文化作为残存的地方传统文化在20世纪90年代开始得到复兴。阎云翔对黑龙江下岬村的研究指出，非集体化后国家对地方社会干预的减少，引起了私人生活发展的同时，却使公众生活迅速衰落，公共领域与私人领域之间的断裂还将继续下去。② 然而，从它山庙会的个案来看，自20世纪90年代以来，国家力量就有步骤地渗入庙会生活的方方面面。特别是到21世纪初，国家力量主导了庙会的复兴。地方政府（国家权力的代表）借助统合主义的策略，有效地把庙会这一集体的公共生活迅速组织起来，连接了民众的私人生活。这正好弥补了阎云翔所担心的公共生活的缺失与断裂。庙会文化传播的大规模复兴，在一定程度上使我们看到了地方社会公共生活复兴与发展的新希望。

从它山庙会的考察看来，很多民众显然早已习惯了政府操办庙会的事实，无意识地附会了主流意识形态的认同。政府主导庙会的演进，必然在实质上控制群体对庙会文化的记忆与传播。正如保罗·康纳顿所言，"控制一个社会的记忆，在很大程度上决定了权力的等级，过去的形象一般会使现在的社会秩序合法化"③。值得关注的是，民众对它山庙会的无意识记忆，正是在国家与社会对庙会文化无与伦比的形塑过程中完成的，这是一个漫长的叠加过程，慢慢衍化为一种惯常的无意识的接纳行为。因此，地方政府借助现代信息技术、符号、元素等来组织社会记忆，这不仅是一

① 阎云翔：《私人生活的变革：一个中国村庄的爱情、家庭与亲密关系：1949—1999》，龚晓夏译，上海书店出版社2006年版，第260页。

② 同上书，第261页。

③ ［美］保罗·康纳顿：《社会如何记忆》，纳日碧力戈译，上海人民出版社2000年版，第1—3页。

个技术问题，而且还是一个权力问题。这一过程决定了庙会文化传播权力的走向，以及社会记忆的保持与传播。

特别需要指出的是，庙会文化传播过程中，个体的实践不容忽视。我们应该清醒地看到，在社会结构变迁过程中，个体的存在以及他们的能动性行动所产生的累积性力量。他们在日常生活中以细碎的方式开展庙会文化的再生产与传播，前面的章节已有论述。个体的文化参与和实践保留了一般民众对社会事实的认识与理解。从这种意义上讲，庙会文化传播又没有完全受制于国家权力的操控。相反，一般民众以自己的方式再生产了权力，通过参与传说和仪式的传播实践，他们共享了意义，编织了国家、家园、社会、个人、神明、祖先之间的关系。当前的庙会已把这些复杂关系统合在一起，组成一个多元、共生、互动、协调的"第三领域"。久而久之，在多种力量的作用下，鄞江地区已经形成了紧密的庙会文化圈。他们在庙会文化实践中彼此共享了意义，促进了地方社会的整合，构建了共同体，形塑了一种社会的秩序。

二　庙会文化传播的机制、观念与逻辑

西方传统的传播理论往往在分析传播活动时强调这几个要素：传播者、传播内容、传播渠道、受传者以及传播效果等方面。这种对于传播活动简单的结构化分析，忽略了人类传播活动的复杂性和多元性。事实上，人类传播活动除了工具性的一面之外，还具有价值性的一面，即包含了传播的一切背景因素，如情感、观念、伦理等。因此，分析它山庙会文化的传播活动时，不能简单地把它划分为几个要素。如果强行简化此类文化传播活动，将使我们难以看到文化传播活动中的许多隐秘，从而失去确切把握文化传播本质的机会。

本书的绪论曾提到这样一个场景：当地社会空间一方面热火朝天地进行着全球化工业生产，社会生活被裹挟进全球化的洪流之中；另一方面规模惊人的庙会仍然在当地民众的顶礼膜拜中进行，庙会文化遍布于他们的日常生活。1000多年来，这种文化传播活动历久弥新，持续传承。通过对它山庙会的考察发现，有一种"仪式—传说"的文化传播机制，把庙会文化传播活动的各种力量联系在一起。仪式是庙会文化的集中展演，它把人与神、人与祖先、人与人、家与国等关系凝聚在一起，通过具体的时空、现场的感知来展现传说的权力关系；传说则以它弥漫于民众日常生活

世界的方式，维系仪式的神圣意义。庙会既是一种集中性的文化传播事件，又是一个分散性的文化传播过程。既有过程，又有事件，聚集了各种传播网络与关系。

庙会文化传播既依赖于庙会举办仪式性活动这一中心事件，又依赖于日常生活的相关仪式与传说的传播。事件与过程形成了一个互动且相互作用的机制，把庙会文化散播于社会生活的方方面面。因此，在考察和分析庙会文化传播时，不能把庙会看成一个孤立的事件，而要把它看作一个事件与过程整体互动的实践。事实上，庙会文化的实践过程，也就是庙会文化的传播过程。一般民众以庙会文化参与和实践的方式传播了一种文化，庙会文化的大规模传播又影响了民众的文化实践。庙会文化传播作为一种古老而又原始的传播活动，虽然添加了许多现代性元素，但是当前的庙会文化传播高度依赖于仪式与传说这类原生态的传播方式，庙会文化的扩散主要采用这类方式在纵深方向展开。人际传播和群体传播是庙会文化传播的主要手段。这些传播手段，为一般民众的庙会文化实践提供了现场、具体的时空体验感，这是其他传播手段无法替代的。

当前，它山庙会已统合为地方社会多种利益协调和表达的"第三领域"。在统合制度的作用下，庙会被地方政府当作"大公司"来管理，引入了社会、组织、个体等力量竞相参与。国家权力（地方政府）以这家公司的董事长自居，各种社会团体或组织是这家公司的合作伙伴，而一般民众则是这家公司的员工，又是公司的客户，这些力量共同支撑了庙会的具体运作。

庙会这种地方原生态的、大规模的、定期持续的文化传播活动，具有这样一个明显的观念和逻辑：基于地缘和血缘为基础的关系造成了一种号召性的力量，把社会情境中分散的个体凝聚在一起，以念祖敬神的民间信仰名义，使原本模糊的集体记忆逐渐显露出来，并通过高度集群性的仪式传播活动，把彼此熟悉或半熟悉的人们重新连接在一种关系共同体之中，在这种反复的体验和意义的共享中，久而久之，形成了一种宗教（民间信仰）、商贸、娱乐、休闲的生活方式，形成社会生活中的一种连接性的集体行动，文化传播的动力得以相应产生。这种关系观念和逻辑同样潜藏于日常生活中的庙会文化传播过程之中。

通过对庙会文化传播的整体考察，笔者发现，传说和仪式的传播体现了中国人的人情、面子、情感、伦理等因素，深刻地呈现了传播的关系逻辑。仪式庆典的热闹、荣耀与体面，传说传播中民众的夸耀，"陪饭"等习俗中的人情，以及地方社会中人与人、人与神的交往规则，体现了庙会文化传播的关系观念与逻辑。在这一关系逻辑中，个体、国家、社会之间不是二元对立的，而是错综复杂地交织在一起。从整体上看，这种关系观念与逻辑基于地缘和血缘基础，通过此基础在庙会文化传播的圈层中不断发散开来。费孝通的"差序格局"、梁漱溟的"伦理本位"、许烺光的"情境中心"以及黄光国的"人情与面子"等关系理论都为本书的研究提供了有益的启发。从它山庙会文化传播的实践来看，关系的运作不仅体现为社会网络的工具性，还体现了文化意义上的情感性。从根本上说，它山庙会文化传播的观念与逻辑具有明显的儒家思想的关系取向。庙会文化传播中的仁、义、孝等因素，庙会生活中的交换规则，人与人、人与神之间的交往伦理，无不体现了儒家思想的关系主义。

需要指出的是，从它山庙会的个案来看，在现代性和后现代的形塑之下，其中的关系运作具有"内圈化"的特点，即关系利益的分享与赋予越来越倾向于近亲。放眼于它山庙会文化传播的社会情境，全球化的工业生产和国际连接，政治、经济等面临复杂的变革。当地社会已完成从农耕社会到工业社会的过渡，一系列现代化的问题改变了人们的时空体验和社会行动策略。在现代性或后现代性的冲刷下，人与人之间的依赖关系也不再像传统农耕时代那么紧密。人们对关系构建的需求肯定会与农耕社会有所不同，关系的局部变革也就在所难免。庙会作为当前鄞江地区重要的文化传播活动，已和社会情境密切的连接在一起，蕴含了丰富的关系脉络。正如陈卫星所言，其表现要义是在社会转型中寻求新的调解形式，重新定义政治与经济、国家与社会、个人与社会共同体的关系。① 改革开放以来，市场经济的高度发展、政治经济体制的改革以及文化转型，传统文化的复兴与全球性消费文化的渗透交织在一起，现代性建构与政治、经济、文化传播活动等方方面面紧密融合，形成了变革社会中的一道复杂的景观。

三　从庙会文化传播看中国人的传播观念与传播学的本土化

凯瑞对于传播的理解倾向于从文化入手，强调传播活动的文化意义。

---

① 陈卫星：《传播的观念》，人民出版社 2004 年版，第 359 页。

为此，他呼吁传播研究要关注文化转向。在这一点上，凯瑞的研究为我们提供了有益的视角。凯瑞把美国文化中的两种传播观念划分为"传递观"和"仪式观"，他本人更主张传播的"仪式观"，认为仪式视域下的传播活动并非直指信息在空中的扩散，而是时间上对一个社会的维系，是建构并维系一个有秩序、有意义、能够用来支配和容纳人类行为的文化世界。① 这种观点对于传播的本质和起源的探讨具有很强的启发意义。

凯瑞有关理解传播活动要重视文化意义的主张得到了中国传播学者的关注。如吴予敏认为，从中国人的传播实践经验中总结中国人的传播观念，并加以深入研究是传播学本土化研究的重要途径。② 立足中国文化语境提炼和总结理论，不是说要建立一门完全不同于西方传播学的中国传播学，而是如孙旭培所言，通过研究中国的传播历史与现状，为世界传播学的丰富与发展作出贡献。③ 虽然科学理论是无国界的，但是传播学不能仅仅抽象自西方社会生活，而应以学术自觉的态度更多地关切东方文明背景下的具体传播历史与实践，并赋予相应的理论关怀，建立相应的知识生态。事实上，传播学在中国发展的 30 多年来，类似主张一直为许多中国传播学者所赞同，只不过相关研究进展缓慢而已。构建中国本土的传播知识生态与学术共同体，这是中国学者与西方学者平等对话的切入点。中国学者有权利有责任来参与丰富和发展世界传播学理论。

陈卫星在总结西方传播理论时指出，要使传播活动产生好的传播效果，应遵循关系与内容、内容性语言和关系性语言的运用以及善于把握传播过程中传受双方的关系水平。④ 当然，陈卫星所指的"关系"指一般意义上的社会联系，包含了人类传播过程中的理性、情感、伦理、背景等因素。他对传播观念的理解侧重于强调传播行为中的"意义"共享。实际上，陈卫星在结构主义观点的启发下提出了一种对传播的总体性认识和理解。西方理论为我们提供了一个高度抽象的概念。然而，具体到中国文化情境中的"经验"又该如何与其交流与融合，并保持主体性？这是一个

---

① ［美］詹姆斯·W. 凯瑞：《作为文化的传播》，丁未译，华夏出版社 2005 年版，第 4—7 页。

② 吴予敏：《中国传播观念史研究的进路与方法》，《新闻与传播研究》2008 年第 3 期。

③ 孙旭培：《序言》，载孙旭培主编《华夏传播论——中国传统文化中的传播》，人民出版社 1997 年版，第 4 页。

④ 陈卫星：《传播的观念》，人民出版社 2004 年版，第 124—126 页。

不能回避的问题。

为此，有学者更多地关注中国文化情境中的传播与关系的研究，王怡红就是其中的代表。她认为，"传播学的关系价值研究视角更强调信息交流、意义沟通和价值劝说的作用，亦即传播或交往的社会功能。这种尝试有可能使传播研究更接近于在中国社会日常生活中所存在的真实含义，从而发现在中国社会关系传播的意义。不妨把'传播的关系规定'和'关系的传播过程'研究作为中国传播学研究的一个领域，一块聚焦热地，使之成为中国传播理论的首要产出之地。中国人的传播思想是以关系为本位而建立和形成的"①。对于王怡红的提议和创举，笔者深表赞同。中国社会交往与沟通情境中的人情、面子、伦理、道德等无不凝聚了中国人对于关系的经营与管理。相应的传播观念便深深地镶嵌于这种关系经营与管理之中。不了解关系脉络在中国文化传播语境的应用，就无法深入理解传播与社会互动的意义。

从它山庙会的个案来看，中国文化情境中的传播活动具有明显的"关系"观念。庙会文化传播所浮现的关系观念，是理性与情感的复合体，不仅包含了西方理论家所指的人与人、人与社会等之间的理性联系，而且指向具有人情、面子、伦理与道德等方面的情感性因素。因此，我们不能用二元对立的眼光来看待"关系"运作的理性与情感。

滋生于中国文化与社会环境的传播活动具有浓厚的关系观念。本书对于庙会文化中的仪式与传说的传播就印证了这一点。鄞江地区形成了庙会文化圈，其中的人们通过具体的庙会文化实践，完成了人与人、人与神等关系建构，并由此分享了意义、构建了共同体和形成了社会秩序。从这种意义上讲，庙会文化情境中的传播不仅指信息传递、维持特定社会秩序与意义共享，更是意指建构人与人交往和沟通规则的关系资源，促进了社会行动者之间的联系与沟通。由此看来，我们可以把庙会文化实践中所呈现的传播理解为一种"关系观"。在当前的社会情境中，以儒家伦理体系而形塑的传播的关系观念仍在很大程度上成为地方社会日常传播活动的重要规则。

需要指出的是，这里提出传播的"关系观"并不是要标新立异与凯

---

① 王怡红：《论传播学的关系价值研究——一个提升传播学科品质的可能途径》，香港《传播与社会学刊》2010 年第 12 期。

瑞的"仪式观"作区别，而是要在"仪式观"关于理解传播要重视"文化取向"的指引下，重新审视在中国文化语境产生的传播活动的规律。近代就有中国学者呼吁社会科学的"中国化"，如吴文藻先生，他作为中国第一代社会学家曾提出"要使中国式的社会学扎根于中国土壤之上"①。为此，华人学者进行了长期而卓有成效的社会科学"中国化"的探索，涌现了潘光旦、梁漱溟、费孝通、许烺光、黄光国、翟学伟等一批代表性学者。在此行进中，华人学者以一种学术共同体的努力建立了富有阐释力的"关系理论"。这对传播研究具有重要的启发。在几代中国学者建立的"关系理论"的启发下，本书意在通过追溯中国社会情境中传播活动的"微妙"之处，为理解中国文化语境的传播活动提供一种途径，为了解中国社会情境中的传播活动为什么发生和以怎样的形式发生等问题提供必要的阐释，从而为我们理解共同文化所呈现的观念、伦理、心态等提供一点有价值的东西。

晚年的费孝通先生谈得比较多的是文化自觉。他说，"文化自觉是指生活在一定文化中的人对其文化有'自知之明'，明白它的来历及形成过程，不是要'复旧'，同时也不主张'全盘西化'或全盘'他化'。自知之明是为了加强对文化转型的自主能力，只有在认识自己的文化、理解所接触到的多种文化的基础上，才有条件在这个正在形成中的多元文化的世界里确立自己的位置"②。为此，费孝通先生在探索全球化与不同文明之间关系时，还提出了"各美其美，美人之美，美美与共，天下大同"③ 的理想。中华文化历经几千年，积累了无数的智慧与经验，在全球化和高度现代化的今天仍然值得研究与总结。在变革的社会中，这种智慧与经验往往是一个国族认识自我和树立自信的重要根据。

具体到传播研究，推动传播学本土化是文化自觉的重要途径。在中国传播研究本土化的行进中，我们要密切关注中国文化情境中个体和群体的传播实践，通过深入研究传播在他们的生活经验与社会行动等方面的脉络，进而找出中国的传播经验与规律。在这一过程中，并不是说要排斥西方理论，而是需要参考西方理论，立足中国文化语境，学习西方严谨的方

---

① 吴文藻：《吴文藻人类学社会学研究文集》，民族出版社 1990 年版，第 8 页。

② 费孝通：《文化与文化自觉》，群言出版社 2010 年版，第 195 页。

③ 同上书，第 456—457 页。

法论来论证中国情境的传播规律。正如李金铨所言，"要把'地方经验'提升并联系到'全球理论'，这个全球理论不必然是西方的，而是代表各个重要学术社群不断对话、竞争、修正的辩证过程。要从自己的生活经验里面抽取出最有原创性的问题，寻找出内在理路，然后逐渐提升抽象层次，进而使用适当的西方理论，帮助我们勾勒或照明材料，活络思想，但不能跟它亦步亦趋"①。事实上，李金铨的观点已指出了中国传播学研究应具有文化自觉和理论自觉的责任感与使命感。这需要一代代中国学者的努力与推进。就中国传播学研究本土化而言，需要学者们心怀文化自觉与理论自觉，既要关注新兴的现代传播活动，也要关注中国传统的文化传播活动；不仅要研究大众传播活动，更要体察中国人日常的、细微的、原生态的、最为基础的传播实践。在具体的文化情境中探究中国传播文明，突破西方传播理论的局限，开展国际传播学术对话。

笔者认为，传播学本土化需要我们站在自身文化的基础上，以全球化的视野，细微地观察和记录变革社会中的传播、制度、观念、行为、社会关系的交融与运作。为了达到目的，我们可以尝试"关系"研究取向，即在研究具体传播活动时，根据"关系"网络的分布与运作，结合传播的"事件"与"过程"，综合理解传播与社会的互动，以此为基础探究传播如何与特定社会中的政治、经济、文化密切勾连的机制。"关系"的研究取向在一定程度上可以弥补传播学本土化方法论的不足。传播学研究的关系视角把国家、社会、个体等多方面角色与中国文化的情境密切联结起来。沿着这一方向，我们可以把历时性与共时性因素结合在一起，揭示传播与社会互动的结构与过程。不限于此，我们还可以利用"关系"视野来理解当下中国社会的传统文化复兴运动，并将其放置于整体的现代民族——国家的建设，以便更好地理解变革社会中中国文化与现代性的构建，以及中国文化演变的脉络。

最后，需要说明的是，它山庙会只是诸多中国文化传播活动的一个个案，笔者重点考察的庙会仪式与传说也只是文化传播活动的一个方面，它们对社会事实的建构与描述也只是一个缩影。社会生活与文化传播的联系之多，使本书无法一一观照。本书只不过是众多中国本土文化传播研究的

---

① 李金铨：《敦煌学的启示——兼论华人传播研究的方向》，《中国传媒报告》2013 年第 4 期。

尝试之一而已。在此，笔者不敢奢望通过它山庙会文化传播研究总结出中国社会典型的文化传播特点。中国之大，社会之复杂，各地文化、习俗之多，区域社会发展之千差万别，其中的文化传播都有可能出现不同的形态。尽管如此，它山庙会的个案研究仍具有学术价值。费孝通先生曾提出中华民族"多元一体"① 的观点，这是一个有益的理论指引。它山庙会文化传播研究得出的结论，其重点并不在于它是否具有代表性，而在于它为变革社会中的中国本土文化传播研究提供了一个新的样本和思考，为解剖中国社会复杂的文化传播现象提供了一个切口，由此而显露的内在理路可供相关研究参考。但愿这种思考和尝试能抛砖引玉，引起相关学者更多、更深的探讨。

---

① 费孝通先生认为中国各民族是客观的存在，实际生活中产生的整体认同意识也是客观存在，各民族的差异和中华民族的共同发展是辩证统一的关系，由此形成"多元一体"的格局。详见费孝通主编《中华民族多元一体格局》（修订本），中央民族大学出版社 2003 年版，第 310 页。

参考文献

一 中文部分

（一）著作

1. 岳永逸：《灵验·磕头·传说：民众信仰的阴面与阳面》，生活·读书·新知三联书店 2010 年版。

2. 黄宗智：《中国研究的范式问题讨论》，社会科学文献出版社 2003 年版。

3. 王兆祥、刘文智：《中国古代的庙会》，商务印书馆 1997 年版。

4. 曹锦清：《如何研究中国》，上海人民出版社 2010 年版。

5. ［美］克利福德·吉尔兹：《地方性知识——阐释人类学论文集》，王海龙、张家瑄译，中央编译出版社 2000 年版。

6. 赵世瑜：《狂欢与日常——明清以来的庙会与民间社会》，生活·读书·新知三联书店 2002 年版。

7. 顾颉刚编著：《妙峰山》，国立中山大学语言历史学研究所，1928 年。

8. 费孝通：《江村经济》，上海人民出版社 2007 年版。

9. ［美］杜赞奇：《文化、权力与国家——1900—1942 年的华北农村》，王福明译，江苏人民出版社 2010 年版。

10. ［美］詹姆斯·沃森著，韦思谛编：《中国大众宗教》，陈仲丹译，江苏人民出版社 2006 年版。

11. ［美］杨庆堃：《中国社会中的宗教》，范丽珠等译，上海人民出版社 2006 年版。

12. ［美］爱德华·W. 萨义德：《东方学》，王宇根译，生活·读书·新知三联书店 2009 年版。

13. ［英］爱德华·伯内特·泰勒：《原始文化》，蔡江浓译，浙江人民出版社 1988 年版。

14. ［英］齐格蒙特·鲍曼：《作为实践的文化》，郑莉译，北京大学出版社 2009 年版。

15. ［美］克利福德·格尔茨：《文化的解释》，韩莉译，译林出版社 2008 年版。

16. ［澳］马克·吉布森：《文化与权力：文化研究史》，王加为译，北京大学出版社 2012 年版。

17. 戴元光、金冠军：《传播学通论》，上海交通大学出版社 2007 年版。

18. 吴飞：《火塘·教堂·电视——一个少数民族社区的社会传播网络研究》，光明日报出版社 2008 年版。

19. 吴飞、王学成：《传媒·文化·社会》，山东人民出版社 2006 年版。

20. 王怡红：《人与人的相遇——人际传播论》，人民出版社 2003 年版。

21. ［英］维克多·特纳：《象征之林——恩登布人仪式散论》，赵玉燕等译，商务印书馆 2006 年版。

22. ［法］阿诺尔德·范热内普：《过渡礼仪》，张举文译，商务印书馆 2010 年版。

23. ［法］爱弥尔·涂尔干：《宗教生活的基本形式》，渠东等译，上海人民出版社 2010 年版。

24. ［美］詹姆斯·W. 凯瑞：《作为文化的传播》，丁未译，华夏出版社 2005 年版。

25. 顾颉刚：《古史辩》，河北教育出版社 2000 年版。

26. 钟敬文等：《名家谈牛郎织女》，文化艺术出版社 2006 年版。

27. ［日］柳田国男：《民间传承论与乡土生活研究法》，王晓葵等译，学苑出版社 2010 年版。

28. ［日］河合隼雄：《日本人的传说与心灵》，范作申译，生活·读书·新知三联书店 2007 年版。

29. ［美］理查德·鲍曼：《作为表演的口头艺术》，杨利慧等译，广西师范大学出版社 2008 年版。

30. 孙旭培主编：《华夏传播论——中国传统文化中的传播》，人民出版社 1997 年版。

31. 仲富兰：《民俗传播论》，上海文化出版社 2007 年版。

32. 葛兆光：《中国思想史——七世纪前中国的知识、思想与信仰世界》，复旦大学出版社 1998 年版。

33. 张敏主编：《中国会展研究 30 年文选》，上海交通大学出版社 2009 年版。

34. ［美］柯克·约翰逊：《电视与乡村社会变迁——对印度两村庄的民族志调查》，展明辉等译，中国人民大学出版社 2005 年版。

35. ［美］艾尔·巴比：《社会研究方法基础》（第 8 版），邱泽奇译，华夏出版社 2002 年版。

36. 陈向明：《质的研究方法与社会科学研究》，教育科学出版社 2000 年版。

37. 孙立平：《现代化与社会转型》，北京大学出版社 2005 年版。

38. ［法］克洛德·列维—斯特劳斯：《忧郁的热带》，王志明译，中国人民大学出版社 2009 年版。

39. 曹锦清：《黄河边上的中国》，上海文艺出版社 2001 年版（重印）。

40. ［美］许烺光：《美国人与中国人：两种生活方式比较》，彭凯平等译，华夏出版社 1989 年版。

41. ［英］布罗尼斯拉夫·马林诺夫斯基：《西太平洋的航海者》，张云江译，中国社会科出版社 2009 年版。

42. 徐剑飞：《鄞州佛教文化》，宁波出版社 2009 年版。

43. 高有鹏：《庙会与中国文化》，人民出版社 2008 年版。

44. ［瑞士］卡尔·古斯塔夫·荣格：《原型与集体无意识》，徐德林译，国际文化出版公司 2011 年版。

45. ［德］哈贝马斯：《公共领域的结构转型》，曹卫东译，学林出版社 1999 年版。

46. ［美］黄宗智主编：《中国研究的范式问题讨论》，社会科学文献出版社 2003 年版。

47. ［美］理查德·鲍曼：《作为表演的口头艺术》，杨利慧等译，广西师范大学出版社 2008 年版。

48. 王宵冰主编：《仪式与信仰——当代文化人类学新视野》，民族出版社 2008 年版。

49．［英］J. G. 弗雷泽：《金枝——巫术与宗教之研究》（上册），汪培基等译，商务印书馆 2012 年版。

50．［法］阿诺尔德·范热内普：《过渡礼仪》，张举文译，商务印书馆 2010 年版。

51．［美］维克多·特纳：《仪式过程：结构与反结构》，黄剑波等译，中国人民大学出版社 2006 年版。

52．彭兆荣：《人类学仪式的理论与实践》，民族出版社 2007 年版。

53．余志鸿：《中国传播思想史》古代卷（上），上海交通大学出版社 2005 年版。

54．［美］兰德尔·柯林斯：《互动仪式链》，林聚任等译，商务印书馆 2009 年版。

55．李向平：《信仰但不认同——当代中国信仰的社会学诠释》，社会科学文献出版社 2010 年版。

56．［瑞士］费尔迪南·德·索绪尔：《普通语言学教程》，高名凯译，商务印书馆 1999 年版。

57．郭于华主编：《仪式与社会变迁》，社会科文献出版社 2000 年版。

58．［美］本尼迪克特·安德森：《想象的共同体——民族主义的起源与散布》（增订版），吴叡人译，上海人民出版社 2011 年版。

59．郭庆光：《传播学教程》，中国人民大学出版社 1999 年版。

60．［美］斯蒂文·小约翰：《传播理论》，陈德民等译，中国社会科学出版社 1999 年版。

61．刘利等译注：《左传》，中华书局 2007 年版。

62．葛兆光：《中国思想史》（卷一），复旦大学出版社 1998 年版。

63．［加］马歇尔·麦克卢汉：《理解媒介——论人的延伸》，何道宽译，商务印书馆 2000 年版。

64．［法］克劳德·列维－斯特劳斯：《结构人类学——巫术·宗教·艺术·神话》，陆晓禾等译，文化艺术出版社 1989 年版。

65．钟敬文主编：《民俗学概论》，上海文艺出版社 1998 年版。

66．中国民间文学集成全国编辑委员会：《中国民间故事集成》（浙江卷），中国 ISBN 中心出版社 1997 年版。

67．余英时：《现代儒学论》，上海人民出版社 1998 年版。

68. 李亦园、杨国枢主编：《中国人的性格》，桂冠图书股份有限公司1988 年版。

69. 翟学伟：《中国人的脸面观：形式主义的心理动因与社会表征》，北京大学出版社 2011 年版。

70. 张燕婴译注：《论语》，中华书局 2007 年版。

71. 李泽厚：《中国古代思想史论》，人民出版社 1985 年版。

72. 杨国枢主编：《中国人的心理》，桂冠图书股份有限公司 1988 年版。

73. ［美］茱莉娅·伍德：《生活中的传播》（第 4 版），董璐译，北京大学出版社 2009 年版。

74. 林语堂：《中国人》（全译本），郝志东等译，学林出版社 1994 年版。

75. ［美］威尔伯·施拉姆：《传播学概论》（第 2 版），何道宽译，中国人民大学出版社 2010 年版。

76. ［英］安东尼·吉登斯：《现代性的后果》，田禾译，译林出版社 2000 年版。

77. 费孝通：《乡土中国　生育制度》，北京大学出版社 1998 年版。

78. ［德］西美尔：《货币哲学》，陈戎女等译，华夏出版社 2002 年版。

79. ［美］乔治·瑞泽尔：《当代社会学理论及其古典根源》，杨淑娇译，北京大学出版社 2005 年版。

80. ［英］拉德克利夫·布朗：《安达曼岛人》，梁粤译，广西师范大学出版社 2005 年版。

81. 翟学伟：《中国人的关系原理——时空秩序、生活欲念及其流变》，北京大学出版社 2011 年版。

82. ［法］马塞尔·莫斯：《礼物：古式社会中交换的形式与理由》，汲喆译，上海人民出版社 2002 年版。

83. 阎云翔：《礼物的流动：一个中国村庄中的互惠原则与社会网络》，李放春等译，上海人民出版社 2000 年版。

84. ［美］林南：《社会资本：关于社会结构与行动的理论》，张磊译，上海人民出版社 2004 年版。

85. ［加］文森特·莫斯可：《传播政治经济学》，胡正荣等译，北京华夏出版社 2000 年版。

86. ［美］C. 赖特·米尔斯：《社会学的想象力》（第 2 版），陈强等译，生活·读书·新知三联书店 2008 年版。

87. ［法］莫里斯·哈布瓦赫：《论集体记忆》，毕然等译，上海人民出版社 2002 年版。

88. 高宣扬：《布迪厄的社会理论》，同济大学出版社 2004 年版。

89. 费孝通：《文化与文化自觉》，群言出版社 2010 年版。

90. 张静：《法团主义》（修订版），中国社会科学出版社 2005 年版。

91. 刘晓春：《仪式与象征的秩序——一个客家村落的历史、权力与记忆》，商务印书馆 2003 年版。

92. 潘乃穆、潘乃和编：《潘光旦文集》（第 3 卷），北京大学出版社 1995 年版。

93. ［美］迈克尔·E. 罗洛夫：《人际传播——社会交换论》，王江龙译，上海译文出版社 1991 年版。

94. 黄光国、胡先缙等：《人情与面子：中国人的权力游戏》，中国人民大学出版社 2010 年版。

95. 边燕杰主编：《关系社会学：理论与研究》，社会科学文献出版社 2011 年版。

96. 翟学伟：《关系与中国社会》，中国社会科学出版社 2012 年版。

97. ［美］斯蒂芬·李特约翰：《人类传播理论》（第 7 版），史安斌译，清华大学出版社 2004 年版。

98. ［美］欧文·戈夫曼：《日常生活中的自我呈现》，冯钢译，北京大学出版社 2008 年版。

99. ［美］克利福德·格尔茨：《尼加拉：十九世纪巴厘剧场国家》，赵丙祥译，上海人民出版社 1999 年版。

100. 翟学伟：《中国人的行动逻辑》，社会科学文献出版社 2001 年版。

101. ［美］艾恺采访，梁漱溟口述，一耽学堂整理：《这个世界会好吗：梁漱溟晚年口述》，东方出版中心 2006 年版。

102. 乌丙安：《中国民间信仰》，上海人民出版社 1996 年版。

103. 梁漱溟：《东西文化及其哲学》，载《梁漱溟全集》（第 1 卷），山东人民出版社 1990 年版。

104．［法］米歇尔·福柯：《规训与惩罚：监狱的诞生》，刘北成等译，生活·读书·新知三联书店1999年版。

105．梁漱溟：《中国文化要义》，上海人民出版社2005年版。

106．［美］乔纳森·弗里德曼：《文化认同与全球性过程》，郭建如译，商务印书馆2003年版。

107．［美］曼纽尔·卡斯特：《认同的力量》（第2版），曹荣湘译，社会科学文献出版社2006年版。

108．周星：《乡土生活的逻辑：人类学视野中的民俗研究》，北京大学出版社2011年版。

109．［德］斐迪南·滕尼斯：《共同体与社会：纯粹社会学的基本概念》，林荣远译，商务印书馆1999年版。

110．［美］塞缪尔·P.亨廷顿：《变化社会中政治秩序》，王冠华等译，上海人民出版社2008年版。

111．阎云翔：《私人生活的变革：一个中国村庄的爱情、家庭与亲密关系：1949—1999》，龚晓夏译，上海书店出版社2006年版。

112．［美］保罗·康纳顿：《社会如何记忆》，纳日碧力戈译，上海人民出版社2000年版。

113．陈卫星：《传播的观念》，人民出版社2004年版。

114．吴文藻：《吴文藻人类学社会学研究文集》，民族出版社1990年版。

115．钟敬文主编，萧放等著：《中国民俗史·明清卷》，人民出版社2008年版。

116．［美］麦克·布洛维：《公共社会学》，沈原等译，社会科学文献出版社2007年版。

117．［英］布劳尼斯娄·马林诺夫斯基：《自由与文明》，张帆译，世界图书出版公司北京公司2009年版。

118．［法］克洛德·列维－斯特劳斯：《面具之道》，张祖建译，中国人民大学出版社2008年版。

119．［美］乔治·赫伯特·米德：《心灵、自我与社会》，霍桂桓译，译林出版社2012年版。

120．赵世瑜：《小历史与大历史：区域社会史的理念、方法与实践》，生活·读书·新知三联书店2006年版。

121. 王铭铭：《人生史与人类学》，生活·读书·新知三联书店 2010 年版。

122. 王铭铭：《村落视野中的文化与权力：闽台三村五论》，生活·读书·新知三联书店 1997 年版。

123. 王铭铭、王斯福主编：《乡土社会的秩序、公正与权威》，中国政法大学出版社 1997 年版。

124. 王铭铭、潘忠党主编：《象征与社会：中国民间文化的探讨》，天津人民出版社 1997 年版。

125. ［法］葛兰言：《古代中国的节庆与歌谣》，赵丙详等译，广西师范大学出版社 2005 年版。

126. ［英］雷蒙·威廉斯：《文化与社会：1780—1950》，高晓玲译，吉林出版集团有限责任公司 2011 年版。

127. ［美］施坚雅：《中国农村的市场与社会结构》，史建云等译，中国社会科学出版社 1998 年版。

128. ［德］马克斯·韦伯：《儒教与道教》，王容芬译，商务印书馆 1995 年版。

129. 林耀华：《金翼》，庄孔韶等译，生活·读书·新知三联书店 1989 年版。

130. 林耀华：《义序的宗族研究》，生活·读书·新知三联书店 2000 年版。

131. 潘光旦：《民族特性与民族卫生》，北京大学出版社 2010 年版。

132. 李敬一：《中国传播史论》，武汉大学出版社 2003 年版。

133. 关绍箕：《中国传播理论》，中正书局 1994 年版。

134. 钟敬文：《钟敬文文集·民间文学卷》，安徽教育出版社 2002 年版。

135. 华智亚、曹荣：《民间庙会》，中国社会出版社 2008 年版。

136. 戴元光：《社会转型与传播理论创新》，上海三联书店 2008 年版。

137. 费孝通主编：《中华民族多元一体格局》（修订本），中央民族大学出版社 2003 年版。

138. ［英］贝拉·迪克斯：《被展示的文化：当代"可参观性"的生产》，冯悦译，北京大学出版社 2012 年版。

139. 戴元光等主编：《20 世纪中国新闻学与传播学：传播学卷》，复旦大学出版社 2001 年版。

140.［美］R.S. 林德、H.M. 林德：《米德尔敦》，盛学文等译，商务印书馆 1999 年版。

141. 汪晖：《现代中国思想的兴起》（上卷），生活·读书·新知三联书店 2004 年版。

（二）地方志及民间文献

142. 钱伟乔：《鄞县志》，清乾隆。

143.《宁波郡志》，明成化四年刊本。

144. 曹秉仁：《宁波府志》，清乾隆六年补刊本。

145. 周介园：《甬上水利志》，清道光。

146. 黄宗羲：《四明山志》。

147. 柴望：《小溪志》，清光绪。

148.《鄞县通志》，台北成文出版社有限公司 1973 年版。

149.《浙江风物志》，浙江人民出版社 1985 年版。

150. 宁波文化广电新闻出版局：《甬上风物》，宁波出版社 2009 年版。

151. 宁波市鄞州区水利志编纂委员会：《鄞州水利志》，中华书局 2009 年版。

152. 鄞州区档案局等：《鄞州行政简史》，内部资料，2006 年。

153. 宁波市鄞州区地方志编纂委员会：《鄞州山水志选辑》，宁波出版社 2009 年版。

154.《2011 鄞州概览》，2011 年。

155.《2012 鄞州概览：撤县设区十周年》，2012 年。

156. 张嘉俊：《鄞州百村》，宁波出版社 2008 年版。

157. 宁波市鄞州区人民政府地方志办公室：《鄞州年鉴》（2012），浙江人民出版社 2013 年版。

158. 宁波市鄞州区人民政府地方志办公室：《鄞州记忆——百姓修志文集》，浙江人民出版社 2013 年版。

159. 宁波市鄞州区地方志编纂委员会：《鄞江百年大事纪略：1911—2010》，浙江人民出版社 2013 年版。

160. 陈思光编：《鄞江桥》，民间读本，1999 年。

161. 陈思光编：《它山堰》，民间读本，2000 年。

162. 陈思光编：《鄞江桥》续编（三），民间读本，2010 年。

163. 陈思光编：《鄞江桥》续编（四），民间读本，2011 年。

164. 鄞江镇人民政府、鄞江镇文化站庙会筹备会议记录，2009—2013 年。

165. 地方碑刻记载。

166. 张行周：《宁波风物述旧》，东方文化出版 1974 年版。

167. 宁波市鄞州区地名志编纂委员会：《宁波市鄞州区地名志》，西安地图出版社 2006 年版。

168. 浙江省鄞县地方志编委会：《鄞县志》，中华书局出版社 1996 年版。

（三）论文部分

169. 赵月枝：《“向东看，往南走”：开拓后危机时代传播研究新视野》，“2010 年中华传播学年会暨第四届数位传播国际学术研讨会”论文集，2010 年 12 月。

170. 陈春声：《学术评价与人文学者的职业生涯》，《开放时代》2009 年第 5 期。

171. 小田：《“庙会”界说》，《史学月刊》2000 年第 3 期。

172. 高雅楠：《庙会研究文献述评》，《理论界》2012 年第 2 期。

173. 赵世瑜：《中国传统庙会中的狂欢精神》，《中国社会科学》1996 年第 1 期。

174. 刘晓春：《非狂欢的庙会》，《民俗研究》2003 年第 1 期。

175. 岳永逸：《传说、庙会与地方社会的互构——对河北 C 村娘娘庙会的民俗志研究》，《思想战线》2005 年第 3 期。

176. 小田：《近代江南庙会经济管窥》，《中国经济史研究》1997 年第 2 期。

177. 小田：《近代江南庙会与农家经济生活》，《中国农史》2002 年第 2 期。

178. 梁方：《城镇庙会及其嬗变——以武汉地区庙会为个案分析》，《湖北大学学报》2003 年第 3 期。

179. 赵新平：《庙会与乡村经济发展——以晋北大白水村为例》，《晋阳学刊》2009 年第 3 期。

180. 赵旭东：《龙牌与中华民族认同的乡村建构——以华北一村落庙会为例》，《广西民族大学学报》2009年第2期。

181. 岳永逸：《家中过会：中国民众信仰的生活化特质》，《开放时代》2008年第1期。

182. 王新民：《民间信仰与民众生活研究——以陕山岐山的田野调查为例》，博士学位论文，2011年。

183. 约翰·斯道雷：《文化研究中的文化与权力》，周敏译，载《学术月刊》2005年第9期。

184. 道格拉斯·凯尔纳：《失去的联合：法兰克福学派与英国文化研究》，吴志峰等编译，载《天涯》2003年第1期。

185. 周鸿雁：《仪式华盖下的传播：詹姆斯·W.凯瑞的传播思想研究》，博士学位论文，上海大学2010年。

186. 邵培仁、范红霞：《传播仪式与中国文化认同的重塑》，《当代传播》2010年第3期。

187. 郭讲用：《传统节日仪式传播与信仰重塑》，《当代传播》2012年第4期。

188. 陈力丹：《传播是信息的传递，还是一种仪式？——关于"传播'传递观'与'仪式观'的讨论"》，《国际新闻界》2008年第8期。

189. 陈力丹、王晶：《节日仪式传播：并非一个共享神话——基于广西仫佬族依饭节的民族志研究》，《中国地质大学学报》2010年第4期。

190. 王晶：《传播仪式观研究的支点与路径——基于我国传播仪式研究现状的探讨》，《当代传播》2010年第3期。

191. 何顺果、陈继静：《神话、传说与历史》，《史学理论研究》2007年第4期。

192. 邹明华：《传说学的知识谱系：解读柳田国男的〈传说论〉》，《民族文学研究》2003年第4期。

193. 李岗、郑馥璇：《四川民间传说传播模式初探——以罗江县李调元传说为个案》，《西南交通大学学报》2009年第1期。

194. 岳永逸：《村落生活中的庙会传说》，《文化研究》2003年第2期。

195. 卢晖临、李雪：《如何走出个案——从个案研究到扩展个案研究》，《中国社会科学》2007年第1期。

196. 李化斗：《社会生活中的具体与抽象：兼论"过程—事件分析"》，《社会》2011 年第 2 期。

197. 谢立中：《结构—制度分析，还是过程—事件分析——从多元话语分析视角看》，《中国农业大学学报》（社会科学版）2007 年第 4 期。

198. 孙立平：《实践社会学与市场转型过程分析》，《中国社会科学》2005 年第 5 期。

199. 赵世瑜：《传说·历史·历史记忆——从 20 世纪的新史学到后现代史学》，《中国社会科学》2003 年第 2 期。

200. 吴凡：《秩序空间中的仪式乐班——阳高庙会中的阴阳与鼓匠》，博士学位论文 2006 年。

201. 郭俊红、张登国：《地方传说与传说的地方性——以山东省沂源县牛郎织女传说为例》，《民俗研究》2010 年第 4 期。

202. 杨利慧：《仪式的合法性与神话的解构与重构》，《北京师范大学学报》（社会科学版）2005 年第 6 期。

203. 爱德华·萨丕尔：《作为一门科学的语言学的地位》，马毅等译，《福建外语》（季刊）1993 年第 3—4 期（合刊）。

204. 米歇尔·福柯：《另类空间》，王喆译，《世界哲学》2006 年第 6 期。

205. 黄星民：《礼乐传播初探》，《新闻与传播研究》2000 年第 1 期。

206. 岳永逸：《村落生活中的庙会传说》，《民族艺术》2003 年第 2 期。

207. 钟年：《民间故事：谁在讲谁在听？——以廪君、盐神故事为例》，《民间文化》2001 年第 1 期。

208. 赵宗福：《地方文化系统的王母娘娘信仰——甘肃省泾川王母宫会及王母娘娘信仰调查研究》，《民间文化论坛》2005 年第 6 期。

209. 陈泳超：《民间传说演变的动力学机制——以洪洞县"接姑姑迎娘娘"文化圈内传说为中心》，《文史哲》2010 年第 2 期。

210. 郑震：《列斐伏尔日常生活批判理论的社会学意义》，《社会学研究》2011 年第 3 期。

211. 小田：《休闲生活节律与乡土社会本色：以近世江南庙会为案例的跨学科考察》，《史学月刊》2002 年第 10 期。

212. 翟学伟：《再论"差序格局"的贡献、局限与理论遗产》，《中国社会科学》2009 年第 3 期。

213. 戴利朝、杨达：《民间宗教信仰复兴及"理事会"与基层政权的和谐互动——基于江西 X 县的考察》，《江西社会科学》2012 年第 5 期。

214. 庹继光、刘海贵：《民俗传播要素简论》，《新闻大学》2012 年第 4 期。

215. 陈家建：《法团主义与中国社会》，《社会学研究》2010 年第 2 期。

216. Jonathan Unger：《中国的社会团体、公民社会和国家组合主义：有争议的领域》，《开放时代》2009 年第 11 期。

217. 刘倩：《统合主义与中国研究：文献综述》，《学海》2009 年第 4 期。

218. 邓伟志、陆春萍：《合作主义模式下民间组织的培育与和发展》，《南京社会科学》2006 年第 11 期。

219. 何友晖、彭泗清：《方法论的关系论及其在中西文化中的应用》，《社会学研究》1998 年第 5 期。

220. 张文宏：《中国社会网络与社会资本研究 30 年》（上），《江海学刊》2011 年第 2 期。

221. 边燕杰：《城市居民社会资本的来源及作用：网络的观点与调查发现》，《中国社会科学》2004 年第 3 期。

222. 边燕杰、王文彬等：《跨体制社会资本及其收入回报》，《中国社会科学》2012 年第 2 期。

223. 翟学伟：《本土的人际传播研究："关系"的视角与理论的方向》，《新闻与传播研究》2008 年第 3 期。

224. 贺雪峰：《论半熟人社会——理解村委会选举的一个视角》，《政治学研究》2000 年第 3 期。

225. 吴予敏：《中国传播观念史研究的进路与方法》，《新闻与传播研究》2008 年第 3 期。

226. 王怡红：《论传播学的关系价值研究——一个提升传播学科品质的可能途径》，《传播与社会学刊》2010 年（总）第 12 期。

227. 李金铨：《敦煌学的启示——兼论华人传播研究的方向》，《中国传媒报告》2013 年第 4 期。

228. 钟敬文：《我与浙江民间文化》，《北京师范大学学报》（社会科学版）1988 年第 2 期。

229. 汪聚应：《儒"义"考论》，《兰州大学学报》（社会科学版）2004 年第 3 期。

230. 陈韬文：《文化移转：中国花木兰传说的美国化与全球化》，中国台湾《新闻学研究》2001 年第 66 期。

231. 陈世敏：《华夏传播学方法论初探》，台湾《新闻学研究》2002 年第 71 期。

232. 汪琪、沈青松、罗文辉：《华人传播理论：从头打造或逐步融合?》，中国台湾《新闻学研究》2002 年第 70 期。

二　英文部分

233. Williams Ramond. *Culture*. Fontana，1981.

234. Douglas Kellner，Communications vs. Cultural Studies：Overcoming the Divide. （Available：http：//www. uta. edu/huma/illuminations/kell14. htm）

235. James，Carey W. *Communication as Culture：Essays on Media and Society*. Unwin Hyman，Inc，1989.

236. Carey，James W. The origins of the radical discourse on cultural studies in the United States. *Journal of Communication* 33. 3（1983）.

237. Carey，James W. Historical pragmatism and the internet. *New Media & Society* 7. 4（2005）.

238. Carey，James W. "Afterword：The culture in question." James Carey：*A critical reader*（1997）.

239. Rothenbuhler，Eric，W. ，*Ritual Communication：From Everyday conversation to mediated ceremony*，ThousandsOaks，CA：sage，1998.

240. Matthew C. Ehrlich. Using "Ritual" to Study Journalism，*Journal of Communication Inquiry*，October 1996（20）.

241. Zohar Kadmon Sella. The Journey of Ritual Communication，*Studies in Communication Sciences*，2007（7/1 ）.

242. Burawoy M. The extended case method. *Sociological theory*，1998，16（1）.

243. Oi Jean Chun. *Rural China takes off：institutional foundations of eco-

nomic reform, University of California Press Berkeley and Los Angeles, California, 1999.

244. Max Weber. *The Theory of Social and Economic Organization*. New York, Oxford University Press, 1947.

245. Shanks M., Tilley C. Ideology, symbolic power and ritual communication: a reinterpretation of Neolithic mortuary practices. *Symbolic and structural archaeology*, 1982.

246. Rothenbuhler E. W. *Communication as ritual*. GJ Shepherd, J. St. John, & T. Striphas (Eds.). Communication as Stances on theory, 2006.

247. Turner V. W. *From ritual to theatre: The human seriousness of play*. New York: Performing Arts Journal Publications, 1982.

248. Turner V. W, Schechner R. *The anthropology of performance*. New York: Paj Publications, 1988.

249. Turner V., Turner E L B. *Image and pilgrimage in Christian culture*. Columbia University Press, 2011.

250. Oi J. C. Fiscal reform and the economic foundations of local state corporatism in China. *World Politics*, 1992, 45 (1).

251. Oi J. C. The role of the local state in China's transitional economy. *The China Quarterly*, 1995, 144 (1).

252. Oi J. C. *State and peasant in contemporary China: The political economy of village government*. Univ of California Press, 1991.

253. Unger J., Chan A. China, corporatism, and the East Asian model. *The Australian Journal of Chinese Affairs*, 1995 (33).

254. Unger, Jonathan. *The transformation of rural China*. ME Sharpe, 2002.

255. Weber, Max, and Hans Heinrich Gerth. *The religion of China*. New York: Free Press, 1951.

256. Dean K. Local communal religion in contemporary south-east China. *The China Quarterly*, 2003, 174 (2).

257. Stewart, John. *Bridges not walls*. Addison-Wesley, 1973.

258. Small M. L. How many cases do I need?' On science and the logic of case selection in field-based research. *Ethnography*, 2009, 10 (1).

后　记

　　一次偶然的田野考察，我看到了规模宏大的它山庙会在民众的顶礼膜拜中进行，这使我对它山庙会产生了浓烈的好奇与兴趣。当时就有一个很强烈的念头，非常想弄清楚庙会为什么会在一个高度现代化的社会空间中得到如此的重视，这里必隐含着某种力量。就是这种好奇和兴趣一直指引着我。

　　从此，我便开始收集相关资料，进行构思，并开展相关田野调查。这个研究过程就像一个无底洞，总有许多未知和想知道的东西在前面等着我。这是一场疲惫的旅行，又是一段漫长的修行。提升自己对本土问题的学术敏感性，并且能合理运用交叉学科的视野和方法来研究中国问题，这是我当时的学术野心，期望把庙会文化传播研究作为我观察变革中的中国社会的一个切口，期望立足全球化视野研究历史和现实复杂交错的中国问题。现在回想当时的雄心壮志，反问自己，我做到了吗？

　　对自己所做的研究保持反思，是一个研究者应有的态度。对于我来说，我借助了多学科的视野和方法对传播与文化的某些问题做出了一种阐释，或者记录了中国本土的一种文化与传播现象。然而，中国文化博大精深，其传播过程复杂地和历史、现实、社会、心理等因素糅合在一起。中国传统文化传播和现代化或后现代化过程紧密地交织在一起。传播和文化的意义分享促进了社会生活的想象，文化与传播的复杂性却还是常常使我困惑，我对文化与传播的涉猎仍然还只是一种初步的尝试。

　　近十年来，我的学习和研究经历主要集中在传播与社会方面。虽对各学科知识有所涉猎并接受过较系统的田野调查方法训练，但在我决定做庙会文化传播研究之后发现，原有的知识基础是远远不够的。为此，近几年来，我又较系统地学习了传播学、人类学、社会学、民俗学等学科的研究著作，期望找到某种脉络与连接。这个过程使我受益匪浅，正是通过这样大量、系统的阅读，打开了研究的视野，使我对庙会文化传播有了更加整体的认识。这些对于本研究的顺利开展是非常重要的。然而，由于本人能力和学识所限，仍不敢说我的努力达到了自己的期望。这几年来，我积累了大量的相关研究资料，但如何从这些资料中做出精辟的分析和如何提升对社会生活的敏感性对我来说仍是一个难点。常感慨于费孝通先生的著作，先生往往能从惯常的资料中得出精辟、让人折服的观点。这需要长期的学术积累和深厚的学术功底，我辈岂敢奢望？由于功力和时间所限，看来我也只有期待后续的研究再一点一滴地弥补自己的种种不足了。我想我以后还会继续关注和致力于中国本土的文化传播研究。同时，真诚希望得到方家的指正。

在这里，我要特别感谢恩师张敏教授，他的鼓励和指导使我能坚定地尝试此项研究。恩师为人、做学问的实践使我看到了他那一辈学者的正直、谦和与执著的品格。这些永远都值得我辈学人学习。先生之风坚定了我继续做好研究的信心，使我看到了一个学者的使命和责任。老师的恩情其实是无法用言语来表达的。感谢复旦大学的李良荣教授、廖圣清教授，上海交通大学的李本乾教授、单世联教授，华东师范大学的仲富兰教授、严三九教授，上海大学的戴元光教授、郑涵教授、吴信训教授、张咏华教授、许正林教授、查灿长教授、郝一民教授、赵士林教授等，感谢他们提供的宝贵建议和鼓励。

在这里，还要特别感谢鄞江镇文化站的张镇忠先生和它山文化研究中心的负责人陈思光先生，他们长期负责庙会具体工作，一直热心当地的文化保护工作，对当地情况非常熟悉，为我的研究提供了很大的帮助，令我十分感动。无以回报，只有努力做好此项研究，以回报他们的帮助。感谢鄞江镇人民政府和鄞江镇文化站，它们对本研究提供了大力支持。特别感谢鄞江镇文化站的崔忠定站长，他热心地为我牵线搭桥，使我能够快速、高效地进入调查点进行田野调查。感谢鄞江镇文化站田锡飞女士，她热心地为我提供了许多有关庙会的资料。感谢我的学生邵业、叶修乐、裘鑫等，他们在我进行田野调查的过程中曾提供过帮助。感谢所有接受过访谈的鄞江镇的民众，谢谢你们的信任和支持。

还要感谢我的父母和妻子，为了能让我安心研究和写作，他们毫无怨言地承担了几乎所有的家务。他们把时间让渡于我，使我有足够的时间和精力来从事此项研究。当然，还有许多需要感谢的人，这里没办法一一列举。只愿所有关心和帮助过我的人幸福、平安！

肖荣春